KB058340

역사의 가치

DER WERT DER GESCHICHTE
: Zehn Lektionen für die Gegenwart

by Magnus Brechtken

마그누스 브레히트켄
지음

강민경
옮김

역사의 가치

과거를
돌아보지 않는

사회에

미래는
없다

Der Wert der Geschichte

시공사

천성이 이성적인 여인,
첸커스 미아^{Zenkers Mia}에게

추천의 말

역사에 대한 우리 한국인의 애정은 각별하다. 웅비하는 고대사에서 고난의 현대사까지 역사에 대한 우리의 관심은 신드롬으로 부르기에 충분하다. 하지만 정작 그 이유까지 속 시원하게 얘기할 사람은 많지 않다. 과거가 왜 중요한지 진지하게 묻던 이에게 필요한 최적의 답이 바로 여기 있다. 《역사의 가치》에는 현재와 미래를 위해 과거가 남겨둔 집단적 지혜가 농축된 결정처럼 담겨 있다. 이 책은 비스마르크 통일과 두 차례의 세계대전, 분단과 재통일의 역사를 체험한 독일의 한 지성이 유사한 길을 밟아가는 한국 독자들에게 전해주는 통찰의 선물이다.

_최호근 (《역사 문해력 수업》 저자, 고려대학교 사학과 교수)

역사 공부는 왜 하는지, 역사를 아는 것이 우리 삶에 무슨 도움이 되는지 의문을 갖는 사람이 많다. 이 책은 이처럼 역사가 현재 우리의 삶과 어떤 관계가 있는지 궁금해 하는 사람들에게 추천할 만하다. 복잡한 전문 용어 대신 쉽고 명확한 설명으로 역사를 새로운 시각에서 조명하며, 일반 독자들이 스스로 공부하고 깊이 탐구할 수 있는 길을 안내하는 책이기도 하다. 저자는 과거에 일어난 사실을 현대적 관점에서 재해석할 뿐만 아니라, 불과 몇 년 전 발생한 조지 플로이드 사건이나 현재도 진행 중인 코로나19 등을 예로 들어 이 사건들이 현재와 미래에 어떠한 의미를 부여하는지 심도 있게 설명함으로써 흥미를 불러일으킨다. 역사를 단순히 과거의 연속으로 보지 않고 E. H. 카가 말하듯 '현재와 과거의 대화'로 보는 이 책을, 깊이 있는 역사적 통찰을 원하는 이들에게 강력히 추천한다.

_박단 (한국서양사학회 회장, 서강대학교 사학과 교수)

마그누스 브레히트켄은 스스로도 밝히듯, 한꺼번에 많은 것을 하려는 야심적인 역사가다. 이 책에서 그는 방대한 역사적 발전과 성취를 간결하게 정리하고 미래의 비전과 정책까지 과감하게 제시한다. 그의 결론에 우리 모두 동의할 수는 없으리라. 그러나 오직 역사 속에서만 배울 수 있다는 그의 통찰에는 완전히 동의할 수 있다. 우리가 누리고 있는 민주주의와 의회주의, 보편적 인권, 사회복지 국가, 공정한 시장경제, 종교와 정치의 분리 등은 인류가 피와 땀으로 거둔 역사의 결실이다. 그러나 불행히도 우리는 그런 결실의 소중함을 자주 놓쳐버린다. 역사가 진보해왔음을 망각하면 역사는 퇴보할 수 있다. 또는 철학자 조지 산타야나가 말했듯, 역사에 무지하면 역사를 영원히 되풀이할 수밖에 없다. '역사의 가치'는 바로 여기에 있다.

_장문석 (서울대학교 역사학부 교수)

역사는 단순한 과거의 기록이 아니다. 사람들이 울고 웃고 좌절하고 성공했던 이야기, 뜨거운 피가 흐르는 스토리다. 현재 우리가 매일 희로애락을 느끼며 살아가는 것을 '시사^{時事}'라고 한다면 과거 사람들이 느낀 희로애락을 기록한 것을 '역사^{歷史}'라고 할 수 있다. 역사가 진화한다고 할 수는 없다. 하지만 역사가 반복되는 것만은 확실하다. 이것이 역사의 가치다. 우리가 현재 느끼는 좌절의 해답, 앞을 가로막는 현실의 벽을 뚫을 돌파구, 그 모든 것을 똑같이 반복되었던 과거의 기록에서 찾을 수 있기 때문이다. 지금 이 순간 삶의 무게에 허덕이며 답을 찾아 헤매는 이들에게, 과거와 현재를 연결하며 공통분모를 찾는 것을 업으로 삼은 역사 스토리텔러로서 이 책을 강력하게 추천한다.

_썬킴 (《썬킴의 거침없는 세계사》 저자, 역사 스토리텔러)

역사를 마주할 용기

지금 맹장염으로 병원에 가는 환자라면 자신이 다년간의 경험과 최신 정보에 따라 정확한 진단을 받고 금방 수술 예약을 잡을 수 있으리라 기대한다. 병원에는 상근 의사가 있고, 그 의사가 자신의 상태를 진찰한 다음 직접 수술을 집도하리라 기대한다. 환자는 임상실험을 거친 전문 의약품을 처방받고 며칠 후 퇴원할 것이다. 병원에서 스마트폰으로 택시를 부른 환자는 당연하게도 그 택시의 브레이크가 제대로 작동하고 도로의 다른 운전자들이 교통법규를 잘 지키리라 기대한다.

구의 경계를 넘을 때 통행료를 내지 않을 것이며 현재 통과 중인 다리가 전문가들 눈에도 무너질 우려 없이 튼튼하리라 기대한다. 며칠이나 집을 비웠더라도 그 집은 여전히 자신의 소유이며 다른 사람이 갑자기 들어와 사는 일은 없으리라고 당연하게 생각한다. 냉장

고에서 절대 상했을 리 없는 음식을 꺼내 먹고, 깨끗하며 진드기도 당연히 없는 침대에 누워 혼자 조용한 시간을 보낼 수도 있다.

오늘날에 아주 당연한 이 모든 것은 기본 원칙이나 마찬가지여서 곰곰이 따져볼 필요조차 없다. 의사는 과학적인 분석과 오랜 경험에 근거해 병을 진단한다. 그런데 의사가 갑자기 닭을 도축하고 그 내장을 꺼내 복통의 원인을 설명하기 시작한다면 환자는 어떻게 반응할까? 수술을 집도하러 들어온 의사가 살균 소독되어 정갈하게 놓인 수술 도구가 아니라 운동복 차림으로 부엌칼을 들고 있으면 환자는 겁에 질릴 것이다. 간호사들이 항생제를 놓아주는 것이 아니라 침대 옆에 모여들어 기도를 한다면 생명의 위협을 느낀 환자는 마지막 힘을 짜내 까무러치게 놀라고 말 테다.

현대인들에게는 기괴한 이야기다. 우리는 합리적 사실을 기반으로 한 경험에 따라 앞으로 일어날 일을 기대하기 때문이다. 우리는 이 사회의 모든 사람이 원칙에 따라 이미 검증된 지식과 사고방식을 기반으로 행동하리라 기대한다. 모든 행동이 수십 혹은 수백 년 동안 집성된 지식에 뿌리를 두고 있다고 믿는다.

냉장고, 수술실, 스마트폰은 물리학, 화학, 전자공학, 정보과학 분야의 경험적 지식 덕에 탄생했다. 우리는 그런 전문 지식을 일반적으로 이해할 수 있다. 당연하게도 이런 것들의 유익함과 효과를 보고 경험할 수 있다. 이를 편의상 하드 세상이라 부르자.*

---

* 컴퓨터 구성 요소를 하드웨어와 소프트웨어로 구분하듯 기술적인 요소를 하드 세상으로, 정치·사회적인 요소를 소프트 세상으로 구분했다.

의학이나 기술 분야 같은 하드 세상에서 과거로부터 배우는 일은 사뭇 당연하고 일상적이다. 그러나 인간의 공동생활이라는 소프트 세상, 즉 정치·사회·공동체에서는 마치 식칼로 맹장 수술을 집도하는 것 같은 태도나 행동양식이 계속해서 되풀이된다는 점이 참 희한하다.

하드 세상에서 스마트폰이 발전했듯이 소프트 세상에서도 물론 오랜 경험에 따라 지식과 행정이 발전했다. 세 가지만 들어보라고 한다면 법치국가, 대의민주주의, 개방적이고 연대하는 사회를 꼽겠다. 구체적으로 손에 잡히는 개념은 아니지만 인식하고 이해할 수 있다.

역사를 살펴보면 경험과 지식의 거대한 토대를 찾을 수 있다. 수천 년 전 사람들이 남긴 그림이라든가, 그들이 가족과 사회를 꾸려 공동체 생활을 했던 흔적 말이다. 우리는 선조들이 어떻게 살았는지, 어떤 음식을 먹고 어떤 옷을 입고 어떤 일상을 보냈는지, 어떤 세계관을 가졌는지 알 수 있다. 현대인의 정치·사회적 행동, 성 역할, 철학적 통찰은 물론 문학·음악·조형예술에 대한 이해에도 수천 년 전의 지식이 녹아 있다.

오늘날 우리는 이념 체계가 인간의 공동체 생활에 어떤 결과를 불러일으킬지, 정치·경제적 규정과 결정이 우리의 일상과 사회에 어떤 변화를 일으킬지 예측할 수 있다. 지난 수백 년에 걸쳐 인간이 얼마나 다양한 행동을 해왔는지 직접 확인할 수 있기 때문이다.

스마트폰, 자동차, 비행기의 발전 같은 기술적인 진보와 달리 역사의 발전 단계는 명료하지 않다. 놀라운 일은 아니다. 조금 더 자세히 설명하자면, 스마트폰을 사용하는 사람이 그 기계를 작동시키는 하드 세상의 모든 과학 공식을 알 필요는 없다는 뜻이다. 그저 실제로 사용할 수 있으면 된다.

정치와 사회처럼 거대한 소프트 세상은 더 복잡하다. 우리 인간이 원하든 원치 않든 행동을 통해 이 세상을 계속해서 변화시키기 때문이다. 인간은 이성적으로 행동할 수 있다. 하지만 우리의 비이성적인 욕망과 감정이 항상 틈을 비집고 행동에 드러나고 만다. 그 충동을 제어하는 일이 우리에게 끊임없이 주어지는 과제다. 원한다면야 피할 수는 있다. 그리고 어떻게 그럴 수 있는지를 역사에서 배울 수 있다. 모든 개인은 물론이고 무엇보다도 공동체에 해당하는 말이다.

역사를 돌아보면 합리적 사고와 계몽, 이성이 어떻게 진보의 밑바탕이 되었는지 알 수 있다. 민주주의, 법치국가, 의회정치, 양성평등, 모든 사람의 정치 참여. 이 모든 것이 하드 세상의 기술 발달 성과와 동일한 가치를 지닌다. 소프트 세상이 진보하자 많은 사람들이 스스로를 자유로운 존재로 인식하고 주체적으로 행동하기 시작했다. 이는 오늘날 우리가 누리는 자유의 전제조건이 되었다.

우리는 하드 세상과 소프트 세상에 동시에 살며 그 두 세상을 모두 신경 써야 한다. 하드 세상에서 벌어지는 일은 명백하다. 의학이나 물리학 분야의 연구 성과는 매일같이 앞서 나아간다. 하지만 소프트 세상에서는 자유주의 질서를 구성하는 토대가 된 진보의 원칙이 늘 의심받고 흔들린다.

포퓰리즘이 생기고, 민족주의가 다시 나타나고, 종교가 정치에 영향을 미치고, 독재적인 지도자를 찾는 목소리가 높아지면 자유주의 질서 원칙이 거세게 위협받는다. 자유주의 질서 원칙 중 몇 가지를 꼽자면 대의민주주의, 자유로울 권리, 삼권분립, 이성적으로 성립된 논의에 대한 이해, 함께하는 삶을 위한 도덕적 기준 수용, 서로에 대한 존중을 들 수 있다.

세계 규모로 비교해보자. 대부분의 유럽인들은 수십 년 전부터 역사상 전례 없는 자유와 물질적 풍요를 누리며 살고 있다. 현대를 사는 사람들이 과거를 돌아보면 지난 75년 동안 전 세계적인 전쟁과 무력 충돌이 없었다는 사실을 알 수 있다. 우리 선조들 중 그 누구도 누린 적 없는 행운이다. 왜 그런지는 역사에서 근거를 찾을 수 있다. 그리고 우리가 이룩한 성과가 위기에 처한 이유 또한 역사 지식에 담겨 있다.

민주주의, 의회주의, 시장경제, 사회복지 국가, 개방적인 사회, 법치국가의 원칙이 역사적으로 얼마나 성공적인 결과였는지가 사람들의 기억 속에서 점차 흐릿해진 것 같다. 그렇기에 사뭇 당연하게 보이는 가치와 성과, 개념과 규칙을 늘 상기해야 한다. 그 성과를 적극적으로 지켜야 한다고 생각하는 사람들 또한 늘고 있다.

이것이 역사의 특별한 가치다. 역사는 인간이 주체적인 존재로서 혹은 인류 전체로서 지난 250년, 그리고 무엇보다도 지난 70년 동안 어떤 성취를 이루었는지 가르쳐준다. 계몽의 성과이자 역사적 경험을 통한 학습 효과이기도 하다.

우리는 삶의 모든 영역에서 역사를 통한 학습 효과를 얻었다. 정치 분야에서는 진보한 민주화와 의회제도화를 통해 배웠고 사회 분야에서는 점점 더 많은 대중의 참여와 현대 사회복지 국가 발달을 통해 배웠다. 경제 분야에서는 시장경제가 자리를 잡으며 호황의 동력이 되었다. 국제 분야에서는 국제기구를 설립하고 나서 국가 간 전쟁과 같은 갈등이 감소했는데, 이는 민주화와 의회주의, 법치국가가 이루어진 덕분이다. 더불어 과학과 기술 분야에 이르기까지 거의 모든 분야가 해당한다.

역사가 진행되며 오늘날 자유주의 질서를 구성하는 특정한 성과, 규칙, 가치가 어떻게 발전했는지, 이 책에 예시를 다수 소개하겠다. 그 예시란 우리 가치관의 근간인 인간상에 관한 질문, 종교의 영향, 성 역할의 의미, 정치 참여의 가치, 민족주의의 역사적 효능, 전쟁과 평화의 흐름은 물론 우리의 안전과 복지를 구성하는 가르침 등이다. 이는 소프트 세상의 중심이다.

역사를 돌이켜보면 오늘날 우리를 결속시키는 지식, 가치, 원칙이 어떻게 만들어졌는지 알 수 있다. 셀 수 없을 만큼 퇴보를 반복하면서도 인간이 어떻게 그것들을 쟁취했는지 알면 오늘날까지도 우리를 괴롭히는 위기에서 벗어날 방법을 떠올릴 수 있을 것이다.

이 책에는 수많은 지식과 경험이 담겨 있다. 이 책은 현재의 삶에 매일 의문을 품고 역사에서 답을 찾으려는 사람들을 위해 쓰였다. 전문용어 사용은 최대한 지양하고 상세한 분석과 설명으로 대신했다. 독자들은 스스로 공부하거나 고찰해 더 깊이 파고들 수 있을 것이다.

이 책은 역사학 전문 서적이 아니다. 역사, 정치, 철학, 사회학 등을 전문적인 수준으로 공부할 필요는 없었지만 역사 속의 모든 지식이 자신들의 삶과 일상에 어떤 의미를 지니는지 탐구하려는 사람들을 위한 책이다.

우리는 역사에서 배울 수 있을까? 역사에서 배울 게 아무것도 없다는 점만 배울 수 있을 뿐이라고 말하는 사람도 적지 않다. 앞선 질문에 대한 내 답은 이렇다. 오히려 우리는 오로지 역사에서만 배울 수 있다. 우리에게 가르침을 줄 다른 것은 존재하지 않는다.

우리는 지난 수십 년 동안 탄생한 수많은 과학 연구 결과에서 중요한 지식을 발췌할 수 있다. 현실적인 인간상을 구성하는 요소라든가, 인간이 개인으로서 행동하는 원동력, 수백 년간 검증된 사회의 다양한 형태 같은 것들 말이다.

지나간 일을 기억하고 주어진 지식을 모으고 역사적 사실을 고증하는 일, 짧게 말해 경험 지식과 역사가 남긴 자원에 대한 관심은 현재를 이해할 수 있는 잠재력과 미래지향적인 태도를 낳는다.

이 책은 가능한 한 다양한 분야를 넘나들며 현재에 대입할 수 있는 역사적 관점을 제시한다. 이를 통해 인간적이고 평화로우며 모두가 똑같이 살 만하다 여길 수 있는 세상을 만들 용기를 내야 한다. 기회는 우리에게 주어졌다. 성공 여부는 아직 알 수 없다. 하지만 모든 노력에는 가치가 있다.

◊ 차례 ◊

추천의 말 · 006

역사를 마주할 용기 · 008

현재를 위한 역사의 10가지 가르침 · 016

|1장| 인간이란 무엇인가: 인간상 · 025

|2장| 신들의 이야기: 종교 · 047

|3장| 여성상: 성 역할 · 079

|4장| 목소리를 찾다: 정치와 참여 · 117

|5장| 우리와 타인들: 민족주의 · 161

|6장| 힘의 질서: 전쟁과 평화 · 205

|7장| 공정한 시장을 둘러싼 원: 경제와 사회 · 261

감사의 말 · 320

옮긴이의 말 · 323

주 · 326

참고 문헌 · 349

참고 웹 사이트 · 371

도판 출처 · 374

현재를 위한 역사의 10가지 가르침

1. 역사를 잊으면 통찰력이 사라진다.

자유롭고 스스로 결정할 수 있는 사람인 우리는 역사적 지식에 의존한다. 역사 속에는 이미 우리에게 필요한 가르침과 경험이 가득하다. 조상들의 일상생활을 엿보거나(멀리 갈 것 없이 가족 구성원들을 보라!) 그들의 생활조건, 의료 돌봄, 정치와 사회에 참여해 발언할 권리 등을 살펴보면 삶의 모든 분야가 괄목할 만큼 진보했다는 사실을 알게 된다.

오늘날 우리에게는 100년 혹은 200년 전 사람들이 대부분 상상조차 하지 못했던 가능성이 열려 있다. 동등한 권리, 법치국가, 정치 참여, 민주주의적인 권력 분배, 교육받을 기회와 사회적으로 신분 상승할 기회 등 모든 것은 어렵게 싸워 얻은 결과다. 이런 자유를 어떻게 일구어냈는지 모른다면, 오늘날 우리의 자유가 얼마나 위협받고 있는지도 모를 것이다.

2. 근본적 인간상을 알아야 정치적 행동을 이해할 수 있다.

다른 사람을 지배할 힘을 얻으려는 모든 종교와 모든 이데올로기, 모든 정치체제 및 정치적 움직임의 근본에는 특정한 인간상이 있다. 역사적 예시와 경험은 그것이 어떤 종류의 사회로 이어지는지, 그리고 우리의 자유, 자기결정권, 발언권에 어떤 의미가 있는지를 보여준다. 우리는 그러한 인간상이 권하는 바에 따라 살 것인지 여부를 스스로 결정할 수 있다.

3. 우리는 불합리성과 싸워야 한다.

인간에게는 합리적으로 생각하고 행동할 능력이 있다. 동시에 우리의 본능과 감정은 항상 그 능력과 충돌한다. 우리는 인간의 이러한 특성을 항상 염두에 두어야 하며 불합리성에 굴복해서는 안 된다. 이 세상을 지배하는 익명의 존재가 꾸미는 음모도, 인간이 특정한 태도를 취해야 한다고 말할 근거가 되는 역사의 법칙도 존재하지 않는다. 소프트 세상, 그러니까 정치·경제·사회에서는 합리적인 생각과 행동이 하드 세상의 지식과 기술만큼이나 오랜 시간 동안 우위를 점하고 있다. 합리성을 무시하는 사람은 자신의 무지로 인해 멸망할 것이다.

4. 불평등은 복지의 근간을 무너뜨린다.

어느 경제체제에서든 많은 것들이 부난하게 결정되어야 하고, 부가 분배되어야 하고, 사람들과 그들의 일이 체계화되어야 한다. 이를 위해서는 끊임없이 생겨나며 서로 충돌하는 목표와 소망, 이해를 평등하고 고르게 만드는 메커니즘이 필요하다. 시장은 가장 공평한 기회와 가능성을 제시해 평등을 추구하는 장소여야 한다.

우리는 시장에서 자신의 역할을 지켜야 한다. 경제 참여와 부의 공평한 분배는 자유로운 사회와 독재 사회 사이에서 벌어지는 국제 경쟁에서 매우 중요한 요소다. 정치적 안정성, 경제 참여, 개인의 자유 사이의 균형이 평형을 잃고 무너진다면 개방적인 사회가 무너질 우려가 있다.

5. 국가와 종교의 분리에 의문을 제기하는 사람은
자유를 위한 질서를 파괴한다.

종교는 인간의 정신에 중요한 영향을 미친다. 공동체 의식을 도모하고 많은 사람들이 위기에 처했을 때 위로가 되기도 한다. 그러나 정치적 행동의 근간이 되기에는 부적당하다. 국가와 종교를 분리하는 것은 양측 모두에게 이득이 되는 역사적 배움의 산물이다. 이를 완전히 무시하고, 다른 종교를 믿거나 종교 없이 살고자 하는 모든 사람에게 자신의 종교 규율을 적용하려고 하는 사람은 폭력을 휘두르는 것이나 마찬가지다.

6. 진보는 계속된다. 그것이 우리에게 이로울지 해로울지는 우리 스스로에게 달렸다.

지식과 기술을 추구하는 인간의 호기심은 제어하기 어렵다. 화학이든 물리학이든 전자공학이든 전산학이든 인공지능이든, 이미 존재하는 기반 위에 새로운 지식이 만들어진다. 우리는 이런 과정에서 손을 놓고 멀어질 수 없으며, 그 과정을 의식적이고 합리적으로 유도해야 한다. 개방적인 사회에서는 어떤 잠재력을 사용할지 결정할 때 기회와 위험성을 철저히 고려할 수 있다.

7. 우리는 포퓰리스트와 스스로 해결사라고
주장하는 사람들로부터 대의민주주의의 원칙을 지켜야 한다.

정치적 의사 결정에 민주적으로 참여하는 것은 모든 사람이 가진 기본권이다. 사람들은 자신의 계획과 아이디어를 내세워 다수의 동의를 얻고자 한다. 그렇다고 다수에게 소수가 의사 결정에 참여할 가능성을 박탈할 권리는 없다. 잠재적인 혹은 실질적인 다수에 속하는 사람이 소수의 권리를 무시한다는 것은 민주주의의 가장 중요한 원칙, 즉 점진적인 이해의 조정을 해치는 것이나 마찬가지다. 그런 의미에서 국민투표 또한 특별히 민주적인 절차는 아니다. 밝은 미래를 약속하지만 그저 찰나의 순간을 보여줄 뿐이기 때문이다. 타협은 약점이 아니라 민주주의의 생존을 보장하는 일이다.

8. 인권은 문화적, 역사적 조건과 연관이 없다.

인권이란 그저 문화적인 발명품, 즉 다른 문화권에는 적용되지 않는 서양의 구성물이라고 말하는 사람은 타 인종의 문화적 특성을 보호한다고 주장하면서 그들의 인간성은 부정하는 것이나 마찬가지다.

보편적인 인권은 모든 개인이 가진 고유한 것이고 문화적 다양성을 펼칠 테두리가 된다. 인간의 자유와 보편적인 인권을 부정하는 종교와 이데올로기는 폭력 행위를 선전하는 것이나 마찬가지다. 모든 인간에게는 그런 폭력에 반격할 권리가 있다.

9. 세상은 자동으로 평화롭고 조화로운 장소가 되지 않는다. 하지만 우리는 그 목표에 가까워질 수 있는 힘과 지식과 기회를 갖고 있다.

세상은 수천 년 동안 권력, 영토, 자원을 둘러싼 전쟁과 갈등이 끊이지 않던 장소였다. 1945년까지도 유럽 역사는 피비린내 나는 전투와 폭력으로 인한 충격으로 가득했다. 그 이후 민족국가가 사람들의 관심을 평화로운 경쟁과 보편적인 복지로 돌리는 데 성공했다.

이것은 역사와 두 차례의 세계대전에서 얻은 경험을 바탕으로 심사숙고한 결과다. 그 원인은 교조적인 이데올로기와 독재 정권의 독단적인 태도다. 그로부터 발생하는 위험은 절대 피할 수 없다. 따라서 우리는 군사적이든, 경제적이든, 지능적이든 어떤 형태의 독재적인 위협으로부터 개방적인 사회와 그 원칙을 지키기 위해 준비해야 한다. 그래야 새로운 폭력의 파도가 우리를 덮치지 못한다.

10. 우리가 당연하다 여기는 자유로운 질서의 근본은 사실 위협받고 있다.

우리는 자유로운 사회가 현재 직면해 있는 위협에 무관심한 채 살아서는 안 된다. 공개적인 논의, 법치주의, 규칙에 근거한 경쟁을 위해 각고의 노력을 기울여야 한다. 우리는 모두 이성이라는 능력을 활용하고, 자신의 생각을 믿고, 주식이 곤두박질치리라 예언하는 사람들이나 세상의 몰락을 주장하는 사람은 무시해야 한다.

직접 참여하라. 듣고 요구하라. 역사적 경험을 진지하게 받아들여야 한다. 우리가 누리는 자유의 근본이 무엇인지 잊는다면, 그것을 어떻게 싸워서 얻어냈는지 잊어버린다면 그 자유를 다시 잃을 위험에 처하고 말 것이다. 그러니 자유를 보호하기 위해 노력해야 한다.

"정신과 개인의 자유를 억압하는 권력자들에게 저항하고 싶다면, 위험에 직면한 게 무엇인지, 선조들이 힘겨운 싸움 끝에 손에 넣은 자유에 얼마큼 신세를 지고 있었는지를 똑똑히 보아야 한다. 그 자유가 없었다면 윌리엄 셰익스피어William Shakespeare도, 요한 볼프강 폰 괴테Johann Wolfgang von Goethe도, 아이작 뉴턴Isaac Newton도, 마이클 패러데이Michael Faraday도, 루이 파스퇴르Louis Pasteur도 없었을 것이다. 수많은 사람들을 수용할 넓은 집도, 전염병 대책도, 저렴한 책도, 교육도, 모두가 누릴 수 있는 예술의 축복도 없었으리라. 생활필수품을 생산하는 인간의 단순노동을 기계가 빼앗는 일도 없었을 것이다. 단순노동을 하는 대부분의 사람들은 예전에 독재정치에 억눌렸던 아시아인들이 그랬듯 숨 막히는 노예노동을 하며 살았을 것이다. 자유로운 사람만이 우리 현대인들의 삶을 살 가치가 있어 보이게 만드는 것들을 창조하고 정신적 가치를 생산하기 때문이다."

–알베르트 아인슈타인Albert Einstein, 1933년 10월[1]

1장

인간이란 무엇인가

: 인간상

Der Wert der Geschichte

> "사람들은 표현의 자유라는 개념을 좋아한다.
> 마음에 안 드는 표현을 듣기 전까지는."
>
> 리키 저베이스Ricky Gervais, 2020년 1월[1]

인간은 수만 년 전부터 자신보다 수천 배 나이가 많은 행성에 살기 시작했다. 본능을 제어하고 도구를 사용할 줄 알고 언어라는 매개체로 의사소통할 수 있는 유일무이한 존재다. 자아성찰을 하고 생각하고 배울 수 있는 능력 덕분에 인간은 동물과 근본적으로 다르다. 그렇기 때문에 그 능력은 우리가 인간이라는 존재와 인간 문화를 묘사할 때 가장 먼저 언급된다.

DNA 분석 결과와 선조들이 쓰던 도구, 그들이 남긴 벽화 등을 보고 인류의 진화를 도식으로 정리해 수천 년에 걸쳐 진행된 인류의 역사를 한눈에 볼 수 있다. 사람들은 지난 수백 년 동안 특히 바빌론과 이집트, 중국, 남아메리카, 그리스, 로마처럼 인간 문화의 유산이 다수 남은 지역에서 고고학 연구, 선사시대와 초기 역사시대의 흔적을 찾는 연구, 역사학 및 역사인류학 연구를 활발하게 진행했다. 더

불어 과학적 유물이 있는 다른 도시도 탐구했다. 이제는 전문가뿐만 아니라 일반인도 과거의 흔적을 직접 확인할 수 있다.

역사가 진행되는 동안 인류는 극단적으로 다른 정치·경제적 질서를 확립했다. 인간들이 함께 살며 구성한 역사가 이토록 다양한 모습이라니, 얼핏 복잡하게 느껴지지만 몇 가지 질문만 던져도 기준을 파악해 정리할 수 있다. 과거든 현재든 사회 구성을 정리하는 데 가장 중요한 기준이 바로 그 사회를 지배하는 인간상이다.

우리 일상생활의 배경을 정치, 역사, 경제, 사회 같은 단어들로 정리해 이해하고자 한다면 인간이 의식적으로든 무의식적으로든 어떤 관념을 토대로 모든 토론과 대화와 주장을 하는지 확실히 알아야 한다. 인간이 공동생활을 체계화하는 데 활용하는 질서와 규칙의 뿌리가 그런 관념들이기 때문이다. 모든 정치제도, 모든 경제 이론, 모든 종교 형태 또한 질서와 규칙이 유효하다고 여기는 인간상을 지향하며, 그런 인간상으로부터 다양한 가정과 주장이 파생된다.

인간의 천성이 어떤지 탐구해보면 그 속에서 양극을 발견할 수 있는데, 그 양극 사이에는 인간이라는 존재와 삶의 가능성이 무엇으로 결정되는지에 대한 여러 측면이 존재한다. 한쪽 극은 인간과 그 삶의 가능성이 유전적으로, 역사적으로, 사회적으로 혹은 다른 어떤 요소로 결정된다는 생각이다. 이 생각에 따르면 인간은 주어진 기준에 따라 기능하는 생명체다. 그 기준이란 매우 다양하다. 예를 들면 그 인간에게 새겨진 유전자일 수 있다. 천부적으로 혹은 신으로부터 주어졌기 때문에 반드시 따라야만 하는 어떤 초감각적인 명령일 수도 있다. 즉 인간은 선택권 없이 그저 기능해야 할 뿐이다. 이를 인간

사회의 언어로 번역하자면 이미 결정된 규율을 안다고 주장하는 사람들을 고분고분 따르는 일이다.

반대쪽 극은 인간이 이미 정해진 것이나 규율로부터 자유롭다는 생각이다. 인간은 하얀 도화지처럼 아무런 특성이 없이 세상에 태어나며, 부모나 조상의 생물학적인 특질과도 상관이 없다. 태어나는 순간 모든 가능성이 열린다. 이런 생각이 만연한 세상에서는 교육과 사회의 영향이 매우 중요하다. 변화무쌍한 존재인 인간이 앞으로 무엇이 될지를 결정하는 것들이기 때문이다.

즉 한편에는 이미 결정되어 있다는 생각이, 다른 한편에는 모든 것이 열려 있다는 생각이 존재한다. 모든 인간상은 이 양극 사이에서 움직인다. 영미권에서는 이를 두고 **본성 대 양육**Nature versus nurture 논쟁이라고 부른다. 인간은 누구나 부모 및 조상의 유전적 특성을 물려받고 주변 환경과 교육에 영향을 받으며 자란다. 아울러 누구나 **항상** 본능의 영향을 받으면서 동시에 이성적으로 생각할 수 있는 존재다. 모든 사람이 그 능력을 자신만의 방식으로, 자신이 처한 상황에 따라 활용한다. 이성이 자동성을 가질 확률은 본능이 완전한 확실성을 가질 확률만큼이나 낮다.

모든 정치제도와 경제 이론, 사회 구성원들을 위한 계획은 사람들이 스스로 내리는 결정 혹은 외부 세력에 의한 결정에 따라 분류된다. 그러므로 우리는 정치적으로, 경제적으로 혹은 사회적으로 무엇에 관해 논의하든 우선 다음과 같은 질문을 던져야 한다. 현재 우리가 논하고 있는 주제의 뒤에는 어떤 인간상이 숨어 있을까? 그 주제는 **본성 대 양육**이 계속해서 공개적으로 혼합된다는 사실을 아는 것과 어떤 관련이 있을까?

인간은 늘 자신을 둘러싼 세상의 복잡함에 압도당한다. 자연재해나 불행한 사건, 질병, 죽음은 인간의 이해를 벗어난 일이다. 오로지 본능만을 따르는 다른 생명체와 달리 인간은 자신의 존재를 탐구할 수 있다. 우리는 그 바탕을 이성이라 부른다. 인간은 주변 세상에서 발생하는 일을 설명하기 위해 이해력을 발휘한다. 호기심과 분석, 설명을 추구하는 성향이야말로 인류학의 확고한 토대다.

게다가 인간은 역사적으로 삶에 의미를 부여하려는 존재다. 자신이 오로지 한 가지 중요한 특성만으로 다른 동물과 구별되는 **단순한** 고등동물 이상의 존재라고 생각한다(그리고 그러기를 바란다). 동물과 인간을 구별하는 중요한 특성이란 바로 자신이 인간임을 의식하고 생각할 수 있다는 점이다. 여기에는 이유가 있을 것이다.

의미 추구는 인간에게 동기를 부여하고 인간이 자연 및 주변 사람을 대하는 태도에 설명을 덧붙인다. 물론 수수께끼로 남은 부분도 많다. 자연에서 발생하거나 운명적으로 일어나는 사건의 원인과 근거는 이해의 범주를 벗어난다. 인간은 수천 년 전부터 초감각적이고 형이상학적인 힘을 어떻게든 설명하고자 애썼다. 전지전능한 힘을 지닌 신을 상상한 것이다. 그렇게 인간은 각자 생각해낸 질서 속에 특정한 대상을 만들고 상상했다.

그 대상이란 인간이 사는 곳, 자연환경, 기후, 생활 습관, 음식, 문화 발전에 따라 다르다. 하지만 핵심은 같다. 인간의 삶에서 발생하는 모든 불가해한 사건(질병이나 사고, 죽음, 악천후나 혜일, 혜성 충돌,

화산 폭발 등)을 해결해주고 인간을 구원하는 존재라는 점이다.

사람들이 저마다 세상을 해석하는 열쇠이자 기준이 **신**인지는 확실치 않다. 어쨌든 요약하자면 다음과 같다. 인간은 자신의 존재와 운명을 공상과 상상으로 설명하는 것을 지난 수천 년 동안 자신들이 끊임없이 만들어낸 질서의 일부로 받아들여왔다.

수많은 종교가 설명하는 인간상을 보면 알 수 있다. 종교가 다양한 만큼 종교의 인간상도 다양하다. 공통점이라면 인간이 그들의 자유를 제한하는 세상 밖의 권위자에 종속되어 있다는 설명뿐이다. 그 권위자란 창조물이 상상한 신 혹은 신의 힘이 깃든 존재이며, 인간은 대개 신의 규율이라 불리는 명령에 따라 행동해야 한다.

20세기까지 유럽 역사에서 가장 잘 알려진 인간상은 성경에 실린 내용이다. 오늘날까지도 우리는 전혀 변하지 않은 "그 옛날의 아담"*이라는 표현을 듣는다. 인간이 수천 년 동안 복잡다단한 문명화 과정을 거쳤음에도 여전히 자신의 충동, 욕구, 본능, 비이성적인 소망에 휘둘린다는 뜻이다.

성경에 쓰인 역사는 사람들이 무방비하게 노출되어 있던 유혹, 불안, 갈망 등을 일깨우며 신자들에게 반드시 따라야 하는 삶의 규칙과 행동양식을 제시했다. 이슬람교의 코란이나 불교의 팔리어 경전(팔리어 대장경)처럼 다른 종교에도 비슷한 상징이나 문서가 있다. 힌두교에는 신과 신앙이 무수히 많으며, 그것들이 다양한 전통 및 가르침과 연결되어 있다. 힌두교 신자들은 거기서 행동양식을 배운다.

* 인간의 죄 많은 성질, 원죄를 짊어진 자로서의 유약함을 뜻한다.

모든 종교, 전통, 문헌에는 늘 상상력으로 만들어낸 신의 규율을 포교하는 사람들이 있다. 그렇다고 그들의 권위가 깎이지는 않았다. 신과 신의 명령을 만들어낸 상상력 또한 퇴색하지 않고 이어졌다. 종교와 신에 관한 생각은 사람들이 수천 년 동안 자신의 존재를 탐구하고 규칙과 질서, 구조를 만들기 위해 노력했다는 증거다. 그들은 자연스럽고 잠재적이며 강력한 본능과 공동체를 구성하는 편이 유리하다는 **문명화된** 행동 사이에서 끊임없이 발생하는 갈등을 잠재워야 한다.

그 노력의 산물이 구약성경에 나온 십계명이다. 유럽 문화권에서 모범이 되는 규율인 십계명이야말로 질서와 구조에 대한 사람들의 욕구를 대표한다. 다른 종교에서도 이와 비슷하게 사람들의 욕구를 보여주는 근본 규율이 있다.

고대 그리스 철학자들은 이미 인간 의식의 핵심을 탐구했다. "너 자신을 알라"라는 경구가 델포이에 있는 아폴론 신전 입구에 쓰여 있을 정도다. 플라톤Platon의 대화편인 《파이드로스》에서 소크라테스Socrates는 "델포이의 경구에 따라" 자신을 알려고 하지만 아직 모르고 있으므로 스스로 탐구해볼 생각이라 말했다.

다른 대화편에서는 이런 노력이 자신의 무지를 아는 것과 연결되는데, 그 때문에 지식을 계속해서 넓혀야 한다는 충동이 생긴다. 마지막으로 계속해서 스스로 탐구하고 끊임없이 지식을 추구하며 다양한 측면과 여러 의문을 체계적으로 따라가고 시험해보면서 얄팍한 지식을 무너뜨리는 인간의 태도에 관한 이야기가 이어진다.

플라톤에 따르면 소크라테스는 변론 중에 "숨이 붙어 있고 할 수 있는 한 지혜를 추구하길 멈추지 않을 것"이라고 말했다.[2] 플라톤이 기술한 바에 따르면 소크라테스는 지혜를 추구한 대가로 목숨을 지불했다. 국가가 모시는 신을 거부하고 청년들을 타락시켰다는 혐의를 받았기 때문이다. 많은 이들이 읽은 플라톤의《소크라테스의 변론》은 지적 호기심과 도전적인 질문이 의심으로 되돌아오거나 심지어 스스로를 위험에 빠뜨릴 수도 있다는 경고나 다름없다. 하지만 지식을 얻고 이해하려는 노력은 인간이 자신의 인간성을 인식하고 이해력을 발휘할 때의 기반으로, 본성에 가까운 것이다.

세상을 탐구하고 타인의 의견을 묻고 실험하는 생명체라는 인간상은 중세 시대까지 모든 것을 결정하는 **신의 질서**라는 개념 아래 머물러 있었다. 그 이후 끊임없는 질문과 탐구의 산물인 계몽주의 시대가 열렸고 모든 인간이 각자 이해력을 발휘해야 한다는 목소리가 높아졌다. 그 목소리는 오늘날까지도 사그라지지 않았으며, 지금도 논쟁의 주제가 된다.

17세기 중반부터 18세기가 저물 무렵까지 종교 및 다른 철학 사상과 대립하던 현대 자연권이 곧 승기를 거머쥐었다. 인간에 관한 근본적인 고찰은 인간이 날 때부터 자유롭고, 개인적인 존재이며, 이성적이라는 생각에서 출발했다. 이러한 깨달음의 결과로, 법과 정치에 관한 생각이 혁신적으로 발전했다.[3] **실정권**이 인간이 만들어낸 것, 그래서 바뀌고 보완될 수 있는 것이라면 자연권은 인간 고유의, **자연적으로 주어진** 정당성과 관련이 있다. 그러므로 인간은 자연권을 인식하고 이해해야 하며 의문시하거나 보완할 수 없다.

현대 자연권의 창시자로는 토머스 홉스^{Thomas Hobbes}를 꼽을 수 있다. 홉스에 따르면 자연권이란 "각 개인이 자신의 판단과 의지에 따라"[4] 가지는 권리다. 모든 인간이 자연권을 가진다고 생각해야 자신에게 옳을 뿐만 아니라 타인이 생각하는 이치에도 부합한다는 점을 누구나 이해할 수 있다.

각 개인이 자연 상태일 때도 인간성을 권리로 가진다는 생각에서부터 인간은 다른 사람들과 함께 만드는 모든 질서를(삶의 복잡함과 생존 욕구를 올바르게 중재하려면 반드시 만들어야만 한다) 서로 간의 법적인 의무로 발전시켜야 하며,[5] 그것을 (동등한 권리를 가진 당사자 간의) 계약으로 보아야 한다. 그 저변에는 '사람들이 자신의 이익을 위해 자발적으로 구속당하고 권력과 지배를 정당화한다는 생각'[6]이 깔려 있다. 즉 인간이 인간을 지배한다는 생각은 더 이상 **당연한** 것으로 받아들여지지 않고, 그 근간이 의문시되기 시작했다는 뜻이다.

계약은 반드시 필요할 뿐만 아니라 결국에는 모두에게 유익하며 모든 인간이 자연권을 갖는 것이 합당하다는 생각을 반영한다. 다만 결정적인 의문이 한 가지 있다. 그렇다면 지배는 어떤 식으로 정당화되는가?

국가 또한 인간이 만든 조직이다. 따라서 국가가 왜 그리고 어떤 정당성을 가지고 권위, 권력, 지배를 주장하는지 설명이 필요하다. 이로써 이전까지 지배적이던 견해, 즉 인간을 개인이 아니라 **신** 혹은 다른 **외부적인 힘**이 만든 질서, 공동체와 연결된 존재로 보던 생각이 무너졌다.

인간이 자주적인 존재이며 자연권을 가졌다는 깨달음 덕분에

17세기와 18세기에는 다양한 책이 쓰이고 수많은 토론이 이어졌는데, 전부 계몽주의라는 개념으로 요약할 수 있다. 계몽주의에서 가장 두드러지는 작가들은 영국과 유럽 대륙, 특히 프랑스어·독일어권에 살았다. 그들은 18세기 후반부터 북미의 사상과 정치 기반에 중대한 영향을 미쳤다.

프랑스에서는 르네 데카르트René Descartes가 매우 중요한 역할을 했다. 그는 "나는 생각한다, 고로 존재한다"라는 말로 단숨에 사상을 주도했다. 샤를 몽테스키외Charles Montesquieu는 《법의 정신》이라는 책을 집필해 현대 삼권분립과 인간이 만든 법질서의 기본 개념을 발전시켰다. 영국에서는 존 로크John Locke, 데이비드 흄David Hume, 애덤 스미스Adam Smith가, 프랑스에서는 장-자크 루소Jean-Jacques Rousseau와 소위 백과전서파로 불리는 드니 디드로Denis Diderot 등이 각자 비슷한 주제로 저서를 남겼다.* 바로 이성이 있고 자립적으로 생각하며 계몽이 가능한 인간이다. 영국에서는 토머스 페인Thomas Paine이 《상식》과 《인간의 권리》라는 책을 출간해 기본적이고 보편적인 인권을 선전했다.[7]

독일어권 국가에서는 이마누엘 칸트Immanuel Kant가 1784년에 "계몽이란 무엇인가?"라는 오래된 질문에 답하며 인간상을 설명했다. "계몽이란 자신에게 책임이 있는 미성숙의 출구다. 미성숙이란 타인의 지도 없이는 자신의 지성을 사용할 수 없는 무능이다. 미성숙의 원인이 지성의 결핍이 아닌, 타인의 지도 없이 지성을 사용할 결단력과 용기의 부재라면, 자신에게 책임이 있다. 과감히 알려고 하라! 스스

---

* 프랑스혁명의 사상적 배경이 된 《백과전서》를 집필한 사상가들을 일컫는다.

로 지성을 사용할 용기를 가지라! 이것이야말로 계몽의 좌우명이다. 자연이 외세로부터 그들을 자유롭게 만들었음에도 그토록 많은 사람들이 〔…〕 여전히 평생을 미성숙하게 사는 이유는 게으름과 비겁함 때문이다. 미성숙하면 편하다. 〔…〕 계몽하는 데는 자유 말고 더 필요한 것이 없다. 자유라고 불리는 것들 중 무엇보다도 특히 자신의 이성을 공적으로 사용할 자유 말이다."[8] 이를 통해 칸트는 인간상의 재구성을 둘러싼 논의를 요약해 보여주었다.

칸트는 정언명령으로 지성을 사용하는 인간상에 맞는 행동양식을 안내했다. "그것이 보편적 법칙이 되기를 스스로 바랄 수 있는 원칙에 따라서만 행동하라."[9] 다른 말로 하자면, "당신의 행동 원칙이 보편적인 자연법칙이 되기를 바라는 대로 행동하라."[10] 이 원칙은 개인의 자유와 인간을 사회적인 존재로 보는 인간상에서 파생된 단순하고 논리적인 결과다. 모든 사람이 합리적인 공동체 생활에 필요한 근본 원칙을 늘 염두에 두도록 하는 안내서이기도 하다.

계몽주의의 핵심 사상이 더욱 효력을 발휘한 시기는 1776년 7월 4일에 미국에서 독립선언문이 발표되고 1789년에 프랑스에서 **인간과 시민의 권리 선언**이 발표되면서부터다. 미국 독립선언문의 서문에는 다음과 같은 문장이 있다. "우리는 다음 사실을 자명한 진리로 받아들인다. 모든 사람은 평등하게 창조되었다. 창조주는 모든 인간에게 양도할 수 없는 권리를 부여했다. 바로 생명과 자유와 행복의 추구다."[11] 정치가 토머스 제퍼슨Thomas Jefferson이 파리 주재 대사로서 초안 작성에 도움을 주었고 그 결과 1789년 프랑스에서 발표된 인간과 시민의 권리 선언 중 첫 번째 조항에는 이런 문장이 있다. "인간은 자유롭고 동등한 권리를 갖고 태어나 그 상태로 생존한다."[12]

미국 독립선언문이 발표되면서 자연권의 원칙이 구체적인 생활 전반에서 점점 더 중요해졌으며 그때그때의 시대를 반영해 역사적으로 정리되어야 한다는 사실이 명확해졌다. 따라서 자연권의 원칙을 수정하려면 계속해서 새로이 검토할 필요가 있다.

자연권 원칙은 특히 두 가지 측면에서 시대와 밀접한 연관이 있다. 첫째로 선언문이나 원칙을 만든 사람들(모두 남성)은 노예를 부리고(제퍼슨만 해도 평생 동안 600명 이상의 노예를 부렸다) 여성을 남성과 동등한 인권을 지닌 존재로 바라본 적조차 없는 자신들의 행동을 고찰하지 않았다. 둘째로 그들은 자신들의 계획과 의도에 맞는 **창조주**를 상상해냈고(인간 발달의 역사인 진화가 아직 알려지지 않은 때였다) 그 창조주의 계획과 의지에 의존했다. 이런 일은 그들이 선언한, 모든 인간이 자유롭고 동등하다는 통찰에 도움이 되지 않았다. 특히 그 선언의 대상이 된 런던의 왕이 자신을 신에 가져다 대며 동등한 권리를 주장할 수 있었기 때문이다.

과거의 인간상은 당시 지식의 한계 때문에 제한적이고 계속 성찰해야 하는 대상이었지만(반성 또한 주체적으로 생각할 수 있다는 천성의 일부분이다), 그보다 더 이전의 인간상과 비교하면 단연코 혁신적이었다. 잠재적으로 모든 사람이 깨달음을 얻고 자신의 행동은 물론 이성과 책임, 그리고 각 개인에게 자유와 자기결정권이 있다는 근본적 사고에서 탄생한 모든 것에 관해 깊이 생각해볼 수 있게 되었다.

이러한 인간상은 세상을 장악하고 있던 종교 사상이나 권위적인 철학하고만 충돌한 것이 아니다. 정치 분야 또한 새로운 인간상을 도전으로 받아들였다. 정치 질서가 새로 확립된다면 권력자들이 어떻게 나라를 통치하겠는가?

새로운 인간상이 등장하자, 그때까지 세계상을 지배하던 종교와 함께 질서 체계를 유지해온 정치적 이데올로기는 새로운 인간상에 비추어 여태까지의 인간상이 수정되거나 완전히 폐기될 수 있다는 답을 내려야 했다. 지금까지 존재한 정치 이데올로기 중 가장 잘 알려진 보수주의, 자유주의, 사회주의, 공산주의는 국가와 사회의 질서를 유지하는 계획의 일환으로 각각 특정한 인간상을 발전시켰다.

"그 옛날의 아담"이나 홉스의 "인간은 인간에게 늑대다"라는 표현으로 묘사되는 보수주의적 인간상은 강력하고 질서가 잘 잡혀 있으며 안전하지만 사회적인 자유를 제한하는 국가를 추구했다. 지나치게 자유로우면 무정부 상태나 상호 간의 폭력으로 이어질 수 있다고 우려했기 때문이다.

반대로 자유주의는 국가나 사회의 요구가 최소한으로 제한되어야 하며 그보다는 개인의 자유가 중요하다고 강조했다. 자유주의 인간상에 따르면 개인의 자유가 무정부 상태에 대한 두려움이나 "그 옛날의 아담"의 예측 불가능성보다 중요하다. 프랑스혁명부터 제1차 세계대전이 끝날 때까지 사실상 유럽과 북미를 지배한 것은 보수주의와 자유주의라는 두 가지 근본적인 방향성의 다양한 형태였다.

한편 1860년대부터는 노동운동이 활발해지며 사회민주주의가 대두되었다. 사회민주주의는 자유주의와 보수주의는 물론 정치 행동이나 사회적인 목표와는 모든 측면에서 달랐으며 각 개인이 스스로 결정을 내릴 기본 능력을 지닌다고 보았다.[13] 사회의 평등화와 정치 참여를 장려하는 움직임인 사회민주주의 운동의 인간상은 계몽주의와 아주 특별한 연관성이 있다. 개인 교육, 사회적 이동성, 모든 사람이 평등해지면서 발생한 능력 경쟁에 따른 계급 이동 등은 계몽주의의 인간상에서 그대로 전해진 것이다.

19세기 중반부터는 이런 주류와 근본적으로 다른, 철저하게 독립적인 정치적 세계상이 발달해 20세기에 들어서도 오랜 시간 동안 세계사적으로 큰 의미를 지녔다. 1840년대부터 카를 마르크스Karl Marx와 그의 지지자들이 역사를 결정하는 영원한 계급투쟁을 주장한 것이다.

그 안에서 인간은 역사라는 과정의 산물일 뿐이며, 역사는 이미 정해져 예측 가능하게 진행된다. 개인에게는 결정권이 없고 보이지 않는 힘과 구조가 그의 생각과 미래를 결정한다. 개인은 역사를 막지 못하며, 그저 역사의 규칙을 **인식하고** 그에 맞게 행동해 이미 주어진 삶의 길을 따라 걷고 사회가 계속 공산주의를 따르도록 촉진할 뿐이다. 마르크스-레닌주의는 이런 인간상을 1817년부터 20세기 모든 공산주의 움직임의 모범으로 삼았다.[14]

마르크스주의적인 역사론과 인간상이 발달함과 동시에 1850년대부터는 국제적으로 인종 간의 분쟁이 시작되었다. 프랑스의 외교관인 조제프 고비노Joseph Gobineau는 1853년에서 1855년 사이에《인종불평등론》이라는 책을 발표했다. 19세기의 마지막 4개월가량에는 **인종 이론가**들이 고비노가 구상한 내용을 다윈주의와 결합해 인간의 역사를 설명할 근간을 마련했다.

이러한 사회다윈주의는 동물들 사이의 생존 경쟁이 인간들에게도 동일하게 적용된다고 보았다. 급진적인 사회다윈주의에 따르면 인종 다양성은 인종 간의 가치가 서로 다르다는 뜻이며 인종 간의 가치가 다르다는 건 경쟁, 즉 생존경쟁에서 각 인종이 갖는 위치가 다르다는 뜻이다. 삶과 죽음에 있어서도 마찬가지다.

인종론적 인간상은 민족사회주의*까지 도달했다. 제2차 세계대전은 민족사회주의를 세계에 퍼뜨리려는 시도였다. 개인에게는 선택지가 오로지 둘뿐이었다. **자신의 인종**에 속한 자로서 역할을 받아들이고 **다른 인종**을 상대로 투쟁하며 동기를 부여받아 자신의 위치를 굳건히 지키거나, 몰락하거나.

마르크스주의는 물론 인종주의 또한 의도적으로 계몽주의의 인간상과는 멀리 떨어져 있었다. 마르크스주의와 인종주의는 인간을 부자유하며 계급투쟁이나 인종 투쟁에 얽매인 존재로 보았다. 이런 생각에 동의하지 않는 사람은 소외되니 싸워야만 했다. 사회적 합의를 따르기를 거부하는 사람은 다시금 교육과 훈련을 받거나 심지어 제거되었다.

이런 이데올로기는 계몽주의 이후 간략하게 두 가지 근본적인 흐름으로 분류되었다. 하나는 보수주의, 자유주의, 사회민주주의처럼 개인이 자유롭고 자기결정권을 가진다는 원칙에 따라 이성적으로 생각할 능력과 자기계발을 할 권리까지 인정하는 것이다. 이를 가장

* 이 단어의 원문인 'national socialism'은 국가사회주의라고 번역되기도 하는데, 역시 국가사회주의를 뜻하는 'state socialism'과의 혼동을 피하기 위해 민족사회주의라고 번역했다.

안전하게 지킬 수 있는 정치적 질서라는 개념은 인간상이 달라지면 서 역시 다양해진다.

다른 하나는 인간의 역할을 이미 결정된 역사적 과정의 대상으로 삼는 독단적인 이데올로기다. 계몽주의 이전 시대에 종교가 그러했듯이 말이다.

개인의 자유라는 자연권과 독단적인 이데올로기 혹은 순종과 복종에 기초한 종교라는 근본적인 이분법은 오늘날까지도 존재한다.

무엇보다도 계몽주의의 인간상과 민족사회주의의 인종차별적 인간상 사이에서 격렬한 국제적 갈등이 촉발되었고, 제2차 세계대전 이후 민주주의국가에서는 그 전쟁을 교훈이자 방향성으로 규정한 원칙을 확고히 하려는 열망이 일었다.

이에 따라 UN 총회는 1948년에 세계인권선언을 발표했다. 이 선언문의 기본 정신은 다음과 같다. "인간 공동체 모든 구성원의 타고난 존엄성과 동등하며 양도할 수 없는 권리를 인정하는 것이 세계의 자유, 정의, 평화의 토대다." 최근 경험한 바에 따르면 "인권을 무시하고 경멸하는 일이 야만적인 행위를 초래"했으니 "법에 의한 통치로 인권을 보호하고 그리하여 인간이 독재와 억압에 대항하는 마지막 수단으로 폭동을 강요받지 않도록 하는 게 중요하다."[15]

이 선언문은 미국 독립선언문에서나 프랑스혁명 때 주창된 것과 같은 근본적 인권을 개괄한다. "모든 인간은 태어날 때부터 자유로우며 그 존엄과 권리는 동등하다. 인간은 이성과 양심이라는 재능을 받았으며 서로를 형제애의 정신으로 바라보아야 한다." 세계인권

선언 제1조의 내용이다. 이 선언문이 발표되기까지 지식과 성찰의 진
보가 결정적인 역할을 했으며, 그 덕에 18세기 및 19세기 사고방식과
달리 모든 사람의 보편적인 존재와 그 권리가 명백하게 언급되었다.
"모든 사람은 인종·피부색·성별·언어·종교·정치 등에 관한 견해, 민
족적·사회적 출신, 재산, 출생 또는 기타 모든 상태에 대해 어떠한 차
별도 없이 이 선언에 규정된 모든 권리와 자유를 주장할 수 있다. 더
나아가 개인이 속한 국가 또는 영토가 독립국인지, 신탁통치 지역인
지, 비자치 지역인지 아니면 주권이 제약을 받는 지역인지에 관계없
이 해당 국가 및 영토의 정치적·법률적·국제적 지위에 따라 차별을
받아서는 안 된다."[16]

　　이 선언문의 작성자들이나 1948년 12월 10일에 선언문을 채택
한 총회 참석자들이 순진했던 것은 아니다. 선언문의 내용이 국제사
회의 당시 상황이 아닌 '모든 사람과 국가가 이룩해야 할 공통의 이
상'[17]을 묘사했다는 점은 누구나 알고 있었다. 어쨌든 인간이라는 존
재의 근본을 분석하고 공식화한 것은 역사 인식이 발전했다는 뜻이
며, 이는 역사적인 관점을 이해하는 데 매우 중요하다.

　　이런 선언은 모든 인간의 삶에 자아상, 즉 자기중심주의가 필요
하다는 촉구이기도 하다. 스스로를 인간으로 이해하고 인지하는 사
람은 자연스럽게 타인에게 대상으로 보이지 않기를 원할 수밖에 없
다. 즉 적법하지 않은 통치의 대상이 되고 싶지 않다고 생각하게 된
다. 누구도 노예나 타인에게 종속된 인간이 되기를 진심으로 바라지
않는다. 모든 통치권은 명확한 규칙과 시대 변화에 따른 합의를 통해
정당성을 갖추어야 한다.

인권의 보편성에 반박하는 사람은 결국 타인이 인간이라는 사실을 부인하는 셈이다. 그 화살은 자신에게 돌아온다. 자신이 인간이라는 사실 또한 상대적인 것이 되기 때문이다. 내가 남의 인권을 부정하면 남 또한 나의 인권을 부정할 수 있다.

1948년 12월에 세계인권선언이 발표되었음에도 세계 정치는 보편적인 요구 사항과는 반대되는 현실에서 벗어나지 못하고 있었다. 1945년까지 세계를 위협하던 민족사회주의가 무너지는가 싶더니 서구 민주주의국가와 마르크스-레닌주의 소비에트연방(소련) 사이에서 냉전이라는 국제적 갈등이 발발했다.

동시에 의회민주주의 국가들은 계속해서 식민지를 지배하며 보편적인 인권에 반대되는 무력정치를 펼쳤다. 결국 민주주의국가에서도 공식적으로 선포된 인간상과는 부합하지 않는 사회구조가 유지되었다. 가장 두드러진 예시가 미국의 인종분리 정책이다.

물론 부정적인 예시를 나열한다고 해서 역사적인 진보마저 부인할 수는 없다. 인권의 보편성을 지향하고 그에 맞는 사회질서를 구축할 기준을 만드는 것은 모든 개방사회의 영원한 과제이기 때문이다. 오늘날까지도 해결되지 않은 문제다. 2020년 5월 25일에 조지 플로이드George Floyd가 사망하면서* 촉발된 격렬한 논쟁은 인권 발달의 두 가지 상반된 역사적 가치를 보여준다. 플로이드의 죽음은 오늘날

---

* 경찰의 과잉 진압으로 아프리카계 미국인 남성 조지 플로이드가 사망한 사건이다. 이후 경찰이 흑인 용의자에게 과도한 무력을 사용하는 것에 반대하는 시위가 이어졌다.

까지도 전 세계 사람들을 위협하는 잔인한 인종차별의 결과다.

2020년 여름부터 세계 곳곳에서 시작된 시위는 개방사회가 인종차별로 인한 폭력을 벌하고 원인을 없애 사람들을 보호할 힘을 지니길 바라는 많은 이들의 실행력과 의지를 보여주었다. 그 과제는 앞으로도 끝없는 도전으로 남을 것 같다. 어쨌든 더 나아지길 바라는 사람들의 실행력과 의지는 보편적 인권이 공식 발표된 이후 그에 관한 논의를 어떻게든 피하고 억압하려던 전체주의 체제의 몸부림에도 인간상과 인권이 궤도에 진입했다는 점을 보여준다.

당시의 인간상과 역사가 정작 당사자들과 대화하거나 그들의 목소리를 진지하게 들어주지 않으면서 자유와 자기결정권을 가진 인간이라는 개념을 얼마나 끈질기게 거부했는지 생각하면 놀랍다. 소련에 속한 국가와 체제는 냉전 종식까지 이런 태도를 유지했다. 마르크스-레닌주의 역사 모델에 따라 만들어진 모든 독재적이고 전체주의적인 지배 체제도 마찬가지였으며, 현재까지도 생각을 바꾸지 않고 있다. 러시아·튀르키예의 독재 체제나 이란·사우디아라비아의 종교 체제, 중국 공산당의 독단적인 지배 체제를 예로 들 수 있다.

2020년을 사는 사람은 역사적으로 유리하다. 선조들과 달리 우리는 그들이 가졌던 인간상이나 권력 모델의 현실과 결과를 알고 그 경험에서 배울 수 있다. 과거와 비슷한 이데올로기나 문제가 발생하면 역사를 거쳐 얻은 교훈과 지식을 활용할 수 있다. 현재 우리의 정치적 발전 상황을 분석하고 싶다면 우리뿐만 아니라 정치적으로 대립하는 사람들의 본성을 분석해야 한다.

인간의 본성이란 무엇인지에 관한 전방위적 논의가 명확해진다
면 차이가 발생하는 이유도 분명해진다. 사회, 정치, 경제 법규, 국제
관계 등 영역에 따라 다를 테니 말이다. 인간상은 항상 분석에서 평
가로 가는 지식의 길을 연다. 그 길을 따라 우리는 원한다면 스스로
에게 이성적인 존재라는 지위를 부여할 수 있다.

오늘날 존재하는 정치적 갈등을 분석할 때는 과거의 기억을 소
환해야 한다. 그래야 논쟁과 입장을 정리하고 평가할 도구를 얻을 수
있기 때문이다. 블라디미르 푸틴Vladimir Putin부터 시진핑Xi Jinping, 니콜라스
마두로Nicolás Maduro, 알리 하메네이Ali Chamenei, 빅토르 오르반Viktor Orbán, 로
드리고 두테르테Rodrigo Duterte, 자이르 보우소나루Jair Bolsonaro, 도널드 트럼
프Donald Trump에 이르기까지 모든 정치적 입장과 경제적 논쟁에서 인간
상이라는 개념을 찾을 수 있다. 우리는 그런 인간상에 비추어 스스로
를 재인식해야 할지, 그런 인간상으로부터 파생된 결과에 따라 취급
받고 싶은지를 늘 자문해야 한다.

이 책에서도 인간상을 찾을 수 있다. 그 인간상에 따르면 사람
은 이성과 검증 가능한 지식을 지향하며 스스로 생각하고 타인과 의
견을 나누는 데 관심이 있다. 다른 사람들과 같은 권리와 의무를 지
녔다. 초자연적인 사실을 믿지 않고 대신 연구와 검증, 학습, 이해를
추구한다. 또한 모든 사람이 이성적일 수 있고 누구에게든 스스로 생
각할 능력이 있다. 과감히 알려고 하라.

신들의 이야기
: 종교

"신이 자신의 형상을 따라 인간을 만들었다는 것은 인간 또한
자신의 형상을 따라 신을 만들었다는 뜻이다."

게오르크 크리스토프 리히텐베르크^{Georg Christoph Lichtenberg}, 1774년[1]

1749년 8월 23일 늦은 오후, 독일 파사우에 있는 성 살바토르 수도원의 남쪽 하늘이 서서히 어두워졌다. 금방이라도 뇌우를 퍼부을 듯한 구름처럼 하늘을 뒤덮은 것은 어마어마한 메뚜기 떼였다. 메뚜기 떼는 태양을 가리고 천둥 같은 소리를 내며 움직였다. 수도원장인 요제프 폰 질버만^{Josef von Silbermann}이 후대를 위해 남긴 기록에 따르면 "겨울에 눈이 쏟아져 만물이 하얗게 뒤덮이듯이 모든 나무와 풀은 물론 경작지, 길과 지붕이 순식간에 메뚜기로 뒤덮여 온통 잿빛으로 보였다"고 한다.[2]

남쪽에서 날아온 메뚜기 떼는 그해 봄에 트란실바니아*와 헝가리를 휩쓸고 독일 바이에른과 프랑켄 지방까지 세력을 확장했다. 〈출

---

* 동유럽의 루마니아 북서부 지방을 이르는 말.

애굽기〉에서 신이 인간을 응징하고자 메뚜기 떼로 온 이집트를 뒤덮
은 여덟 번째 재앙을 기억해내기 전에 사람들이 먼저 떠올린 것은,
성경의 마지막 책이자 이 세상의 멸망을 예언한 〈요한계시록〉이었다.
〈요한계시록〉에는 이런 구절이 있다. "잠시 후, 그 연기 속에서 메뚜
기 떼가 나와 모든 땅에 퍼졌다. 이 메뚜기 떼는 전갈처럼 쏘는 독을
갖고 있었는데, 땅의 모든 풀과 나무는 해치지 말고 오직 이마에 하
나님의 도장이 찍히지 않은 인간들만 해치라는 명을 받았다."[3]

　　레겐스부르크 주교구에서는 모든 교회가 아침저녁마다 "큰 소
리로 찬송가 다섯 곡을 부르고 여러 천사의 말씀과 기도, 연도를 모
든 성인에게 바치라"고 권했다. 트란실바니아와 헝가리 당국은 3일에
걸쳐 기원 행렬을 진행했다. "지극하신 하나님과 위대한 신께서 우리
의 죄를 벌하려 정당한 일을 하셨고 […] 사랑하는 조국에 분노를
[…] 표출하셨는데, 이는 인간이 저지른 모든 악행을 너른 아량과 자
비로움으로 우리에게 다시 나타내 보여주신" 결과다. 전례서에는 사
람들이 자신의 죄를 털어놓고 신 앞에 "무릎을 꿇고 온 마음을 바쳐",
"유해한 곤충"을 "관대히 처리해주십사"[4] 탄원하는 기도문이 실려 있
다. 다른 모든 가르침과 계명에서도 같은 원칙을 찾을 수 있다. 신이
죄를 지은 인간에게 벌을 내려 질서를 유지하고자 하면, 인간은 기도
와 속죄로 신의 마음을 돌려야 한다.

　　인간의 역사에는 신과 관련한 일화가 셀 수 없이 많다. 역사에
묘사된 신들은 저마다 다른 역할을 하고, 다른 의미를 지닌다. 인간
에게는 신을 상상할 필요가 있었다. 우연하고 불가해하며 일생 동안

바이러스에는 종교가 없다. 몇몇 종교 단체의 반과학적인 순진함은 개인의 믿음에 국한되는지도 모른다. 그들이 일상에서 다른 사람들을 위험에 빠뜨리지만 않는다면. 미국에서는 텔레비전과 복음주의가 합성되어 만들어진 '텔레비전 전도사Televangelist'들이 **명령으로** 코로나19 바이러스를 물리칠 수 있다고 말했다. 2020년 2월 밀하우젠에서 2,000명이 넘는 복음교회 신도가 며칠간 모임을 가진 이후로 프랑스에서 코로나19 감염자가 폭발적으로 증가했다. 같은 해 5월에도 프랑크푸르트와 브레머하펜 등지의 '복음기독교인' 사이에서 코로나19가 전파되었다. 그 결과에 대한 책임은 전체 사회와 세계 공동체가 져야 했다. 위 사진 속에는 한 아이가 "신께서 코로나19로부터 당신을 지켜주십니다"라는 문구가 적힌 팻말을 들고 있다.

곁에 머무는 존재, 초월적이고 탈인간적인 힘으로만 설명하고 이해할 수 있는 존재를 소망할 수밖에 없었기 때문이다. 신에 관한 이야기는 사람들에게 무력함과 몰이해, 숙명적인 삶에 대한 보상심리나 마찬가지였다. 자연의 힘에 대항할 수 없으니 덧없는 권력을 추구하듯 말이다. 불가해한 일들이 가득한 세상에서는 신이 존재한다는 믿음이 갑작스러운 사건이나 곤경, 어려운 일을 조금이나마 극복하는 데 도움이 된다.

인간은 신을 창조했고 오로지 자신들의 필요에 따라 종교를 구성했다. 따라서 인간의 본성은 **자연스러운** 종교를 모른다. 인간은 본성에 따라 자신이 원하는 것을 자유롭게 믿어야 한다. 혹은 어떤 믿음을 단념해야 한다.

오늘날 세상에는 가장 유명한 유일신 종교 세 가지(기독교, 유대교, 이슬람교)와 더불어 수천 가지 믿음이 존재한다. 불과 얼마 전인 2019년 5월에는 전 세계 텔레비전 시청자들이 태국에서 새로운 국왕이자 신인 라마 10세가 즉위하는 모습을 실시간으로 지켜보았다. 유럽에서는 제우스, 유피테르, 토르 같은 신을 다룬 그리스, 로마 그리고 게르만 신화가 수백 년 동안 학교에서도 가르치는 정설로 굳어졌다. 오늘날 전 세계 거의 모든 국가에서 '기원후'로 연도를 계산하는데, 이는 기독교가 수 세기 동안 원정에 나섰던 사실을 뒷받침하며, 그 종교의 신자들은 또 다른 증거로 나사렛파의 순회 포교자인 예수를 거론하기도 한다.

독일에서 가장 규모가 큰 종교 집단을 꼽자면 가톨릭과 개신교다. 2017년 조사 결과에 따르면 독일 인구의 28퍼센트가 가톨릭교회에, 26퍼센트가 복음교회에 속해 있었다. 10퍼센트는 기타 종교를 믿는 사람들인데, 그중 절반이 이슬람교 신자다. 그러나 가장 많은 사람이 속한 집단은 무교로 전체 인구의 37퍼센트였다.[5]

신을 창조하다

인간이 언제 종교를 고안해냈는지는 모른다. 어쩌면 불가해하고 숙명적이며 갑작스레 발생하는 모든 사건에 책임을 질 초자연적인 존재가 필요하다는 생각은 인류만큼이나 오래되었을 것이다. 수만 년 전부터 인간은 가까운 사람이 죽고 나서 그 시신을 그냥 내버려두지 않고 수습했으며, 아직 종교라 부를 수는 없을지언정 일종의 의식을 거행했다. 그렇다면 인간은 그때부터 종교를 개발하고 있었는지도 모른다. 이를 두고 선사학자인 헤르만 파칭거Hermann Parzinger는 "[인간이 종교를 개발하고 있었다는 증거에 해당하는] 무덤을 이미 네안데르탈인 시기부터 찾을 수 있다는 건 대단히 감동적인 일이다"라고 말했다.[6]

여태까지 사람들은 인간을 단죄하는 신이 존재하는 사회란 더 복잡한 사회로 진보하기 전 단계라고 생각했지만, 최근 연구 결과에 따르면 그렇지도 않다. '인간을 교화하는 신들'이 일종의 중개인 역할을 한다는 생각은 오래전부터 논의되던 주제다. 도덕을 감시하고 벌을 내릴 초자연적인 힘을 지닌 전지전능한 존재에 대한 믿음은 인간이 낯선 사람들과 어울려 더 큰 사회를 일구는 데 쓸모가 있었다.

그런데 전 세계 30군데 지역에 1만 년 이상 존재한 인간 사회

413개를 광범위하게 분석한 결과는 달랐다. 인간이 더 복잡한 사회를 먼저 구성한 다음 인간을 벌하는 신이라는 존재를 상상하기 시작했다는 것이다.[7] 종교는 늘 그랬듯이 세력정치적인 기능을 했다. 곧 믿음의 내용과 믿음을 실천하는 방식이 규칙적인 반복을 통해 표준화되었고 종교 당국이 종교의식을 연습하라고 명령했다. 일단 확립된 규정은 점점 더 큰 인구 집단에 영향을 미쳤다. 이런 식으로 주권의 경계가 흐릿해졌다. 말하자면 서로 통치자가 다른 두 지역이 같은 종교의식을 따르면서 더 큰 지역으로 통합된 것이다. 사람들이 신을 상상하기 훨씬 전부터 종교의식과 성직자들이 통제를 제도화해 사회를 도덕으로 다스리는 신들을 증명한 셈이다.[8]

종교의 신앙 체계는 의식, 예식 그리고 반복으로 살아남는다. 말하자면 배타적인 공간 안에서 '신은 존재한다', '그 신들은 네 삶을 굽어보고 너를 다스릴 힘이 있다' 같은 교의를 읊는 행위를 반복하는 것이다. 인간이 스스로 상상해낸 권위자에 순응하는 천성을 타고난 건 아니다. 그래서 신앙 체계는 개인의 언어와 사상을 뒤덮는 규율로 일원화되어 한눈에 살펴볼 수 있는 구조를 원한다. 종교는 이런 신앙 체계를 견고히 유지하려고 권위자와 성직자를 중심으로 위계 구조를 만들었다. 그들에게 힘이 있음을 주장하고 신자들이 복종하도록 만들려는 시도였다.

이는 역사적 현상에만 그치지 않는다. 오늘날까지도 수많은 종교가 정치 체계와 사회의 권력 배분, 경제 발전에 큰 영향을 미친다. 이에 관한 예시는 차차 살펴보도록 하겠다. 역사와 전통을 보면 인간 삶의 거의 모든 영역 중 일정 부분을 종교가 결정했으니, 종교의 힘이 필요하다 주장하는 사람들이 있는 것도 이상하지는 않다. 물론 오늘날 우리에게는 조금 낯설지만. 유럽 역사를 잠시 살펴보면 종교의 의미와 영향력을 알 수 있다. 이때 가장 중점적인 질문을 곱씹어야 한다. 종교의 근본에는 어떤 인간상, **인간의 천성** 중 어떤 측면이 있는 걸까?

지금도 정치 논쟁 중 주기적으로 등장하는 주제가 '유대교-기독교의 후계자'다. 단짝으로 붙어 다니는 이 개념은 여기서 길게 설명하기 어려운 특정 문헌에 잘 나타난다. 그 핵심은 예수라는 인물이다. 그는 유대인 순회 포교사로 오늘날 이스라엘에 해당하는 지역을 돌아다녔는데, 그가 죽고 수 세기가 지나 생겨난 이야기에서도 그의 영향력을 느낄 수 있다. 그 이야기는 바로 신약성서다. 신약성서는 예수가 나타나기 수 세기 전부터 같은 지역에서 발생한 여러 이야기를 모은 책과 관련이 있는데, 그 책은 구약성서다. 구약성서에는 신화 같은 이야기, 우화, 시 등이 다수 담겨 있으며 그 내용은 대개 신에 관한 것이다. 신은 인간과 아주 밀접한 관계를 맺으며 인간이 복종하기를 기대했다.

예수가 나타나자 그가 수많은 문헌에 예고되어 있던 신의 아들, 즉 메시아(그리스어로는 그리스도)라고 믿는 사람이 점점 늘었다. 그들은 스스로를 그리스도교 신자라 불렀고 신약성서의 이야기를 신봉했다. 다른 이들은 신이 나타나기를 변함없이 기다려야 한다고 믿었다. 일부 사람들은 오늘날까지도 그렇게 믿는다.

예수에 대한 믿음은 기원후 첫 세기 동안 강력한 군대와 발달한 문명을 기반으로 유럽 대륙을 지배하던 로마제국의 정치 세력과 얽히면서 더욱 널리 퍼졌다. 당시 기독교는 다른 종교의 규율과 사상을 받아들이기도 했다.

정치 지도자들이 종교와 손잡는 것은 이미 수천 년 이상 이어진 전통이다. 이집트의 파라오들이나 로마의 황제들은 자신의 권력에 초월적인 정당성을 부여하고자 했다. 4세기 이후부터 유럽에서는 기독교 신앙 체계가 그 역할을 넘겨받았다. 8세기에 프랑크왕국을 다스렸던 카롤루스 대제$^{Carolus Magnus}$를 예로 들 수 있다. 카롤루스 대제는 당시 탁월한 군 사령관이자 통치자였다. 그가 가진 권력의 핵심은 군을 통솔하는 힘이었다. 그 힘 덕분에 그는 거대한 영토를 오랜 시간 동안 군건하게 지배할 수 있었다.

그사이 기독교는 위계질서가 있는 교회 조직을 만들었고 그 정점에 가장 높은 성직자인 교황이 서서 신의 통치를 대표하며 사람들의 요구에 부응했다. 동시에 예수 추종자들은 믿음을 설파하라는 예수의 가르침을 받들었다.[9] 이런 **전도**는 무언가를 밀어내지 않으면 불가능했다. 즉 여러 다양한 신이 존재한다는 사상을 밀어내고 신은 오직 하나라는 사상으로 대체해야 했다.

정치 지도자들에게는 매력적인 이야기였다. 오로지 한 명의 왕에게 권력을 부여하는 신이 단 한 명만 존재한다면 다른 경쟁자들은 정당성을 잃기 때문이다. 정치적, 종교적 통치권은 신성한 영역이라는 복잡한 개념과 연결되었다. 통치권을 가지려는 자는 자신에게 소위 신으로부터 받은 권리가 있다고 주장해야 했다. 수많은 사람들이 종교는 죽음 이후의 삶을 약속하며 사후를 준비하기 위해 존재한다는 신앙 체계를 믿고 살았기 때문이다.

그 열쇠인 앞으로의 신앙 구조는 사람들이 스스로 손에 쥐고 있었다. 평소의 행동과 (유일한 현실인) 삶을 통해서였다. 현세에서 교회와 성직자 집단의 체계적인 신앙과 규율에 따라 행동하는 사람은 죽은 후 저승에서 행복하게 살 것을 보장받는다. 장황하게 묘사되는 사후의 환상 세계에 어떤 운명이 기다리고 있을지 두려움에 떨던 사람들은 잠자코 교회를 따라야겠다고 마음먹었으리라.

종교를 믿고 싶지 않거나 종교에 반대하는 소수는 종교를 믿는 다수에 대항해야 했다. 사람들이 상상으로 만들어낸 신을 믿지 않는 사람들은 더욱 소수였다. 다수에 속한 사람들은 자신의 사후세계가 보장받지 못할까 걱정하며 소수에게 전도하려 애썼다.

우리는 과거 사람들의 세계관을 돌이켜 생각해야 한다. 그래야 그들의 사고의 폭을 이해할 수 있고 당시 일어난 사건의 중압감을 파악해 그때 사람들이 그렇게 행동하고 기대한 이유를 알 수 있기 때문이다. 근본적인 전환기는 16세기에 찾아왔다. 기독교 종파가 다양한 갈래로 분열되면서 종교개혁이 일어난 것이다. 지배적인 신앙 체계로서 가톨릭교회는 오늘날 유럽 대부분에 해당하는 지역에서 진리와 주권을 주장했다.

하나였던 교회는 역시 신실을 주장하는 새로운 신앙 체계가 등장하며 분열되었다. 새로운 신앙 체계를 확립한 사람들(그중 가장 유명한 인물은 두말할 것 없이 마르틴 루터Martin Luther다)은 전통적인 교회의 규율을 배우며 자란 사람들이었다. 다양해진 기독교 신앙은 그 이후 개신교라는 개념으로 자리 잡았다. 개신교 신자들은 가톨릭 신자들과 같은 성서를 읽고 같은 뿌리를 가졌지만 다른 교훈을 이끌어냈고 정확한 해석을 널리 알리고자 했다.

모든 종파를 아우르는 규율이라는 개념은 점차 희미해졌다. 개신교 신자들 또한 종교적 진실과 **신성한 보편적 통치권**을 계속해서 따르는 사람들과 같은 정통성을 주장했다.

1555년 아우크스부르크화의* 때는 각 지역의 지배자가 주민의 종파를 결정한다는 타협이 이루어졌다. 즉 "군주가 자기 영토의 종교를 결정"한다는 것이다. 그러나 근본적인 갈등은 해결되지 않았다. 모든 경쟁 종파들이 계속해서 초월적인 신의 이름으로 교리를 전달했기 때문이다.

30년 전쟁과 그 결과

16세기 중반부터 20세기 중반까지 경쟁하듯이 진실을 주장하던 가톨릭과 개신교 교회는 오늘날 유럽 대륙에 사는 대부분 인구의 생활에 깊이 스며들어 있다.

가톨릭과 개신교 신앙 체계 차이의 갈등은 1618년부터 1648년까지 이어진 소위 '30년 전쟁'으로 추악한 민낯을 드러냈다. 전쟁은 서로 밀접한 연관이 있는 여러 분쟁이 혼합되어 발생했다. 물론 가장 중요한 동기는 권력정치와 종교의 결합이었다. 당시 대부분 인구가

---

* 가톨릭과 개신교의 대립을 조정하기 위해 소집된 제국회의다. 여기서 루터파 신앙이 가톨릭 신앙과 동등한 권리를 가진다고 인정되었다.

스스로를 종교적 구원의 일부분이라고 생각했다. 그리고 인간을 굽어보고 보살피고 벌하는 신에게 의존했다. 그래서 종교전쟁을 두고, 왜인지는 모르겠지만 전쟁은 외부, 즉 **신의 영역**을 벗어난 곳에서 시작되었다고 보았다.

신의 은혜를 둘러싸고 벌어진 살육으로 인해 중부 유럽 인구의 3분의 1이 목숨을 잃었다. 가톨릭과 개신교 신자들은 떼를 지어 서로를 죽였고 도로와 거주지를 파괴했으며 가게와 물건을 초토화했다. 모든 이들이 신의 이름을 내걸고 싸웠으나, 정작 그 신은 누구의 편도 들지 않았다.

온통 폐허가 된 이후 살아남은 전쟁 참가자들은 피를 덜 흘릴 해결책인 관용과 타협을 위해 몇 년 동안 협상했다. 사람들은 '평범한 날(1624년 1월 1일)'을 만들고 그날을 기점으로 두 종파 사이의 법적인 관계를 정리했다. 양측은 자신들이 진리라고 주장하며 삶과 죽음을 둘러싸고 끈질긴 싸움을 벌였는데, 이제 그 싸움이 신앙을 필요로 하는 시장에서 경쟁이라는 형태로 나타나게 되었다.

혹시라도 오늘날 독일 땅에 존재하던 여러 도시국가 사이에 당국의 공권력과 보호를 염원하는 목소리가 널리 퍼진 이유를 알고 싶다면 30년 전쟁이 끝날 무렵까지 이어진 '종파 분열'의 발달 과정을 살펴보면 된다. 수십 년간 자행된 학살과 전쟁은 사람들의 의식에 깊이 새겨졌다. 특히 독일어를 주로 쓰던 중부 유럽에서는 자신이 믿는 신만이 진실이고 세상을 지배할 정통성을 가진다는 생각이 아주 잔혹한 결과를 낳았다.

도시국가의 주권, 종교, 정치권력, 종교적 방향성을 서로 연결한 아우크스부르크화의는 중부 유럽 역사의 큰 부분을 차지한다. 이후 보호자로서 영주들의 역할이 더 커졌다. 강력한 도시국가의 지배력과 개방적 질서가 군대의 약탈로부터 시민들을 지켜야 했다.

30년 전쟁에서 살아남은 이들은 종교 간의 갈등이라는 고통스러운 기억에 익숙해졌고, 더 적극적인 정치 참여를 요구하며 무력으로 들고 일어나는 대신 자신들을 지켜주겠다는 영주들의 약속을 믿고 따랐다. 권력자로부터 보호받고 강력한 국가에 소속되어 살며 전쟁이라는 경험과는 멀리 떨어져 지내는 편이 더 이상의 황폐화를 견디는 것보다 낫다고 판단했으리라. 이런 태도가 오랜 시간 이어진 이유를 알 수 있는 부분이다.[10]

혹독한 전쟁 이후 시민들은 개신교 영주든, 가톨릭교회 주교나 교황이든, 복종을 요구하는 어느 권위자든 상관없이 의존하려는 태도를 고수했다. 개신교 교회가 영주와 밀접한 관계를 맺으면서 그 효과는 더욱 강해졌다.

독일어권 중부 유럽은 나란히 붙어 있는 100여 곳의 개신교 혹은 가톨릭 지배 영토로 지도를 다채롭게 물들였다. 이로써 종교적 대립은 어느 정도 동결되었다. 다양한 지역으로 갈린 중부 유럽은 대부분 단일 종교로 공동체를 이룬 다른 영토와 차이를 보였다. 단일 종교 공동체로는 프랑스, 잉글랜드, 스페인, 네덜란드 등을 꼽을 수 있다. 잉글랜드는 헨리 8세 국왕 이후로 개신교를 믿었다. 프랑스와 스페인에서는 가톨릭이 우세했다. 러시아의 통치를 받는 지역은 정교회를 따랐다.

독일어권 영토에 다양한 도시국가가 섞여 있었다는 사실은 당시 가장 강력한 두 군대 사이의 경쟁을 그대로 반영한다. 오스트리아는 가톨릭을, 프로이센은 개신교를 믿었다. 결국 종교 간의 갈등은 외교와 권력정치로 연장되었다. 1866년 프로이센이 전쟁에서 이기기 전까지 오스트리아와 프로이센은 대략 200년 동안이나 대립하며 소위 '독일 이원론'을 이루었는데, 이는 독일어권 중부 유럽에 막대한 영향을 미쳤다. 그리고 그 중심에는 항상 종교 갈등이 있었다.

중부 유럽처럼 권력의 중심이 다양하던 곳에는 또 다른 특징이 있다. 예를 들어 영국의 런던이나 프랑스의 파리, 베르사유 같은 최고 권력이 중부 유럽에는 없었던 것이다. 빈, 베를린, 함부르크, 드레스덴, 뮌헨, 슈투트가르트 같은 지역 권력이 끊임없이 경쟁했다.

그러면서 각 지역 고유의 문화가 여기저기서 꽃피었다. 함부르크의 상인과 바이에른의 수공업자, 바덴의 군인 장교, 프로이센의 귀족이 누리는 일상생활은 서로 모든 면에서 달랐다. 잉글랜드 전역에 런던 의회가 있었던 것과는 달리, 독일어권 지역에는 공통된 기관도 없었다. 잉글랜드의 찰스 1세가 처형된 것을 보면 알 수 있듯이 권력을 꺾으려면 최고 권력자인 왕의 목을 베면 되었는데, 독일어권 국가에서는 상상하기 힘든 일이었다.

17세기와 18세기에도 역시 대부분의 인구가 자신들의 신을 섬기는 종교 체계에 몸담고 있었다. 대다수가 자신을 초월적인 힘 덕분에 만들어진 창조물로 보았다. 개인이 속한 직책에 따라 지게 되는 각자의 책임에는 장단점이 있었다. 특권층은 자칭 신의 대리인이었다. 그래서 나머지 신자들을 대신해 의무, 비용, 노동 등을 책임졌다.

누군가가 신을 대신해 말한다고 사람들이 믿으면, 그 사람은 영향력을 미칠 수 있고 권력을 휘두를 수 있으며 삶과 죽음을 결정할 수 있었다. 이런 규율을 정하는 데 참여할 수 없었던 대다수의 사람들은 벌을 받지 않으려면 복종해야 했다.

그런데 지식수준이 높아지면서, 체계적인 사고와 이성적인 행동이 기도로는 도무지 불가능한 결과를 이룰 수 있다는 사실이 명백해졌다. 이런 변화는 이번 장 초반부에 언급한 1749년 메뚜기 떼의 습격을 경험했던 당시 사람들에게 큰 깨달음을 안겼다.

이미 그보다 1년 전에 소규모 메뚜기 떼가 헝가리와 트란실바니아를 거쳐 슐레지엔으로 이동했었다. 1748년 10월 프란츠 1세 황제가 헝가리로 직접 행차해 메뚜기로 인한 자연재해를 살펴보았다. 그는 수학자이자 자연 연구자인 요제프 안톤 나겔Joseph Anton Nagel을 파견해 적절한 대응 조치를 마련하도록 했다. 다음 해 여름 메뚜기 떼가 다시 창궐하자, 마리아 테레지아 황제는 1749년 6월 25일 효과적인 대처법을 적은 칙령을 발표했다. 그 지식은 합스부르크 왕가 통치 구역 전체로 퍼졌고 많은 사람들이 조치를 따랐다. 책임자들은 메뚜기의 알을 가져오는 사람들에게 포상했고, 메뚜기를 퇴치하기 위해 도리깨나 석제 중장비 같은 도구를 보급했다.

사람들은 종, 양푼, 호른 같은 도구를 사용하거나 모래를 던져 메뚜기를 쫓았다. 특히 불을 놓는 방법이 탁월한 효과를 보였다. 밤이 되어 메뚜기들이 잠들면 지푸라기나 나뭇가지를 이용해 메뚜기 떼에 불을 질렀다. 이렇게 사람들은 메뚜기 떼를 막는 데 성공했다.[11]

당시 사람들의 반응은 다양한 **해결 전략**의 예시를 보여준다. 한편에는 자연재해란 초월적인 힘으로 발생한 것이니 신앙을 갖고 자신을 한껏 낮추어 복종해야만 해결할 수 있다는 전통적인 믿음이 있었다. 다른 한편에서는 자연에서 실제로 어떤 일이 발생하는지 체계적인 분석이 이루어졌고 자연재해의 파괴적인 힘을 최소화하는 다양하고 효율적인 수단의 효과가 검증되었다.

가장 중요한 것은 학습 효과다. 메뚜기 떼가 삶의 근본을 위협하지 않도록 하기 위해서는 무릎을 꿇거나 행진하며 기도로 도움을 바라기보다는 곤충을 관찰하고 직접 퇴치하고 불태우는 행동이 훨씬 더 나은 선택지로 보였다.

이런 대조적인 모습은 "인간학적 전환"이라고도 불리는 중요하고 혁신적인 전환점을 보여준다. 인간이 이해할 수 있고 그 안에서 스스로를 독립적인 존재라 볼 수 있는 세상의 구성요소로 자신을 바라보게 된 것이다. 동시에 모든 개인이 도전 과제를 알아차렸다. 모든 인간은 **그러한 개체로서** 이성적으로 행동할 수 있지만 혼자서는 아무것도 아니다. 인간은 타인과 관계를 맺고 교육을 받아 소질을 발전시켜야 한다. 그런 과정은 자동으로 발생하지 않으며 그 노력에 끝이 있는 것도 아니다. 인간은 늘 새로운 도전 과제에 직면한다.

18세기를 살던 대다수의 사람들에게 이런 두 가지 대조적인 사고방식은 일상생활과 거리가 멀었다. 계몽주의 시대의 작가들도 계속해서 자극받고 당시의 신앙이나 종파 구조에 영향을 받았다. 사람들이 종교에 의문을 품은 결정적인 이유는 비이성적인 행동, 인간의 폭력, 그리고 정치적·경제적·사회적 결정과 그 결과가 더 이상 신에게 일임될 수 없다는 점을 알았기 때문이다.[12] 모든 인간은 고유의 이

이 성경 삽화는 16세기 초 화가인 루카스 크라나흐 Lucas Cranach가 그린 것이다. 당시 사람들이 질병, 고통, 자연재해와 맞서 싸우며 무기력해진 모습과 감정을 입체적으로 보여주었다. 이 그림에는 신이 내린 형벌 혹은 멸망의 전조가 드러난다. 어떤 사람은 기도를 하고, 어떤 사람은 닥쳐온 위협을 통제하고자 그 원인을 파헤치려 한다. 자유 연구의 분류법은 모든 과학의 근본이자 모두가 사용할 수 있는 기술 진보의 동력이 되었다.

해력을 발휘해야 한다. 아무 생각 없이 신의 명령을 따르거나 신의
도움만을 믿어서는 안 된다.

신앙의 자유와 세속 국가

　역사적으로 계몽주의 이후 점차 **국가**와 **종교**가 분리
되면서 신앙의 자유가 도래했다. 국가와 종교의 분리라는 근본 형태
는 간단하다. 하지만 이것을 역사적인 일로 치부하기에는 200년 이
상이 지난 지금까지도 완결되지 않았다.

　국가와 종교가 끈질기게 붙어 있는 것도 놀랍지는 않다. 수십
세기 동안 종교의식과 믿음의 상징이 대부분 사람들에게 지극히 당
연했기 때문이다. 게다가 교회라는 조직은 계속해서 사람들을 소유
물처럼 여기며 권력을 행사했다. 이는 계몽주의 이전에 종교가 가졌
던 위치와 역할을 되돌리려는 시도였다.

　나폴레옹 보나파르트Napoleon Bonaparte 같은 정복자는 가톨릭교회가
소유하고 있던 엄청난 재산을 새롭게 분배했다. 자신을 가로막는 더
강한 권력이란 없다고 과시하려는 시도였다. 하지만 그런 나폴레옹
도 자신에게 유리할 때는 종교의 형식을 이용했다. 즉 그의 권력은
군사력과 종교 형식에 기반을 두었으며 이러한 상징은 그의 정당성
을 강화하는 데 유용했다. 이에 따라 19세기 유럽을 지배했던 권위적
인 군주들은 종교의 **신성한** 정당성, 즉 왕권신수설을 주장했다.

　그러나 이미 세상에는 독립적이고 자율적인 인간이라는 개념이
있었고 국가, 종교, 사회를 합리적으로 고찰한 사람들은 그에 맞는

정치가 필요하다고 주장했다. 곧 정치 및 사회 법규가 공개적으로 논의되기 시작하자 인간의 새로운 자아상이 널리 퍼졌다.

1849년 소위 파울교회 헌법*은 **독일 민족의 기본권**을 다룬 조항인 144조에 다음과 같이 정리했다. "모든 독일인은 완전한 신앙의 자유와 양심의 자유를 갖는다. 그 누구도 자신의 종교적 신념을 밝히도록 강제되지 않는다." 또한 누구나 원한다면 "새로운 종교 단체를" 설립할 수 있다. 하지만 "그 어떤 종교 단체도 국가보다 우선권을 갖지 않는다." 그리고 "모든 종교 단체는 [⋯] 보편적인 국가 법률을 따라야 한다." 그 외에도 새로운 세계관에 맞는 조항이 있다. "과학과 그 가르침은 무료다."[13]

파울교회 헌법은 결국 효력을 발휘하지 못했다. 대신 1871년에 독일국 헌법이 제정되었고 프로이센의 국왕 빌헬름 1세Wilhelm I를 "신의 은총을 받은 독일의 황제"라고 칭했다.[14] 종교를 기반으로 한 관료주의 국가와 군주정 권력자들의 끈끈한 결탁은 계속 이어졌고 프로이센-독일제국에도 영향을 미쳤다. 빌헬름 2세Wilhelm II는 황제로서 1888년부터 1918년까지 제국의 외교적 고립에 공동 책임을 졌다. 외교 관계에서 외면받던 와중에 결국 1914년 세계대전이 일어나자, 황제는 교회의 가장 높은 수호성자로서 몸소 **종교 예배**를 진행했다.[15]

제국이 몰락의 길을 걸으면서 파울교회 헌법의 결정적이고 통찰력 있는 내용이 바이마르헌법으로 편찬되어 합리적인 힘을 발휘했

* 독일국 헌법. 하지만 1871년의 독일국 헌법과 구분하기 위해 파울교회 헌법 또는 프랑크푸르트 국가 헌법이라고 부른다.

다. 바이마르헌법의 세 번째 장에 '종교와 종교 집단'이라는 주제가 등장하며 그 내용은 다음과 같다. "제국의 모든 주민은 완전한 신앙의 자유와 양심의 자유를 갖는다. 방해받지 않는 신앙 수련은 헌법으로 보장되며 국가의 보호를 받는다(제135조)."[16] 동시에 "시민의 그리고 국민의 권리와 의무는 〔…〕 종교의 자유를 실행함으로써 제약을 받거나 제한되지 않는다." 그 누구도 "자신의 종교적 신념을 밝히도록 강제되지 않는다(제136조)." "종교 단체가 집회할 자유"는 제한 없이 보장된다(제137조). 바이마르헌법의 이런 조항은 1949년에 기본법으로 채택되었다.[17]

1917년부터 1945년까지의 변화는 20세기에도 시대적인 의미가 있다. 1917년부터 공산주의-볼셰비즘,** 그리고 1933년 독일에서 힘을 얻은 민족사회주의라는 절대성을 주장하는 두 가지 세계관이 출현했기 때문이다. 두 세계관 또한 진실이며 역사 운동의 법칙을 그대로 반영한다고 주장하는 사람들이 있었다.

이 두 세계관은 믿음 체계와 의식이 폐쇄적이고 특히 사람들에게 충실하게 따를 것을 강력하게 요구했기에 마치 유사 종교 같은 성격을 띠었다. 구원을 약속하기도 했으며, 절대성을 주장하는 부분에서는 엄습하는 종교 갈등을 상기시키기도 했다. 독단적인 이데올로기는 수 세기 전에 종교가 그랬듯이 깊은 믿음과 복종을 요구했다. 또한 인간이 자유롭고 자율적인 존재라는 생각에 반대하며 계몽주의

** 소비에트연방 공산당의 전신인 볼셰비키의 이념적 입장을 나타내는 말로, 마르크스주의의 급진적 좌익에 해당한다.

이전으로 돌아가고자 했다.

이데올로기로 세상을 지배하려던 민족사회주의는 제2차 세계대전에서 패배하며 산산조각 났다. 당시 강대국이던 소련에 퍼진 공산주의-볼셰비즘의 이데올로기는 세계대전 이후 수십 년 동안 더욱 단단해졌다. 그러면서 역사가 이미 만들어둔 길, 일종의 구원 계획을 따라야 한다고 계속해서 주장했다.

사람들이 종교 및 이데올로기 갈등을 겪으며 깨달음을 얻은 결과 나타난 역사적 사실이 바로 1948년 세계인권선언이다. 인간의 자유와 자율성은 그에게 종교를 자유롭게 선택할 권리가 있음을 의미한다. 인권이란 말하자면, 내가 스스로 선택한 종교를 믿을 권리를 가지듯 다른 사람도 종교를 믿든 안 믿든 그 선택을 존중받아야 한다는 뜻이다.

서로 진리라 주장하는 여러 종교와 국가 정치가 결합하면서, 유럽 역사에서 알 수 있듯 주기적인 무력 충돌, 전쟁, 학살 등이 발생했다. 수백만 명이 희생되고서야 사람들은 그 어떤 종교도 다른 종교보다 우위에 있지 않다는 사실을 깨달았다. 이런 경험을 거쳐 역사적으로 휴전, 이익 조정, 안정 추구, 관대함을 베풀 노력 같은 타협점에 도달한 것이다. 동시에 종교는 계속해서 위계적이고 권위국가적인 권력 구조를 지키고 보존하려고 노력했다.

계몽주의가 대두되고 주목받으면서 유럽의 국가 질서는 종교나 정당성을 주장하려는 움직임으로부터 조금씩 멀어졌다. 이처럼 국가가 종교의 영향력에서 벗어나는 과정은 삶의 전반에서 관찰할 수 있

2장 신들의 이야기 : 종교

었다. 그 근본적인 의미는 국가가 질서를 유지하는 기관으로서 종교의 중립성, 세계관의 중립성을 확립하고 모든 종교가 같은 권리를 갖도록 했다는 데 있다. 법학자 호르스트 드라이어Horst Dreier가 확언했듯이, 현대 입헌국가는 "의미를 부여하는 관청이 아니다. […] 자유로운 입헌국가의 정권은 신에게서 나오지 **않는다**. 기본법 제20조에 쓰여 있듯이, 모든 국가권력은 국민으로부터 나온다. 이러한 국민 주권의 원칙에 따라 국가 지배권의 기반은 세습 군주가 지닌 신의 은총도, 탁월한 지배자의 카리스마도, 형이상학적인 사고방식이나 성스러운 기관도 아닌, 오로지 국민이라는 이름으로 한데 모인 개인들의 의지다. […] 현세의 국가나 민법에는 국민을 제외하고 정당한 권한이나 의미를 갖게 하는 원천이 없다."[18]

세속적인 입헌국가가 진리임을 주장하는 종교나 세계관의 반대편에 서서 중립성을 유지한다면, 역사적 지식을 토대로 한 인간의 판단으로는 오직 하나의 (종교적 혹은 이데올로기적인) 진실을 주장할 수 **없다는** 결론을 얻을 것이다. 입헌국가는 절대 무조건적인 진리를 주장할 수 없고 독단적인 세계관을 선전할 수 없다. 입헌국가가 할 일은 **하나의** 세계관만을 신봉하거나 그것만이 진실이라 믿으며 복종해야 하는 부당함으로부터 **모든** 시민을 지키는 것뿐이다.

종교의 역할과 기능은 오늘날까지도 뜨거운 감자다. 종교가 없다면 인간이 어디서 자신의 도덕적인 행동을 도출해낼 수 있겠느냐는 질문을 자주 듣는다. 우리의 공동체 생활을 조화롭게 만드는 윤리관이란 특히 서구적인, 혹은 **유대교-기독교적인** 가치에 뿌리를 둔 것이 아닌가?

이런 사고방식을 뒷받침하는 것은 인간의 도덕적인 본질이 오
로지 하나의 종교관에 기반을 두거나 혹은 오직 종교만이 도덕적 행
동과 (평화로운) 공동체 생활을 만들어낼 수 있다는 사고방식이다. 물
론 틀린 생각이다. 오히려 그 반대이니 말이다. 우리가 이미 살펴보
았듯이, 유일함을 주장하는 신앙 체계는 20세기까지 유럽에서 평화
및 조화와는 정반대인 결과를 낳았다. 무력 충돌의 근본 원인이었기
때문이다. 이런 경험에 근거해 사람들은 1849년, 1919년, 1949년에
각 개인의 신앙과 종교의 자유를 보장하는 헌법을 제정했다.

뵈켄푀르데 딜레마

국가, 종교, 공동체 질서를 둘러싼 논쟁은 대개 뵈켄
푀르데 딜레마로 이어진다. "자유로운 세속 국가는 스스로 보장할 수
없는 전제조건 아래 존재한다."

헌법학자이자 철학자 에른스트-볼프강 뵈켄푀르데Ernst-Wolfgang
Böckenförde는 1964년에 한 강연에서 국가와 교회의 관계라는 시사 문제
와 관련해 '세속화 과정으로서 국가의 출현'에 관해 말했다. "국가가
구현하고 지켜야 하는 국민 모두의 본질은 […] 더 이상 종교, 즉 특정
한 종교에 있지 않으며" 다만 "종교와는 관계없이 세속적인 목표와 공
동체에 있어야만" 한다. "종교와의 결속력이 더 이상 본질적이지 않고
그럴 수도 없다면, 국가는 무엇으로 살며, 그 기반을 다지고 동질성을
보장하는 힘과 필요한 경우 자유를 규제할 힘을 어디서 찾는가?"[19]

뵈켄푀르데는 그것을 어떻게 이해하고 싶었는지에 관해 이렇게

설명했다. "국가는 자유로운 국가로서 한편으로는 국민들에게 보장하는 자유, 그러니까 각 개인의 내면, 즉 도덕적인 본질과 사회의 동질성에서 나온 자유가 질서를 유지할 때에만 존속 가능하다. 다른 한편으로 국가의 내부 지배력은 국가에서 나오지 않는다. 다시 말해 국가는 스스로 법을 강제하는 수단이나 권위적인 명령을 보장하려고 할 수 없다. 그러려면 자유를 포기하거나, 이미 세속화되었음에도 이전에 교파 간의 전쟁을 불러일으킨 전체주의 권력을 요구하는 목소리에 다시 빠져야 할 것이다."[20]

뵈켄푀르데의 연설과 글은 학술적인 논쟁을 부추겼다. 또한 (오로지) 종교만이 자유롭고 세속화된 국가에는 부족한 것으로 추정되는 전제조건을 마련할 수 있다고 말해 소위 종교인들의 명예회복을 이끌었다.[21] 하지만 종교의 가르침이나 계율, 가치는 그런 근본이 되기에 적당하지 않다. 종교적 가르침의 효력은 믿음에 기반을 두고 있다. 그러므로 국가의 **내부 지배력**은 그 어떤 종교에서도 파생될 수 없다. 해당 종교를 믿지 않는 국민들이 국가의 보호에서 제외될 수 있기 때문이다.

국가가 필요로 하는 것은 동질성(이데올로기로 이루어진 것이든, 종교로 이루어진 것이든)이 아니라 합리적인 자유에서 나온 인도주의 정신이다. 이것을 법으로 보장된 질서의 틀로서 구성하고 유지하는 것이 국가의 과제다. 더 자세히 말하자면 국가에 속한 국민의 과제다. 자유주의적이고 세속적인 국가가 살아가기 위한 전제조건은 국가를 구성하는 사람들이기 때문이다.

모든 국가는, 자유주의적이든 세속적이든 아니면 독재적이든 권위적이든 종교적이든, 인간의 산물이다. 국가와 공동체의 삶을 위한 규율은 오로지 사람들의 합의로만 이루어질 수 있다. 또한 국가와 규율이 사회에 미치는 영향력은 계속해서 시험대에 올라야 한다. 이미 수백 년 전에도 도덕은 하늘에서 떨어지는 것이 아니었다. 종교가 나타나기 전에도 마찬가지였다. 인간은 이성을 발휘하기 시작하면서 도덕을 깨달았다. 스스로를 인간이라는 개념으로 깨우치고, 개별적인 소망과 행동, 노력이 타인과의 결합 없이는 불가능하다는 사실을 깨달으면서 인간은 도덕적인 존재가 되었다.

사람들이 저마다 이성을 발휘할 수 있도록 개방성을 확보한 것이 바로 세속적이고 자유주의적인 국가다. 전체주의로 가려는 움직임을 막는 것 자체는 전체주의적인 요구가 아니다. 그래야 사람들이 계속 자유로울 수 있기 때문이다. 국가가 자유로워야 **내부 지배력**이 자랄 수 있다. 자유롭고 세속적인 국가가 실질적으로 그 전제조건을 구성하고 보호하는 한은 말이다. 인간으로 구성된 결과물인 국가는 그 의미를 매일 새롭게 만들 수 있다. 또한 사회국가로서, 법치국가로서, 의회 민주주의국가로서, 개인의 자유와 기술 진보를 가능케 하는 국가로서 자신의 능력을 증명하며 그 의미를 보증할 수 있다.

그 수단은 여러 가지인데, 우선 모든 사람에게 능력을 펼칠 기회를 주는 효율적인 교육 체계가 필요하다. 또 사회 전체의 안녕을 위해 부과되고 사용되는 조세제도와 법적인 안정, 인간 존엄성, 학문의 자유, 차별에 대한 보호, 사회복지, 실생활의 어려움에 대한 보상 등이 필요하다.

통일된 정신이 필요하지만 강제할 수 없는 자유국가의 딜레마에 관한 뵈켄푀르데의 말이 맞는다면 그 해답은 역사에서 찾을 수 있다. 계몽주의, 자아인식, 반성, 인본주의가 바로 그런 정신의 원천에 해당한다. 그러나 이 세상 밖의, 인간이 **믿어야만 하는** 초월적인 권위자에 뿌리를 둔 종교는 그 원천이 되지 못한다.

인간은 이성을 발휘해 사회정신을 발전시킬 수 있다. 인간이 스스로를 **인간이라고** 이해하는 한, 사회정신은 인간에게서 나온다. 각 개인의 도덕적인 본질은 스스로 생각하는 인간의 이성에서 발생한다. 정언명령은 통일된 정신을 구성할 모범적인 방향성을 제시한다. 다만 이것이 앞으로 영원히 이어질 도전 과제라는 점에는 반박의 여지가 없다. 계몽된 인간상은 예외가 없는 당연함이다.

자유롭고 세속적인 국가는 힘겹더라도 종교적이고 독단적이며 오로지 자신만이 진리라 주장하는 태도와 서서히 멀어지는 데서부터 시작된다. 모든 사람은 종교를 갖고, 자유롭고 세속적인 국가가 뿌리를 내린 인권과 계몽주의, 인본주의를 지지할 자유가 있다.

그러나 이때 그들이 지지하는 가치는 종교의 산물이 아니라 인간의 산물이다. 이를 넘어서는 종교적 신념을 가진 사람은 다른 무엇보다도 어떤(혹은 다른) 종교 단체를 설립할(혹은 하지 않을) 자유와 마찬가지로 입헌국가의 중립성이 존중받는 한 그대로 살 수 있다.

현대의 자유로운 입헌국가는 **신 없는 국가**다. 국가는 드라이어가 간결하게 요약했듯이 "믿음의 반대 세력이 아니라 믿음을 받쳐주는 존재다. 신 없는 국가와 사회의 강력한 신앙심은 결코 상호 배타적이지 않다. 오히려 그 반대다. 국가가 철저하게 중립적으로 행동하

며 누구의 편도 들지 않는 동안, 여러 종교 단체는 아무런 방해도 받
지 않고 국가와 동등할 정도의 권리와 더 넓은 범위의 실행 가능성을
지닌 자유의 전도사로서 세력을 키울 수 있다. 신앙과 세계관에 있어
동등한 자유란 그에 상응하는 국가의 자제력에 달렸다. 국가가 세속
화하려면 자유가 반드시 필요하고, 모순처럼 보이지만 국가의 세속
화는 종교를 장려하는 효과가 있다."[22]

내세에 대한 현대인들의 생각

21세기의 세상에도 여전히 종교적인 사고방식이 스
며들어 있다. 주변인들이 마치 성직자처럼 행동하기를 바라는 사람
이 많은 한편, 종교가 정치에 개입하기도 한다. 수많은 국가의 지배
체계가 종교에 뿌리를 두고 있기도 하다.

이란에는 **이슬람 국가**라는 개념이 있는데, 이 국가의 정치적 권
력은 국민으로부터 나오는 것이 아니라 종교 지도자에게 정당한 통
치권을 부여하는 신으로부터 나온다.[23] 사우디아라비아는 **신의 국가**
로서 국교로 이슬람교의 한 종파인 와하브파를 믿으며 완전한 군주
정체를 유지하고 있다. 이 두 국가는 국가와 종교의 분리에 반대할
뿐만 아니라 인권의 보편성에도 반대한다. 종교를 근거로 여성을 차
별하고 의견과 언론의 자유를 억압하기 때문이다.

한편 지난 수백 년 동안 세속화의 길을 걸었던 **서구** 국가에서도
종교적인 움직임이 눈에 띈다. 브라질에서는 복음주의 교회의 창시자
인 에디르 마세도Edir Macedo가 수백만 명에 이르는 신도들을 등에 업고

선거에서 보우소나루 대통령을 지지하는 중요 세력이 되었다. 브라질 의회에서는 "소위 '성경의 일부'라고 불리는 종파의 신도가 국회의원 513명 중 200명에 이른다. 그중 절반은 복음주의 교회 신도이고, 그 중 대다수가 자유 교회의 목사다."[24] 미국에서는 복음주의 교회 신도 중 트럼프를 지지하는 수가 대략 2,500만 명에 이른다.

복음주의 교회 신도들이 코로나19에 보이는 반응을 보면, 종교가 과학적 분석과 그것을 바탕으로 수많은 국가가 취한 조치를 얼마나 회의적으로 바라보는지 알 수 있다. 이러한 종교적 분위기는 대통령의 든든한 후원자 중 하나다. 트럼프가 임명한 부통령 마이크 펜스[Mike Pence]는 유명한 복음주의 교회 신도다. 댈러스 및 텍사스 지역 침례교 목사인 로버트 제프리스[Robert Jeffress]는 대통령 집무실에서 공개적으로 트럼프와 함께 기도하고 안수례를 하기도 했다. 제프리스는 2019년 12월 다른 기독교인들이 트럼프의 성격을 비판한 일을 두고 "앞으로 다가올 세기에는 트럼프가 미국 역사상 가장 위대하고 미래를 예측할 수 있는 대통령으로 평가받을 것이다"라고 **예언했다.**[25] 애틀랜타의 침례교 목사이자 영향력 있는 종교인인 찰스 스탠리[Charles Stanley]는(그가 진행하는 텔레비전 쇼 〈찰스 스탠리 박사와의 만남〉은 50개국에서 방송된다) 코로나19 바이러스가 "신이 원하신 것이다"라고 말했다.[26]

종교가 우월하다고 주장하는 사람 중 가장 주목받는 인물은 텔레비전 전도사인 케네스 코플랜드[Kenneth Copeland]다. 코플랜드는 2020년 3월 29일 '공개 선고'에서 코로나19 바이러스에 **이 땅을 떠날 것을 명령**했다. "신의 국민으로서 우리는 코로나19에 대해 지배권과 주권을 갖고 있으니, 이는 예수가 우리를 질환과 질병, 전염병과 같은 모

든 악에서 구원했기 때문"이다.[27]

코플랜드는 다른 복음주의자들과 마찬가지로 여러 강연과 행사의 주최자로서 계속해서 행사를 열고 기부금을 모으는 데 혈안이었다. 그의 동료인 제리 폴웰Jerry Falwell은 버지니아 린치버그에 있으며 "복음주의자 양성 기관"이라고도 불리는 리버티대학교의 총장으로 재임하면서 팬데믹에 관한 정부 관계자들의 경고를 무시하고 개학을 강행했다.[28] 폴웰은 국가의 학교 폐쇄 요구에 정치적인 이유가 있다고 보았다. 제프리스는 2020년 5월 15일에 다시금 캘리포니아에 있는 3,000여 개의 교회에 공문을 보내 **신의 말씀**이 국가의 법령보다 우선한다고 판단하는 경우에는 국가의 법령을 무시하라고 당부했다.

독일에서도 세속주의를 바라는 정치적 움직임이 종교와 똑같은 방식으로 자리 잡지는 못했다. 2019년 3월 독일 사회민주당SPD의 당 대표 라르스 클링바일Lars Klingbeil은 무교 혹은 무신론자인 당원들이 소모임을 구성하거나 스스로 사회민주주의자라고 칭하는 것을 금지했다. 당내의 무교 혹은 무신론자인 당원들은 기독교인 및 유대인 당원들이 그러했듯 자신들의 소모임을 만들고자 했지만, 클링바일은 "SPD 내에서" 그런 일은 있을 수 없다고 못 박았다.[29]

무교인 당원들을 무시하는 당 대표들의 태도는 유구하다. 2010년 여름에도 몇몇 SPD 당원들이 당내에 정교분리주의자 소모임을 구성하려고 했다. 그들은 '신앙에서 자유롭고 무신론자이며 불가지론자이고 인도주의자인 당원들을 대변하는' 사람들이었다. 그러나 SPD 수뇌부는 정교분리주의자들의 요청을 만장일치로 거절했다.

당시 SPD 총재이던 지그마르 가브리엘Sigmar Gabriel은 이로 인해 페이스북에 성명문을 게재해야 했지만 그 일이 "세상을 뒤흔들 만한 사건은 아니다"라고 일축했다. 그는 또한 SPD는 정교분리를 지지하지 않는다고 덧붙였다.[30] SPD 소속이자 당시 하원 부의장이던 볼프강 티르제Wolfgang Thierse는 심지어 "세속적 근본주의"가 위험하다고까지 말했다.[31] 가브리엘은 자신의 의견에 모순되는 주장을 펼치기도 했다. 국가는 "이데올로기 그리고 종교 문제에 관여하지 않는다." 동시에 국가는 **종교 그리고 이데올로기 공동체**를 지지한다.[32]

무슨 말일까? 국가가 중립적이라는 뜻일까? 아니면 국가가 특정한 공동체를 지지한다는 뜻일까? 만약 국가가 여러 공동체 중에 특정한 몇 공동체를 골라 지지한다면 그것은 중립적인 태도가 아니다. 의문점이 더 있다. SPD는 왜 2019년에 종교인 당원들처럼 소모임을 꾸리고 싶다는 비종교인 당원들의 요청을 거절한 것일까? 2020년대인 지금, 무교 또한 신앙의 다양성에 속한다는 사실을 SPD는 아직 인정하지 못한다는 데 주목해야 한다.

자유로운 정치 질서가 인간적이고 정치적인 규율의 기준을 다지고 현실화하는 데 종교적 기반은 필요하지 않다. 자유주의 법치국가는 종교와 동일하지 않으며 어떤 종교인들이 자신이 믿는 종교가 진리라고 주장하든 종교와 멀리 떨어져 있다.

스스로를 인간이라고 이해하는 모든 사람에게는 도덕과 윤리가 당연히 필요하다. 믿음이 인간의 사고보다 더 우위에 있다든가 소위 **신의** 요구에 기반을 둔다면 우리는 그 반대 입장을 취해 신념이 흔들리지 않도록 해야 한다. 또한 법을 준수하는 행동은 개인이 어떤 신념을 갖고 있든 반드시 해야 하는 것이며 강제되어야 하는 것이다.

여성상

: 성 역할

Der Wert der Geschichte

> "모든 시대의 역사적 [⋯] 가르침은 다음과 같다.
> 자신을 생각하기를 잊어버린 사람은 타인에게도 잊힌다. [⋯]
> 우리 모두가 몸담고 있는 거대한 변혁의 한가운데서,
> 여성은 자신을 생각하기를 잊어버린다면 스스로가 잊히는
> 모습을 보게 될 것이다."
>
> 루이스 오토 페테르스Louise Otto-Peters, 1849년[1]

2019년 8월 3일, 독일 〈바이에른 방송〉은 뮌헨에 있는 이슬람 단체가 자체 웹 사이트에 남성에게는 아내를 때릴 정당할 권리가 있다는 글을 게재했다고 보도했다. 뮌헨의 매체 〈TZ〉는 2019년 8월 5일에 다음과 같이 보도했다. "뮌헨이슬람중심IZM은 '이슬람의 여성과 가족'이라는 제목으로 인터넷에 게재한 기사에서 결혼 생활에 어려움이 발생했을 때는 마지막 수단으로 아내를 때릴 것을 고려하라는 코란의 구절을 언급했다. 이때 남편은 세 가지 단계를 거쳐야 한다. 경고, 각방 쓰기, 때리기. **학식 있는 사람들**의 의견에 따르면 아내에 대한 폭력은 **상징적인 성격**을 띤다."

이와 비슷한 종교 근본주의의 시각에서 볼 때 여성은 세속적인 세상에 사는 지금까지도 특정한 역할 모델을 수행해야 한다. 독일 대안당AfD은 "혼인이 급격하게 감소하고 무자녀 가정이 대폭 증가하는

§1356. 가계 운영과 근로

1. (1) 여성은 가계를 운영할 책임이 있다.

   (2) 가계 운영이 결혼 생활과 가정에 있어 여성의 의무이므로 여성
   은 가계를 운영하고 가계를 위해 근로할 능력이 있어야 한다.

2. 모든 부부는, 그것이 부부 생활을 영위하는 데 통상적인 일이라면,
   배우자와 직업 활동 혹은 상업 활동을 함께 할 의무가 있다.

여성에 대한 법적 차별은 오늘날에는 더 이상 존재하지 않는 것처럼 보인다. 사실은 그렇지 않다. 1970년대 후반까지만 해도 여성은 남성에 비해 법적으로 차별당했다. 위에 보이는 독일 민법 1356조의 내용은 1958년부터 1977년까지 유효했다. 헌법에서 동등한 권리가 보장되었음에도 말이다. 결국 평등이 사회적 현실이 되기까지는 아직도 해결해야 할 과제가 많다.

사태"를 두고 쓴소리를 했다. AfD에 따르면 여성에게는 명확한 역할
이 할당되어 있다. "성별 간의 대립 관계는 당연한 것"이므로, 독일의
"현재 인구 상황"을 살펴볼 때 "자국민을 보존"하기 위해서 "가족 정
책을 활성화하는 방향으로 가는 인구 정책"을 펼치기 위한 "패러다임
전환"이 필요하다고 주장한 것이다. 이에 따라 2017년 총선거를 위한
공약에서는 "가족·노인·여성·청소년부가 가족 및 인구 발달부로"
이름을 바꿔야 하며, "과학적인 기준에 따른 인구 발달을 계획하고
촉진해야" 한다고 덧붙였다.[2]

여성과 남성은 인류 중 거의 같은 비율을 차지한다.[3] 경험적 사
실에 따르면 세계적으로 여성의 수가 약간 더 적지만,[4] 여성은 (적어
도 수많은 산업국가에서는) 평균적으로 남성보다 수명이 더 길고, 통계
적으로 더 건강하다. 그런데 역사를 보면 성별 간의 정치, 경제, 사회
참여 및 권력 관계에 격차가 존재한다. 수천 년 동안 여성은 정치 및
경제적인 힘을 거의 갖지 못했다. 이런 불균형이 신이 내린, 혹은 자연
적으로 주어진 차이라거나 남성과 여성의 차이를 기반으로 정해졌다
는 믿음은 인간의 산물, 대부분의 경우 남성의 행동이 만든 것이다.
　인권에 관한 계몽 이후 자연권이 보장하듯 인간은 평등하니 그
에 따라 양성 또한 평등하다는 의식이 중요해졌다. 그런데 오랜 시간
에 걸쳐 평등화가 진행되던 중, 평등을 정치적 그리고 사회적으로 실
천하는 과정에서 거대한 장벽과 전통적인 한계에 부딪쳤다. 그럼에
도 결국에는 진보가 이루어진 결과로 참정권, 혼인의 자유, 직업 선
택의 자유 등이 보장되었고 사회복지 국가가 형성되며 부모가 동등

한 권한을 갖는 자녀 양육이 가능해졌다. 이것이 의식의 진보와 권력 재분배의 결과다. 이 두 가지는 서로 떼어놓고 생각할 수 없다.

평등화, 즉 여성해방은 단순히 여성의 동등한 권리뿐만 아니라 각기 다른 권력을 지닌 모든 개인과 사회조직이 동등한 기회를 가질 자유를 뜻한다. 이런 변화가 가능하려면 세상이 마주한 도전 과제를 해결할 합리적인 접근법이 필요하다. 물론 합리성만으로 되는 일은 아니라 결과가 반드시 필요하며, 그 결과는 계속해서 점검해야 한다. 이러한 관점에서 여성의 해방은 **성숙해지기까지의 머나먼 길**이라고 할 수 있다.[5]

지성에는 성별이 없다
———

기독교가 지배적이던 서양의 여성상은 **아직도** 남아 있다. 수백 년 동안 이어진 종교적인 여성상이 성경의 이야기와 마찬가지로 깊이 뿌리박혀 있는 것이다. 이브가 아담의 갈비뼈로 "만들어졌다"는 이야기는 마치 여성을 남성의 **부산물**처럼 보이게 한다. 즉 여성의 출처가 남성이며, 여성은 구조적으로 남성에 종속되어 있고 의존적이라는 말이다. 〈창세기〉 2장 23절에는 "이것을 남자에게서 취하였은즉 여자라 부르리라 하니라"라는 구절이 있다. 게다가 여성은 "신의 명령"을 어기고 "지혜의 나무의 열매를 먹었기" 때문에 "에덴에서 쫓겨난 데에 책임"이 있다. 그래서 여성은 "원죄"를 지고 있으며 인류의 사악함을 상징한다.

이러한 이야기가 전근대 사회를 장악해 만들어낸 성 역할이 일

3장 여성상 : 성 역할

상생활과 전통 속에서 응축되어 수천 년을 이어져 내려왔다. 그 배경에 종교가 있었으니 효력은 강력할 수밖에 없었다.

서양철학을 공부하고 그것을 기독교적으로 해석하던 신학자 토마스 아퀴나스^{Thomas Aquinas} 같은 사람들은 '열등함'과 '불완전함'이라는 개념에 사로잡혔다. 당시에는 여성이 교회에서 입을 열면 안 된다는 기독교적 인간상이 세상을 지배했다.[6] 여성들은 공직에 나아갈 수 없었고 오로지 아내 혹은 어머니로서 살아야만 했다. "유럽 전역에서 여성은 남성의 '소유물'이었을 뿐, 인권이 있는 인간이 아니었다. 상업을 하지도, 계약을 맺지도 못했으며 자신만의 자산이나 부를 축적하는 것이 금지되었다. 18세기 동안에도 그런 상황은 바뀌지 않았다."[7]

계몽주의가 도래하면서 이러한 인간상이 의문시되었으나 근본적으로 바로잡히지는 않았다. 프랑스의 계몽주의자 프랑수아 풀랭 드 라 바르^{François Poullain de la Barre}는 저서 《양성평등에 관하여》에서 남성과 여성의 신체적 차이는 사고력에 아무런 영향도 미치지 않는다고 말하며 "지성에는 성별이 없다"고 덧붙였다.[8] 그로부터 200년이 지난 후에도 계몽주의자들은 입을 모아 똑같은 말을 했다. 독일 철학자 헤드비히 돔^{Hedwig Dohm}은 이렇게 표현했다. "인권에는 성별이 없다." 그러나 독일뿐만 아니라 대부분의 국가에서 귀를 기울이는 사람은 거의 없었다.[9]

계몽주의 시대에도 가부장적이고, **자연스러운** 차이에 따라 양성의 이해력이 다르므로 남성이 여성에 비해 우월하다는 생각이 성 역할의 기반을 이루었다. 루소는 1762년에 발표한 저서 《에밀》에서 여성은 **능동적인** 남성에게 **수동적인** 쌍으로 종속된다고 주장했다.

즉 **여성의 천성**이 그러하니, 사회에서 여성이 갖는 역할도 그러해야 한다는 것이다.[10] 루소의 저서 《사회계약론》에도, 몽테스키외의 저서 《법의 정신》에도 "여성 또한 사회를 이루는 구성원으로서 사회계약의 가르침에 사상적으로 영향을 미친다"는 글귀는 포함되지 않았다.[11] 계몽주의 시대의 평등화 과정을 언급하려면 상위 시민 계급에 속하던 몇몇 여성에게 시선을 돌려야 한다.[12]

대부분의 여성은 당연하게도 소위 하층민에 속했다. 여성은 "값싼 노동력으로 […] 유럽 전역에서 공장제 수공업을 했다. 여성 노동자들은 노동 공간과 주거 공간이 합쳐진 공장 기숙사에 살며 하루에 15시간을 꼼짝없이 일했다." 오늘날 아시아의 노동력 착취 현장과 비슷한 조건이다. 그들은 "남성 노동자에 비하면 터무니없는 박봉을 받았다. 이와 비슷하게 근근이 살아가는 여성 하층민으로는 부랑자, 노점상, 행상인, 거지, 하녀, 임시 고용 노동자, 매춘부 등이 있었다."[13]

여성은 항상 남성에 의존해야 했고 사생활도 제한적이었다. 정치에서 힘 있는 자리를 차지하는 것은 고사하고 대학에 가거나 일반적인 직장을 갖거나 상업 혹은 수공업을 할 수도 없었다. 공적인 삶, 사회, 문화 등의 측면에서 자립 가능한 개인으로서의 여성은 존재하지 않는 것이나 다름없었다.

전환점: 프랑스혁명

페미니즘과 여성해방운동 역사의 전환점은 프랑스혁명이다. 프랑스혁명은 미국 독립선언문에 언급된 인권보다 훨씬 앞

서 나아간 권리를 주장하며 전체 문명과 국가의 근간을 뒤흔들었다.[14]

프랑스혁명 중 여성 인권을 주장한 유명인으로 장-앙투안 드 콩도르세Jean-Antoine de Condorcet가 있다. 그는 여성에게 시민권을 허가해야 한다는 내용의 연설에서 다음과 같이 말했다. "인간의 성별 중 그 어느 쪽도 진정한 권리가 없거나, 모든 성별이 동일한 권리를 갖거나 둘 중 하나다. 종교, 피부색, 성별에 관계없이 다른 사람의 권리에 반대하는 사람은 자신의 권리 또한 박탈당한다."[15]

연설만으로 그치지 않았다. 여성들이 정치 행동의 주체로 나서기 시작한 것이다. 1789년 10월 5일과 6일에 진행된 베르사유 여성 행진은* 8,000~1만 명의 여성들이 2만 명가량 되는 국민군 남성들의 호위를 받으며 파리에서부터 베르사유궁전까지 행진한 대규모 시위였다.[16] 그들은 여성이 사회생활을 할 권리를 요구하는 데 그치지 않고 그 권리를 쟁취하고 강제했다.

여성 인권을 주창한 사람 중 가장 잘 알려진 인물로는 에타 팜 댈더Etta Palm d'Aelders를 꼽을 수 있다. 네덜란드에서 태어났으며 1773년부터 파리의 살롱에서 지적인 페미니즘 조직을 꾸려 홍보 및 외부 활동을 담당한 댈더는 1790년 12월 30일 프랑스 국민 의회 앞에서 "여성을 희생해 남성에게 이익을 주는 법률의 부당함"에 관해 연설했다.[17]

비슷한 시기 사람인 올랭프 드 구주Olympe de Gouges는 작가로 활약하면서 1789년의 인간과 시민의 권리 선언을 모방해 2년 후 여성과 여

---

* 프랑스혁명 당시 파리 여성들을 주축으로 한 시민들이 베르사유궁전으로 행진해 가서, 프랑스 국왕 루이 16세에게 파리로 귀환할 것을 촉구한 사건.

성 시민의 권리 선언을 썼다. 구주는 이 선언문에 인권은 남성만의 권리가 아니며 시민의 권리는 성별과 상관없이 모두에게 주어져야 한다고 분명히 말했다. 선언문의 제1조는 다음과 같다. "여성은 자유롭게 태어나며 모든 권리에 있어 남성과 동등하다. 사회 영역에서 발생하는 차이는 오로지 공공의 이익에 근거한 것이어야 한다." 또한 누구도 "자신의 의견 때문에, 비록 근본적인 본성이 의심된다 할지라도, 불이익을 받지 않는다. 여성은 단두대에 오를 권리가 있는 만큼 동일하게 연단에 오를 권리를 가져야 한다."[18]

그 이후 거의 200년 동안 역사 기록에 구주의 영향력과 업적은 그리 많이 다루어지지 않았지만, 단두대에 오를 권리라는 말은 자주 인용되었는데, 이는 구주 본인이 바로 그런 운명을 맞이했기 때문이다. 앙투안 푸키에-탱빌Antoine Fouquier-Tinville이 이끈 혁명 법정은 구주를 재판해 저작물로 나라를 어지럽혔다는 죄목으로 사형을 선고했고, 구주는 1793년 11월 3일 처형되었다.[19]

혁명이 진행되는 동안 여성해방과 여성의 사회참여를 강력하게 외치던 목소리 또한 점차 줄어들었다. 자코뱅파*는 "여성의 명예란 조용히, 겸손함의 베일에 싸여, 집이라는 그늘 안에서 자신의 성별에 맞는 덕을 기르는 일이다. 남성에게 길을 가르쳐주는 것은 여성의 일이 아니다"라고 말했다.[20] 나폴레옹이 중심 권력을 잡고 자코뱅파와 그들의 여성관을 지지하면서 그에 반대하는 움직임 또한 거세졌다.

---

* 프랑스혁명 이후 급진적인 사회혁명을 추진한 과격 정치 분파. 온건한 지롱드파와 대립하며 공포정치를 실시했으나 1794년 타도되었다.

한편 프랑스 민법 집필에 참여한 장-에티엔-마리 포르탈리스^{Jean-}
Étienne-Marie Portalis는 문제점을 인식조차 못했다. 그는 우리는 "이미 양성
중 일방의 우월함이나 양성평등에 관해 오랜 시간 논의해왔다. 이런
분쟁만큼 무의미한 것은 없다"고 말했다. "자연이 양성을 다르게 만
들었기 때문이다." 그 차이는 결국 **양성의 권리와 의무**에 기반을 둔
다.[21] 나폴레옹 또한 남성은 자신의 아내에 대해 **완전한 지배권**을 가
져야 한다고 말했다.[22]

19세기 여성들의 법적 상태

당시의 상황을 이해하고 정리하려면 우선 법적 상태
에 주목해야 한다. 법률학 분야에서는 19세기까지도 여성이 법의 주
체가 된 적이 없었다. 더 정확히 말하자면, 여성의 사회적 지위는 거
의 예외 없이 남편 혹은 가족인 다른 남성과 관련해 논의되었다. 프
리드리히 헤겔^{Friedrich Hegel}은 자신의 저서 《법철학 강요》에서 이렇게 말
했다. "남성은 […] 국가와 과학 및 그와 비슷한 공동체 내에서, 그
외에도 전투나 외부 세계 및 자신과의 투쟁에서 실질적이고 본질적
인 삶을 산다. 그렇게 함으로써 남성은 자주적인 일치점을 쟁취한다.
그 일치점의 평화로운 관점과 직관적이고 주관적인 도덕은 가족에서
나온다. 가족 안에서 **아내**는 실질적인 역할을 하며 그 **경건함**에서 자
신의 도덕적인 마음가짐을 갖는다."[23]

이러한 사고방식 때문에 여성은 자결권을 빼앗긴 채 살아야 했
고, 정치에 참여할 수 없었으며 공동 결정 과정에 의견을 낼 수 없었

다. 남성들은 재산을 축적 및 사용하고, 삶의 방식을 결정하고, 민법에 언급된 대로 통신을 통제할 권리를 가졌다. 역사학자 바르바라 슈톨베르크-릴링거Barbara Stollberg-Rilinger는 이를 다음과 같이 명쾌하게 요약했다. "19세기 시민사회에서 혁명으로 물꼬가 트이면서 남성들의 권리 평등이 신장되었는데, 그만큼 정치적인 삶에서 여성을 배척하려는 움직임은 더욱 강해졌다."[24]

여성에 대한 배척은 당연한 일이었다. 여성은 애초에 논의의 주제가 되지도 못했다. "프랑크푸르트에서 발표된 파울교회 헌법의 투표권이나 기본법에 관한 논의 때도, 각 연방의 헌법(예를 들어 1850년 개정된 프로이센 헌법)에 관한 논의 때도, 무역과 상업의 자유에 관한 논의 때도" 여성은 언급되지 않았다.[25]

변화를 주도한 위대한 선구자들은 대부분 경제적으로 독립적인 여성들, 즉 적극적으로 나서서 여성의 동등한 권리를 주장할 자유가 있는 사람들이었다. 예를 들어 1843년부터 주기적으로 대중 앞에 나선 페테르스는 "여성이 국가에 관한 일에 참여하는 것은 [⋯] 권리가 아니라 의무다"라고 선언했다.[26] 페테르스는 1849년에 〈여성 신문〉을 펴냈는데, 이 신문은 작센 지방에서 배포가 금지되었다. 그 외에도 여성 회의를 조직하고 1866년에는 여성의 고용권에 관한 책자를 펴내 주목받았다.

한편으로 경제적인 독립과 자결권의 인과관계, 다른 한편으로 개인의 자유와 사회참여의 인과관계는 과거에(그리고 지금도) **여성에 관한 논의**에서 그리 분명하게 드러나지 않는다. 객관적으로 볼 때 여성은 남성만큼이나 오래전부터 노동을 했지만 그들의 법적, 사회적,

물질적 지위는 여전히 남성에 미치지 못한다. 스스로 돈을 벌고 경제적으로 자립할 권리는 모든 독립성의 핵심이다. 예전에도 그랬고, 지금도 마찬가지다. 해방으로 이어지는 방어전 과정에서 전통적인 성역할을 고수하려는 차별이 꾸준히 새로운 형태로 등장했다. 예시 중하나가 여성 공무원에게 독신을 요구하는 조항이다.

1873년 제국의 공무원법을 제정하면서 각 지역은 독자적인 공무원법을 마련했는데, 특히 여성 교사의 결혼을 금지하는 조항을 작성했다.[27] 바덴 대공국은 1879년에 "혼인하지 않은 여성만이 교사로서 [⋯] 자격을 얻을 수 있다"고 규정했다.[28] 1892년부터 프로이센에서는 여성 교육공무원들이 결혼과 동시에 일터를 떠나야 했으며, 연금 청구권 또한 박탈당할 수 있었다.[29] 각 지역마다 법은 달랐으나 모두 여성을 차별하는 내용이었다. 반면 남성 공무원들은 결혼하면 혼인신고를 해야 할 의무는 있었지만 그들에 대한 **보편적인 혼인 금지**는 없었다.[30]

교사이자 여성운동가였던 마리아 리슈네브스카^{Maria Lischnewska}는 1875년부터 교사로 일했고, 독신 조항이 효력을 발휘하기 전부터 이러한 차별에 맹렬하게 반대했다. 프로이센 초등학교 여성 교사 모임 부의장이던 리슈네브스카는 1904년 여성참정권 연합 회의에서 "평생 독신으로 살겠다고 맹세할 것을 조건으로 시골에서 교사 생활을 하겠다는 남성 교사가 있을지 궁금하다. 아마 나라가 보는 앞에 자신의 직무를 내던져버릴 것이다"라고 말했다.[31]

여성 교사에게 독신 조항이 부과된 일은 당시의 편견과 경제적 계산을 반영한다. 그때는 인원이 부족했기 때문에 어쩔 수 없이 여성에게도 교사라는 직책을 허가해야 했는데, 이에 따라 여성은 동시에 경제적인 자산으로 국가에 이익이 되는 역할을 했다. 국가로서는 이런 양면성을 유지해야 했다. 한편으로는 이미 단단히 확립되어 있던 성 역할 때문에 혼란이 발생했다. 사람들은 결혼한 여성 교사가 남편과 아이, 학교의 일 모두에 동일한 에너지를 쓰지 못할 것이라고 생각했다. 그러니 여성 교사는 자신의 일에만 전념해야 했다. 그 대가로 가정이 없다는 사실을 보완하며 자신에게 이득이 되는 독립성을 얻었다.

이와 비슷하게 여성 교사의 독신 조항을 여성해방의 소명으로 승격시키려는 시도도 있었는데, 사실상 다른 모든 정당성을 요구하는 진부한 문구와 마찬가지로 이것이 의미하는 바는 오직 하나였다. 바로 개인의 삶을 결정하는 폭력적인 제약이다. 여성 교사에게 독신 조항이 부과된 것은 독일만의 특별한 일이 아니었다. 1914년 이전 노동 시장을 분석하면 "유럽 전역과 미국 내에서 여성 교사의 수가 압도적으로 많았"는데, 여기에는 두 가지 특징이 있었다. "그들은 동료인 남성 교사들보다 적은 임금을 받았고, 독신이었다."[32]

직장 생활과 가정 생활의 양립은 가능한 일일 뿐만 아니라 실제로 많은 여성에게 일상이었다. 농지나 공장만 보아도 쉽게 알 수 있다. 여성은 결코 남성에 비해 농사일이나 공장 일을 적게 하지 않았다. 동시에 아내와 엄마로서의 역할도 완벽하게 해야 했다. 대부분 여성의 일상은 원칙적으로 끊임없이, 동시에 많은 에너지를 각기 다른 삶의 영역에 쏟아부어 그 모든 일들을 당연히 해낼 수 있다고 증명하는 것이었다.

참정권을 둘러싼 투쟁

어떤 종류든 해방이 가능하려면 확고한 기반을 다질 정치적 힘이 필요하다. 그렇기 때문에 참정권을 둘러싼 투쟁이 국제적 여성해방운동에서 쟁점이 되었다.

독일에서는 SPD가 양성의 동일한 참정권 요구를 뒷받침했다. 당시 노동운동권 내부의 행동이 다소 물의를 빚기도 했다. 특히 독일 노동자 협회는 여성을 노동시장 내 경쟁자로 보았다. 하지만 사회주의 운동 진영은 곧 여성과 남성이 함께 극복해야 할 계급투쟁에서 서로 통하는 부분이 있다는 생각을 받아들였다. 1879년에는 사회민주주의자인 아우구스트 베벨August Bebel이 《여성과 사회주의》라는 제목의 유명한 항의문을 발표했다. 이 책은 취리히에서 발생한 사회주의자들에 대한 박해 때문에 발표되었으며 사회적인 의문과 **여성의 해방**은 떼려야 뗄 수 없다는 포괄적인 통찰을 제시했다.

1894년에 결성된 독일 여성 협회BDF는 1905년이 되자 190여 개 여성 단체에서 활약하는 10만 명가량의 회원을 보유하게 되었다.[33] **여성 문제**는 더 이상 무시할 수 없는 것이 되었고 전통적인 성 역할에 관한 논의와 더불어 계속해서 공개적으로 언급되었다. 1907년에 편찬된 《마이어스 대백과사전》에서 이와 관련된 항목을 찾으면 다음 정보를 얻을 수 있다. "정치적 평등 요구는 실질적인 필요보다는 불확실한 가치에 대한 이론적인 관점에서 발생했다. 여성의 지적인 개성과 대부분의 정서 생활은 여성이 공적인 삶에 참여하는 것이 그다지 적합하지 않게 보이도록 한다. 현대 문화는 또한 […] 문명화되지 않은 지역이나 아시아에서 자행되는 여성에 대한 혹독한 노예화를 거부하고, [···] 이상화된 성별의 차이를 인식하고 진정한 여성성에 관심을 가지며 여성에게 존엄한 지위와 제한 없는 활동 범위를 부여하고자 한다. 남성에게는 국가를, 여성에게는 가족을!"[34]

독립적이고 자의식이 있는 여성에게는 이미 현실이 눈앞에 있었다. 언제나 그랬듯이 경제적인 안정성이야말로 여성해방운동에 꼭 필요한 자유, 즉 선동적이고 급진적인 기여를 낳았다. 《마이어스 대백과사전》에 실린 내용이 당시의 시대상을 지배한 의견이라는 점을 감안하면, 미나 카우어Minna Cauer의 "여성은 더 이상 집에 속해 있지 않다. 여성이 속한 집은 이제 국회의사당이다"라는 의견이 얼마나 혁명적인지 알 수 있다.

일찍 결혼해 두 번이나 남편을 여읜 카우어는 경제적으로 큰 어려움을 겪다가 교사가 되었고 익명으로 글을 썼다. 1895년에 〈여성운동〉이라는 잡지를 창간했고 다른 여성들과 함께 독일 여성참정권협회를 설립했다. 또 다른 선구자로는 헬레네 랑게Helene Lange, 클라라 체트킨Clara Zetkin, 아니타 아우크스푸르크Anita Augspurg 등이 있다.[35] 이들은 모두 당시에 수많은 저항과 자신들을 적대시하는 현실에 직면했다. 이들이 펼친 여성운동의 효과는 역사에도 기록되었지만, 여성 인권운동의 본줄기는 제2차 세계대전이 끝나고도 오랜 시간이 지날 때까지 무시되었다.

여성참정권을 두고 벌어진 여러 운동 중 특히 격렬했던 투쟁은 영국에서 일어났다. 영국에서는 1880년대부터 여성참정권을 가장

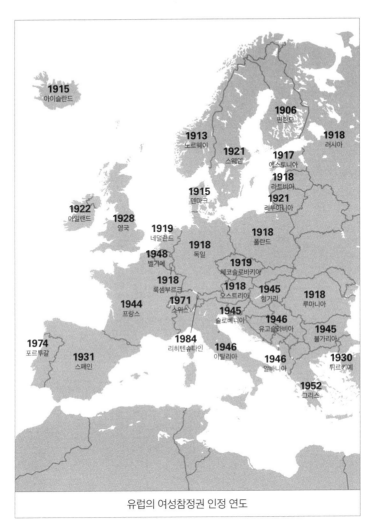

유럽의 여성참정권 인정 연도

인구의 절반에 투표권이 없었다. 유럽 내 국가에서 제1차 세계대전이 끝날 무렵에야 여성참정권이 인정되었다. 심지어 제2차 세계대전이 끝나고서 여성참정권을 인정한 나라도 적지 않았다. 여성참정권이 인정된 다음에도 예를 들어 영국 같은 국가에서는 남성과 여성이 정치에 참여할 수 있는 연령 제한에 차이가 있었는데, 성별에 따른 투표권의 차이는 1928년에야 없어졌다.

중요한 목표로 삼는 여성 단체가 여럿 설립되어 힘을 키웠다. 제1차 세계대전까지 그런 단체의 수가 600개 이상이었고 참가자는 10만 명을 넘었다. 이들은 모두 여성참정권 협회 국민 동맹[NUWSS]이라는 이름으로 함께했다.[36]

에멀린 팽크허스트[Emmeline Pankhurst]가 1903년 10월에 설립한 여성 사회 정치 연합[WSPU]은 특히 새롭고 강력한 형태의 행동주의로서 "말이 아닌, 행동으로"라는 구호를 외치며 역사에 이름을 남겼다. 이들은 〈여성에게 참정권을〉이라는 잡지를 창간했는데, 이 잡지의 제목 또한 표어이자 요구 사항으로 쓰였다. 이 잡지의 주간 발행 부수가 4만 부를 넘기며, 여성의 목소리를 더 이상 건성으로 들어 넘길 수 없게 되었다. 활동가들은 플래카드와 깃발을 내걸고 전단지를 뿌려 인지도와 영향력을 높이는 현대적인 선거운동 방식도 개발했다.

1908년 6월 21일, 여성 50만 명이 런던에서 참정권을 요구하는 시위에 나섰다. 영국은 끈질긴 무시와 평등화 추진 사이에서 벌어진 역사적 투쟁을 경험했다. 힘 있는 남성들은 자신들이 **민주적인** 과정으로 자격을 얻었으며, (남성) 참정권자를 대표한다고 생각해 국가권력을 휘두르고 여성을 체포 및 투옥시켜 차별적 태도를 유지하려고 애썼다. 그러나 그들은 인구의 일부만을 대표했을 뿐이며, 그렇기 때문에 그 정당성의 기반이 흔들린다는 사실에는 틀림이 없었다.

제1차 세계대전 이후의 변화

제1차 세계대전은 성 역할에 중요하고 혁명적인 영

향을 미쳤다. 남성들이 병사로 전쟁에 차출되어야 했으므로 산업 생산 과정에 투입되는 여성들이 늘어난 것이다. 그런데 대부분의 가정에서 가사나 자녀 양육에 기여하는 쪽은 여전히 여성이었다. 이제 여성은 산업 부문과 공적 부문에서 남성과 똑같은 역할을 할 수 있다는 걸 보여주었다.

1914년까지 여성참정권을 둘러싸고 격렬한 갈등을 겪은 국가인 영국에서는 제1차 세계대전이 한편으로 일시적인 평화와 다른 한편으로는 막 시작된 사회적 변화를 촉진하는 결과를 낳았다.[37] 그때까지 권력자는 대부분 집안 살림을 유지하는 데 인건비가 싼 하녀, 청소부, 요리사, 빨래꾼, 보모 등을 고용했고 이런 여성 노동자들은 수십 년 동안 같은 집에서 일했다. 1970년대 드라마 시리즈 〈위층, 아래층〉이나 2010년대 드라마 시리즈 〈다운튼 애비〉, 1980년대 드라마 시리즈 〈다시 찾은 브라이즈헤드〉 등에서 당시의 사회상을 엿볼 수 있다. 제1차 세계대전 이후 여성 노동자들이 산업 분야에서 더 임금이 많고, 더 자유로우며, 더 융통성이 있는 일자리를 찾으면서 그때까지의 생활이 무너진 것이다.

전쟁으로 인해 독일에서도 여성의 노동력이 산업과 서비스업 분야로 이동했다. 여성은 군수산업이나 공공 설비 부문에서 일자리를 찾았다. 전통적으로 여성 노동자가 많던 섬유산업은 노동력을 잃었다. 생업에 종사하는 여성의 수는 전체 노동자 중 3분의 1을 차지했다.[38]

군주정이 무너진 이후 인민 대표 평의회는 1918년 11월 12일에 여성의 참정권을 인정했다. "공적 단체에 대한 모든 투표는 이제부터 20세 이상인 모든 남성과 여성을 위한 비례대표제를 기반으로 한 동

1910년 프랑스의 저널리스트이자 참정권 운동가인 마거리트 뒤랑Marguerite Durand이 어린 암사자 '타이거'와 함께 있는 모습. 뒤랑은 오로지 상징으로서만 참여할 수 있었던 선거운동을 위해 포즈를 취했다. 암사자는 프랑스령 서아프리카 지역의 사령관인 윌리엄 메를로-퐁티William Merlaud-Ponty의 선물이었다. 여성 인권 운동가들은 이처럼 언론의 주목을 받는 행보를 보이며 자신들의 대의를 선전했다. 뒤랑의 사진과 캐리커처는 수개월 동안이나 프랑스와 세계의 신문을 장식했다.

일하고, 비밀이 보장되며, 직접적이고, 보편적인 투표권에 따라 시행된다."[39] 1919년 바이마르공화국 국회 선거 결과 당선된 국회의원 423명 중 37명이 여성이었다. 전체의 10분의 1에도 못 미치는 숫자였는데, 놀랍게도 1983년이 될 때까지 독일 의회에서 여성 국회의원의 비율이 그만큼 도달한 적이 없었다! 1919년 2월 19일 수요일, 새로 구성된 의회의 열한 번째 개회 날, SPD의 여성 정치인 마리 주차치Marie Juchacz는 민주적인 절차를 통해 뽑힌 독일 의회의 첫 번째 여성 연사로 발언했다. 기록에 따르면 주차치가 "친애하는 신사숙녀 여러분"이라고 말하자 국회의원들이 웃음으로 답했다고 한다.* 주차치는 확신에 찬 목소리로 말을 이었다. "저는 이 자리에서, 이 정부에서 일하는 우리 독일 여성이 케케묵은 의미의 감사를 전해야 할 의무는 없다고 확실히 하고 싶으며, 많은 이들이 동의하리라고 생각합니다. 이 정부가 한 일은 그저 당연한 일입니다. 여성에게 여태까지 불법이던 것을 주었을 뿐이니까요."

국민으로서 여성의 권리는 그제야 헌법에서 다루어지기 시작했다. "남성과 여성은 근본적으로 동일한 국민으로서의 권리와 의무를 진다"라는[40] 조항이 바이마르공화국 헌법 109조에 기록된 것이다. 여성 교사들에게 부과되던 독신 조항도 삭제되었다.[41] 하지만 여성에게 국민으로서의 권리는 여전히 **원칙적인** 것에 지나지 않아 여러 제약이 있었다. 여성의 권리가 보장된 것은 헌법이었을 뿐 실생활에서는 그렇지 않았고, 1900년의 민법은 여전히 남성이 우월하다고 규정하

---

* 독일에서는 보통 숙녀신사 여러분이라고 여성을 먼저 말한다.

고 있었다.[42]

전쟁 시기에 노동을 하면서 여성도 산업 부문의 일원이 되었다. 여성은 그때까지 남성이 하던 일을 맡아 역시 훌륭하게 해냈다. 전쟁 이후 트라우마를 입거나, 오랜 시간 동안 폭력에 익숙해져 있던 남성은 다시 일반 시민의 일상으로 돌아와 자신에게 맞는 새로운 자리, 무엇보다도 일자리를 찾아야 했다. 당시 사회에서는 여성이 고향으로 돌아온 남성 군인에게 자리를 비켜주어야 한다는 생각이 지배적이었다. 특히 결혼한 여성의 노동은 남편의 **부양을 받는** 사람이 일을 한다는 점에서 눈엣가시로 여겨졌다. 일자리가 부족하던 시기에 노동을 해 돈을 벌던 기혼 여성은 이중 소득자라고 눈총을 받았다. 1923년에는 여성 공무원에 대한 독신 조항이 다시 도입되었다. 심지어는 공무원이라는 직업에 필수적으로 수반되는 해고 방지 제도도 폐지되었다.

1932년 5월 30일 '여성 공무원의 법적 지위에 관한 법률'이 효력을 발휘했는데, 가장 첫 문단에 언급된 것은 자유의지였다. "결혼한 여성 공무원은 언제든 신청해 공무원 신분에서 벗어날 수 있다. 여성 공무원의 경제 상황이 가족 수입의 상승에 따라 계속해서 보호받으리라 판단된다면, 상급 관청은 본인의 신청과 상관없이 여성 공무원을 해고할 수 있다."[43] 이때 퇴직금만 지급하면 **모든 연금 지급**이 마무리된다.

이런 법 조항에는 상징적인 효력이 있었다. 국민들이 보호받으리라 믿고 의지하던 안전한 규정과 법률을 국가가 언제든 폐지할 수 있다는 점을 보여준 셈이니 말이다. 이것은 주차치가 1919년에 강조한 것과는 달리 평등법이 여전히 기본권이 되지 않았으며, 오히려 사회적 협상에 따라 변동성이 있는 자산일 뿐이라고 역설하는 행보였다.

얼마 후 민족사회주의와 함께 의도적이고 노골적인 전체주의가 등장해 모든 사람, 즉 남성과 여성을 그 자체로 규정하고 이데올로기적으로 명백하게 특징지어진 성 역할을 따르도록 했다.

민족사회주의와 여성

민족사회주의 독일 노동자당NSDAP은 남성의 정당이었다. 나치는 남성이 주도했고 제3제국* 또한 남성의 사회였다. 아돌프 히틀러Adolf Hitler와 그 측근들은 집, 가사, 모성에만 집중하는 종속적인 역할이 여성에게 주어진 **자연의 법칙**이라고 선전했다.

이런 여성상이 많은 여성을 자신의 편으로 만들었다고 생각한 히틀러의 예상과 달리 NSDAP는 "1932년 대통령 선거 때까지, 남성들이 누리는 모든 권리를 똑같이 누릴 것을 목표로 하던 여성 선거권자들과 투표권자들 사이에서 큰 인기를 얻지 못했다."[44] 민족사회주의가 급격하게 성장한 것도 여성의 목소리 덕은 아니었다. NSDAP의 당원 성비만 봐도 여성이 거의 없다는 사실을 알 수 있다. 1935년 1월 1일 NSDAP의 **동료 당원**들은 약 250만 명이었는데, 그중 여성은 고작 13만 6,197명이었다.

민족사회주의의 세계관에 따라 여성은 주로 민족성을 지키고 조

---

* 1933년부터 1945년에 해당하는 히틀러 집권 시기를 말한다.

국의 아이들을 키우는 역할을 맡았다. 여성은 최대한 많은 아이를 **생산해야** 했다. 한편 남성은 지배력과 생활공간을 확보하기 위해 싸우는 임무를 맡았다. 히틀러는 독일 여성들을 대상으로 한 1934년 9월 8일 연설에서 이렇게 말했다. "철학할 능력을 타고난 소수가 과학적으로 분석해 알 수 있는 것을 때 묻지 않은 사람의 심성은 본능적으로 느낀다. 어느 시대에든 여성의 감정과 특히 심성은 남성의 정신을 보완하는 역할을 했다. 〔…〕 여성해방이라는 말은 유대인 학자들이 만들어낸 말에 지나지 않으며, 그 내용 또한 유대인의 정신에 물들어 있다. 〔…〕 남성의 세상이 국가이고, 남성의 세상이 공동체를 위한 전투태세를 마치고 올라가는 링이라면 여성의 세상은 그보다 더 작은 것이라 말할 수 있다. 여성의 세상은 그 남편, 가족, 아이, 집이기 때문이다. 〔…〕 여성이 남성의 세상에, 남성의 영역에 침입한다면 우리는 그것을 올바르지 않다 느낀다. 우리는 그 두 세상이 서로 분리된 채로 있어야 자연스럽다 느낀다. 〔…〕 여성들이 세상에 태어나게 하는 모든 아이들은 국민의 생사를 건 싸움이다. 〔…〕 그렇기 때문에 우리는 자연과 섭리가 정한 대로 국민 공동체의 전투에 여성을 투입했다."[45]

　나치 지배가 시작된 해에 여성들이 직업 시장에서 쫓겨나면서 실업률이 낮아졌다. 하지만 군비 확장과 1935년에 재도입된 병역 의무 때문에 곧 수백만 명의 남성 노동 인력이 다시 차출되었다. 이에 따라 군수산업 분야에서는 여성 노동 인력의 잠재력을 최대한 이용해야 한다는 압박이 커졌다. 농가의 결혼한 여성들은 1936년부터 다시 수확 작업에 나섰고, 1937년 10월에는 기혼 여성에 대한 취업 금지 조치가 해제되었다. 1938년 2월에는 25세 이하 모든 미혼 여성에게 농민 경제와 가정경제를 위한 '의무 가사 노동의 해'가 적용되었다. 노동력을 동원해 다급하게 전쟁에 대비한 군수품을 만들어야 하는 산업국가에서 집안일만 하는 가정주부라는 개념은 더 이상 통용되지 않았다. 여성의 노동이 없었다면 남성이 대다수를 차지하던 민족사회주의자들도 국가를 건설할 수 없었으리라. 수많은 이데올로기가 여성의 직업 활동을 회의적으로 바라보고 '이중 소득'을 반대하는 선전 활동이 늘어났음에도 직업 활동을 하는 여성의 수는 1933년부터 1939년 사이에 1,160만 명에서 1,460만 명으로 늘었다.

전쟁 막바지에는 나이와 성별에 관계없이 예비군이 동원되었다. 군부장관이던 알베르트 슈페어Albert Speer는 1943년 10월 18일 "창의적인 독일 젊은이들" 앞에서 대규모 연설을 했다.[46] 그의 앞으로 흰 블라우스를 입은 소녀와 당원복을 입은 소년 수천 명이 행진했다. 슈페어는 "오늘날 노동 및 경제 시장에서 중요한 과제를 해결하고 있는 약 600만여 명의 젊은이들"을 위해서는 계속해서 군사작전을 세우고 "새로운 독일의 생활공간을 창조"하고자 싸워야 한다고 강조했다.[47] 전쟁 막바지에 해당하는 12개월 동안 382만 명이 넘는 시민이 희생되었고 전체 전쟁 기간 동안에는 그보다 두 배 이상 많은 사람이 희생되었다.[48]

"남성과 여성은 동등한 권리를 갖는다"

전쟁에서 군인으로 활약한 독일인 남성 약 1,800만

명 중 대략 400만 명이 사망했고 약 120만 명이 실종되었다. 다른 수백만 명은 전쟁포로로 붙잡혔다. 그 결과 전쟁 이후 독일에 사는 여성의 수가 남성보다 700만 명 이상 많았고, 여성 중 200만 명은 소위 **전쟁 과부**였다. 이미 전쟁 중일 때부터 여성들은 일상생활 속에서 부가적으로 주어진 임무를 수행했고, 전쟁이 끝나자 수많은 여성들이 성비 불균형 때문에 원치 않게 배우자 없이 지내야 했다. 그럼에도 각 정당이나 행정 기구, 공공 기관 등에서는 남성들이 계속해서 요직을 차지했다.

이미 나치 지배 시절부터 정치인의 길을 걸은 콘라트 아데나워Konrad Adenauer나 쿠르트 슈마허Kurt Schumacher 같은 남성 정치인들이 곧 요직을 차지한 신규 정당은 참정권자인 여성들에게 관심을 보이기 시작했다. 그러나 활발하게 활동하는 여성 정치인의 수는 여전히 적었다. 통계에 따르면 전후 시대에 국회의 일이나 공직 활동에 관여한 여성은 열 명 중 한 명이었다. 1960년대 말까지도 국가 주요 정당 내 여성 비율은 5분의 1 수준이었다.

1949년 5월에 독일연방공화국 기본법을 가결한 의회 대표자 회의에 참석한 사람은 남성 61명, 여성 네 명이었다. 그 네 여성이 엘리자베트 젤베르트Elisabeth Selbert, 프리데리케 나디히Friederike Nadig, 헬레네 베버Helene Weber, 헬레네 베셀Helene Wessel이다. 기본법에 "남성과 여성은 동등한 권리를 갖는다"라는 문장이 포함된 데는 그중에서도 특히 젤베르트와 그녀가 모집한 수십만 여성들의 공개적인 지지가 중대한 역할을 했다.

그들은 이에 반대하는 남성들의 거센 저항을 마주했을 뿐만 아니라 다른 **기본법의 어머니**들의 회의감도 극복해야 했다. 남성과 여성의 동등한 권리를 보장하는 기본법에 반대하는 사람들은 그 문장의 법적 효력을 우려했다. 자유민주당의 토마스 델러^{Thomas Dehler}는 "그러면 민법이 위헌이 된다"며 반대했다.⁴⁹ 그때까지 유효하던 민법은 동등한 권리를 말하는 기본법과 많은 측면에서 충돌했다. 옳지 않은 일이었다. 제국 시대에 제정되어 1900년부터 효력이 있었으며 여러 차례 정치 체계가 바뀌면서도 유지되어온 민법은 가부장적인 혼인 및 가족 관계에 뿌리를 두고 있었다. 기본법과 더 이상 양립할 수 없게 된 민법을 개정할 필요가 발생한 것이다.

여러 번 개정을 거쳐 확정된 기본법 제117조는 1953년 3월 1일에 동등한 권리를 보장하는 조항에 반하는 모든 법조항이 효력을 잃는다고 규정했다. 그러나 기한을 맞추지 못했다. 1952년 10월 법안이 통과되지 않은 것이다. 그래서 1958년이 될 때까지 차별적이고 무미건조한 단락이 계속 유지되었다.

민법 1354조(1958년까지)
1. 공동의 결혼 생활에서 발생하는 모든 일에 대한 결정권은 남성에게 있다. 남성은 특히 거주지와 주거를 결정한다.
2. 남성의 결정이 그의 권리를 남용하는 것일 경우 여성은 남성의 결정을 따르지 않아도 된다.

여성은 남성이 정한 거주지와 주거에서 살아야 했을 뿐만 아니라, 그곳에서 남성을 위해 일해야 했다.

민법 1356조(1958년까지)

1. 여성은 1354조의 규정을 해하지 않는 범위에서 공동 거주
지의 가사 일체를 할 권리와 의무가 있다.

2. 여성은 부부 생활에서 그러한 행동이 관례적이라면 가사 일
체를 하면서 남편의 사업장에서 일할 의무가 있다.

1958년에 법이 개정되기는 했지만, 그 내용은 여전히 여성에게
종속적이고 의존적인 역할을 부과하는 것이었다. 여성은 기본권이
제한되었고 여성 본인이 직접 참여해 공동 결정할 수 없었던 모호한
기준을 따랐다.

민법 1356조(1958~1977년)

1. (1) 여성은 가계를 운영할 책임이 있다.

(2) 가계 운영이 결혼 생활과 가정에 있어 여성의 의무이므
로 여성은 가계를 운영하고 가계를 위해 근로할 능력이
있어야 한다.

2. 모든 부부는, 그것이 부부 생활을 영위하는 데 통상적인 일
이라면, 배우자와 직업 활동 혹은 상업 활동을 함께 할 의무
가 있다.

1977년부터 19세기까지 이어진 법 개정에 따라 적어도 동등한
권리가 규범이 되었다. 상호관계를 고려해 참작된 기준에 따라 이 규
범은 두 성별 모두 동일한 정도로 인정받을 수 있는 것이었다.

민법 1356조(1977~2002년)

1. (1) 두 배우자는 서로 협조해 가계를 운영한다.

(2) 두 배우자 중 한쪽이 가계를 운영한다면, 그 배우자는
자신의 책임에 따라 가계를 꾸린다.

2. (1) 두 배우자는 근로할 권리가 있다.

(2) 생업을 선택하고 실행할 때는 배우자와 가족의 이익을
고려한다.

여성을 법적으로 남성에게 종속되며 잠재적으로 미성숙한 존재
로 보는 시각은 여성들이 직업을 가질 권리를 사실상 스스로 부정하
는 민법 1358조 외에 다른 법 조항에도 더 명확하게 드러난다. 남성
은 여러 수단을 모조리 동원해 자신의 아내가 스스로 돈을 벌고 경제
적으로 자립하는 것을 막을 수 있었다. 독일연방공화국이 법적 규정
으로 확립한 당시의 여성상이 어땠는지를 알아보려면 아래의 고약한
문장을 읽어볼 필요가 있다.

민법 1358조(1958년까지)

1. (1) 여성이 직접 해야 할 일을 제3자에게 위임한 경우, 그
남편은 본인의 요청에 따라 후견법원*의 승인을 받았다
면 해당 법률관계를 해약 고지 기간을 지킬 필요 없이
해지할 수 있다.

---

* 2009년 9월 1일 이후로는 존재하지 않는 법원이다.

(2) 후견법원은 여성의 활동이 부부의 이익에 영향을 준다
고 판단한 경우 남편의 권리 행사를 승인한다.

즉 여성은 직업을 선택할 개인적 자유는 물론 일자리를 찾을 자
유마저도 제한된 채로 살아야 했으며, 결혼과 동시에 개인 재산을 축
적할 권리를 잃었다.

민법 1363조(1958년까지)
1. 여성의 재산은 혼인이 체결되는 즉시 남성의 관리와 사용권
   에 귀속된다(혼수 및 지참금).
2. 혼수 및 지참금에는 여성이 결혼 생활 동안 취득한 재산도
   포함된다.

법률은 여러 차례 개정되었지만 그중에서도 기본법은 대단히
느리게 변화했는데, 이는 정치계와 의회의 권력 구조가 법적인 전통
을 끈질기게 유지하려고 했다는 점을 보여준다. 당시 꽤 오랜 시간
동안 여성이 인구 중, 그리고 참정권자 중 다수를 차지했으나[50] 정당
과 의회, 정치권력 내에서는 체계적으로 과소평가되었기 때문에 여
성들은 다른 방식으로 동등한 권리에 대한 관심을 표현하고 관철시
켜야 했다.

1962년 SPD는 여성이 처한 상황을 조사할 전문 조사 위원회를
꾸리자고 제안했다. 더 시급히 처리해야 할 다른 문제가 많다는 시대
정신에 비추어볼 때 1964년 12월 〈디 차이트〉의 저널리스트 하인츠

베르크너^{Heinz Bergner}가 발표한 보고서는 매우 눈에 띈다. "전쟁범죄의 시효, 독일 교육제도 상황 및 그것을 둘러싼 긴급사태에 관해 오랜 시간 이어진 논쟁에 지친 연방의회 의원들은 지난 주 수요일로 예정되었던 여성 실태 조사 보고서를 두고 논의할 생각이 없었던 모양이다. 그러나 연방 정부는 현재 여성에 관한 포괄적인 조사를 해야 하는 임무를 위임받았다."[51]

1966년 6월, 600쪽이 넘는 방대한 분량에 양성평등 실태에 관한 경험적 세부사항을 담은 〈직업 활동, 가정 그리고 사회에서 여성이 처한 상황에 관한 보고서〉가 발표되었다. 이 보고서에 속속들이 기록된 다양한 역사적 출처를 보면 산업화 이전에는 가정 내 공동체와 남녀의 공동 노동이 널리 보급되어 있었다는 사실을 알 수 있다. 산업화가 이루어지고 **가정 외부의** 노동시장이 생기면서 오늘날 여성들이 맞서 싸워야 할 도전 과제가 발생했다는 것이다.

여성상의 변화를 요구하는 목소리는 크고 명료했다. 여성의 사회적 역할은 오로지 여성이라는 존재 그리고 모성을 중심으로 한 존재로 **늘 확고하게 결정되어** 있었으며 여성상이란 어머니이자 주부인 동시에 **고대부터 내려온 전형적인 계급**이었다. 하지만 앞선 보고서는 1949년에 발표된 시몬 드 보부아르^{Simone de Beauvoir}의 역사적인 작품인 《제2의 성》을 언급하며 "여성상은 선천적으로 주어진 것이 아니라 역사적으로 만들어지는 것이다"라고 전했다.[52]

그 시대에 생업에 종사할 수 있는 여성들은 대부분 숙련되지 않은 노동력이었다. 사실상 그들은 대개 이른바 산업 전선의 예비군에 속했으며 호황일 때 고용되어 일할 수 있었다(그리고 경제 위기가 닥치면 해고되었다). '여성, 직업 그리고 노동'이라는 개념은 그때까지도 전통적인 성 역할과 경제적인 이용 가능성의 틀 안에 갇혀 있었다. 이 두 가지는 당시 통용되던 3단계 모델을 결정했다. "직업교육과 직업 활동이라는 첫 번째 단계 다음에는 어머니 혹은 주부라는 여성에게 부과된 최우선적인 의무를 다해야 한다는 두 번째 단계가 뒤따른다. 그런 다음에야 새롭게 직업 활동에 뛰어드는 세 번째 단계가 가능해 진다."[53]

아무리 다양한 관점에서 고찰해도 동등한 권리와는 거리가 먼 생각이었다. 남성에게 양육에 관한 책임이 여성만큼 부과되지도 않았고, 당시의 실태가 끊임없이 변화하는 산업사회의 노동시장과 맞지도 않았기 때문이다. 여성의 직업 활동이 오랜 시간 동안 중단되면, 20년에 걸친(두 번째 단계가 현실적으로 최소한 20년 정도 이어진다고 치면) 경력 단절 이후 여성이 다시 직업을 갖기란 불가능했다. 반면 남성들은 계속해서 자신의 커리어를 발전시킬 수 있었다.

1973년 11월, 이번에는 독일 기독교 민주 연합[CDU]과 바이에른 기독교 사회 연합[CSU]가 결성한 교섭단체인 CDU/CSU가 제안한 또 다른 여성 상황 조사 위원회가 "여성과 사회"라는 이름으로 구성되었다. 몇 년 동안 새로운 여성상을 둘러싸고 공격적인 논의가 진행되었고, 그 결과 새로운 위원회가 만들어진 것이다. 논의의 내용은 구체적으로 피임과 218조*에 관한 문제였다. 당시의 상황을 상징적으로 보여주는 것이 1971년 6월 6일 발간된 〈슈테른〉의 주요 기사다. 표지에는 저명한 여성 인사 28명의 사진과 총 374명의 여성들이 "우리는

임신을 중단했다!"고 고백했다는 표제가 실렸다.[54]

조사 위원회는 공동체 내에서 여성의 법적 그리고 사회적 평등을 위해 해야 할 일을 조사하는 임무를 맡았다. 처음 꾸려졌던 여성 상황 조사 위원회는 수 년 내에 보고서를 작성했는데, 이와 달리 새로운 위원회는 세 차례의 피선거인 임기 기간 이상의 시간을 들여 연구를 진행했다.[55] 1977년에 공개된 중간 보고서("워크숍"이라고 표현되었다)는 6만 5,000부 발행되었다.[56]

같은 해에 새로 구성된 의회가 조사를 속행했지만 1980년 8월에 발표된 조사 결과 보고서는 총선거 이전 토론 일정을 맞추지 못했다. 게다가 보고서의 내용도 비교적 부실했다.[57] 공동체와 정치권 내 여성의 역할을 둘러싼 논의는 새로운 영역으로 확장되었다. 의회 밖에서 벌어진 소위 새로운 사회운동이 **남성 공화국**에 직접 도전장을 내민 것이다.

1983년까지 독일 의회의 여성 의원 비율은 계속해서 10퍼센트에 미치지 못했다! 여성 의원 비율이 가장 낮았던 해는 1972년 의회로, 5.8퍼센트였다. 당시 다수당이던 총리 빌리 브란트^{Willy Brandt}의 여당은 그보다 몇 년 전에 "더 많은 민주주의를 감행한다!"는 슬로건을 내걸었다.

그러다가 정치권에 결정적인 영향을 미친 사건이 일어났다. 녹색당이 큰 승리를 거둔 것이다. 1983년 의회에 입성한 녹색당은

---

* 독일 형법 218조를 말하며, 주된 내용은 낙태를 한 사람을 3년 이하의 징역 혹은 벌금형에 처한다는 것이었다.

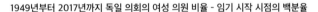

1949년부터 2017년까지 독일 의회의 여성 의원 비율 - 임기 시작 시점의 백분율

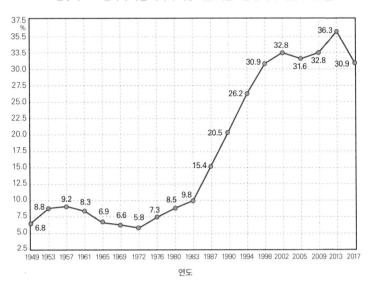

연도

1919년 헌법을 제정하는 국민 의회가 당선되었을 때 총 423명의 국회의원 중 여성은 37명으로 대략 9퍼센트였다. 1983년까지 제국 의회 혹은 연방의회에서 여성 의원의 비율이 그 수준에 도달한 적이 없었다. 대개의 경우 그보다 낮았다! 오늘날 의회에서도 여성 의원의 비율은 고작 30퍼센트 수준이다. 전체 인구 중 여성이 51퍼센트인데도 말이다.

1984년에 최초로 여성으로만 이루어진 원내 교섭 단체 의장단을 꾸렸고 여성의 자기결정권을 현실적으로 이해하는 데 도움이 될 수많은 정치 활동을 펼쳤다. 이러한 수많은 페미니스트들의 추진력은 여러 차례 진행된 의회 논의 형식과 언어 선택에 영향을 미쳤다. 여성들의 활동이 처음에는 당혹감을 불러일으켰으나 곧 다른 정당까지 확대되어 해가 지날수록 작지만 지속적인 변화를 일으켰다.[58]

1994년 11월 15일 의회는 독일 헌법 제3조 2항에 다음 내용을 추가했다. "국가는 여성과 남성의 동등한 권리를 실제로 달성하고 기존의 불이익을 없애도록 노력한다." 이는 아직도 끝나지 않고 진행 중인 성찰 과정의 이정표 중 하나다.

독일연방공화국의 사회적 현실은 다양한 분야에서 양성평등과는 아직도 멀리 떨어져 있다. 특히 가장 중점적인 문제에서 남녀 간의 차이가 두드러진다. 바로 동일 노동에 대한 동일 임금이다. 또한 마찬가지로 중요한 문제가 더 많은 여성이 주요 협회나 정치 정당, 그리고 기업의 의사 결정권자로서 커리어를 일굴 기회를 가져야 한다는 사실이다. 당연히 여성들도 그동안, 앙겔라 메르켈[Angela Merkel]이라는 걸출한 예시가 있듯이, 지도자 역할을 해왔다.[59] 그러나 실제 인구 비율에 맞는 완전한 평등은 지금도 이루어지지 않았다. AfD는 몇 년 전부터 지방 의회에 등장한 정당인데, 이들의 목표는 자연스러운 젠더상과 가족상을 마련해 국가의 출산 장려 정책에 기여하고 **자연스러운 양성의 대립성**을 인정하는 방향으로 회귀하는 것이다. 즉, 무지하던 시절의 이분법을 선전한다.

　여성해방의 역사는 합리적인 원칙을 지향하는 행동이 장기적으로는 모든 사람에게 최대한 공평한 삶의 기회를 주는 사회에 공헌할 수 있다는 점을 보여준다. 무엇보다도 인권, 법치국가적 상태, 민주주의적인 시민 자유가 통용되는 곳에서는 "지성에는 성별이 없다"는 인식이 현재 진행 중인 논의에 끊임없이 주입되고 있다.[60] 이 사회 모든 영역에서 발생하는 일이다. 체계적이고 유서 깊은 조사가 진행된 적은 없지만, 이러한 변화에 따라 오늘날 우리는 성공적인 기업가라는 여성의 역할을 확인할 수 있다. BMW의 주자네 클라텐Susanne Klatten, INA의 엘리자베스 셰플러Elisabeth Schäffler, 베르텔스만 그룹의 리즈 몬Liz Mohn과 비르기트 몬Birgit Mohn, 악셀슈프링거 출판사의 프리데 슈프링거Friede Springer, 풍케 미디어 그룹의 페트라 그롯캄프Petra Grotkamp, 바우어 미디어 그룹의 이본 바우어Yvonne Bauer, 쇠르크후버 그룹의 알렉산드라 쇠르크후버Alexandra Schörghuber, 벨틴스 양조장의 로제마리 벨틴스Rosemarie Veltins, 바르슈타이너 그룹의 카타리나 크라머Catharina Cramer를 비롯해 여러 여성 기업가의 이름을 들 수 있다.[61] 남성이 권력을 장악하는 것이 당연하다고 보는 시각은 이제 시대에 뒤처졌다. 최신 연구 결과에 따르면 임원들 중 여성의 비율이 높은 회사가 경제적으로 더 좋은 결과를 얻었다고 한다.[62]

　양성평등 문제의 근본은 언제나 정치, 사회, 경제 분야의 권력에 관한 것이다. 민주주의적인 법치국가에서 그런 권력은 의회, 법률, 공공 기관에서 그리고 경제적 영향력과 자산에 따라 결정된다. 그렇기 때문에 여성이 입법 의회와 공공 기관을 비롯해 기업 고위층, 감사 위원회 등에 참여할 수 있어야 진정으로 공정한 사회다.

양성평등은 자동으로 이루어지지 않는다. 유럽과 북미에 널리 퍼지고 있는 양성평등 인간상과 대립하는 인간상이 아직도 세계 곳곳에 존재하기 때문이다. 그런 인간상에는 공통점이 있다. 인간은 스스로가 정의하는 존재가 아니라, 종교, 이데올로기 혹은 국가나 그에 준하는 권위자로부터 받은 정체성을 타고난 존재라는 것이다. 이것이 여성이든 남성이든 모두가 해결해야 할 도전 과제다.

목소리를 찾다
: 정치와 참여

Der Wert der Geschichte

"타인의 동의 없이 타인을 통치할 수 있을 만큼
뛰어난 인간은 없다."

에이브러햄 링컨Abraham Lincoln[1]

"이 나라는 거대한, 어쩌면 우리 역사에서 가장 큰 민주주의 운동에 참여했습니다. 잉글랜드, 스코틀랜드, 웨일스, 북아일랜드, 지브롤터에서 3,300만 명이 넘는 사람들이 의견을 표출했습니다. 우리는 여러 지역의 사람들이 위대한 결단을 내린 것을 자랑스럽게 생각해야 합니다. 우리에게는 의회민주주의만 있는 것이 아닙니다. 어떤 방식으로 통치받을 것인지 때로는 국민들에게 직접 묻는 것이 올바를 수 있으며, 그것이 바로 우리가 한 일입니다. 영국 국민들은 유럽연합에서 떠나기로 결정했으며 그 의사는 존중받아야 합니다. [⋯] 영국 국민들의 의사는 반드시 실행해야 하는 명령입니다. [⋯] 그러므로 이번 결과를 의심할 수 없습니다."[2]

2016년 6월 24일, 당시 영국 수상이던 데이비드 캐머런^{David Cameron}이 브렉시트 투표 이후 사임 의사를 밝히며 연설한 내용이다. 이 연설에서 그는 자신이 왜 이 나라가 그토록 자랑스럽게 여기던 의회민주주의를 망쳤는지 설명했다. 캐머런은 "때로는 국민들에게 직접 묻는 것이 올바를 수 있다"고 말했다. 그렇지 않고서는 영국 국민들이 자신의 의견을 표출할 다른 선택지가 없기라도 한 것처럼. 영국의 다수 대표제는 선거구의 국민과 국회의원 사이의 연결성을 중시한다. 다수 대표제란 국민들이 선거권을 발휘해 당선인과 당선되지 않은 후보들을 나누고 국회의원들이 자신을 뽑아준 국민들을 적극적으로 대변하도록 하는 제도다. 다음 선거도 반드시 치러진다. 이것이 결국 **국민들에게 직접 묻기** 위한 민주주의적 과정의 본질이다.

그런데 국민투표가 특히 민주적이라는 생각은 널리 퍼진 오해다. 이는 역사를 토대로 설명 가능한 내용인데, 선거권이 19세기 초부터 남성들에게만 주어졌고 여성들에게는 나중에 주어진, 싸워서 쟁취해야 하는 인권이었기 때문이다.

독일, 유럽, 북미의 민주주의 의회 기관을 둘러싼 공개적인 논의를 시간 순서대로 살펴보면 민주주의가 등장한 초창기에는 그 제도를 회의적으로 바라보는 의견이나 심지어는 혐오스럽다고 여기는 생각이 꾸준히 존재했던 것을 알 수 있다. 가장 목소리가 큰 비판자들은 늘 그랬듯이 **체제 자체**를 공격했다.

그 이면에는 역사 망각의 큰 부분이 보이는데, 역사를 망각하는 습성은 복잡하고 이해할 수 없는 현대와 대조되는 개념인, 지금은 꿈

2019년 3월, 브렉시트를 위한 두 번째 국민투표를 요구하는 시위가 런던에서 진행되었다. 국민투표는 속전속결이다. 국민들이 간단하게 "예" 또는 "아니오"로 투표하기만 해도 복잡한 문제를 해결할 수 있을 것이라 제안하는 방식이다. 그 결과 민주적 협의의 원칙, 지속적인 이해 조정 과정이 사라지고 사회를 분열하는 양자택일의 대립만이 남고 말았다. 브렉시트 당시에는 서로 의견이 다른 양측의 규모가 비슷했다. 2016년의 패자들은 결과를 충분히 인식한 다음 몇 년 후에 재투표를 건의했지만 소용없었다.

과 같은 과거의 안정성을 그리워하는 습성과 결합하기도 한다. 실제로는 절대 그렇지 않았던 과거를 미화하는 이유를 알려면 독일과 유럽의 오랜 역사를 다시 살펴보아야 한다.

독일은 예부터 권위적인 지배자 덕분에 안정적인 체제를 꾸려온 나라였다. **체제 자체를 비판하는** 소수 또한 **좋았던 옛** 시절에는 자신들이 정치권력의 일부를 차지하기는커녕 목소리를 내지조차 못했으리란 사실을 잘 알고 있다. 다수를 대표하는 의회가 입법과 권력견제의 중심이 되는 체제는 독일제국에서 1914년까지도 자리 잡지 못했다.

이는 특히 독일 내에서 정당에 대한 편견이 널리 퍼졌기 때문이다. 정당이 하는 기능이라고 해보았자 논쟁, 계획, 다수결을 둘러싼 다툼뿐이었기 때문이다. 선거권자들의 소망과 의사는 특정한 방향으로 유도되고, 타의로 만들어지고, 협의되어야 했다. 원칙적으로 모든 이들에게 열려 있어야 할 정당은 결국 서로 세계관이나 관심사가 같은 사람들끼리만 모이는 공간이 되었다. 사람들은 투표로 자신만의 조직을 구성하고 자신만의 지도자를 뽑아 의회민주주의의 힘의 중심을 만들었다. 의회민주주의의 정당성은 자유로운 투표로 항상 새롭게 만들어진다. 국민들의 투표는 정치권력을 발생시키는 근본이자 정치를 제어하고 견제하는 결정적 기관이다.

정당이 국가권력을 정치로 합법화하고 의회로 제어하려고 필수불가결한 과제를 처리한다는 생각은 독일어권 중부 유럽에서, 특히 과거 그곳을 지배하고 있던 프로이센에서 20세기가 시작될 때까지도 대중적이지 않았다. 당시 널리 퍼져 있던 생각은 사려 깊은 통치자가 신하들을 잘 돌보고 그들에게 안전과 **권력으로 보호받는 내면성**(토마스 만^{Thomas Mann}의 사상)을 베푼다는 것이었다. 괴테는 19세기 초에 저서《파우스트》에서 "정치적인 노래"는 "구역질 나는 노래"라고 묘사했다.

그러니 당시 정당에 몸담은 사람은 대다수의 사람들에게 환영받지 못했다. 보편적인 참정권을 주장한 민주주의자들, 심지어 국제적으로 의견이 같은 사람들과 연대한 사회민주주의자들은 **조국 없는 작자들** 취급을 받았다. 1914년 8월 4일 독일 군대가 벨기에로 행진했을 때 빌헬름 2세 황제는 베를린 궁에 모인 국회의원들 앞에서 이렇게 선언했다. "나는 어떤 정당도 모른다. 단지 독일인만을 안다." 이 말은 이른바 모든 신하들이 동질성을 가져야 한다는 환상을 호소한 것이기도 하다.

독일인들은 우선 필수불가결한 정당이 어떻게 정치적 의견을 수립하고 각기 다른 이해관계를 평화롭게 조율하는지 알아야 했다. 물론 독일인들은 오랜 시간 주저하며 알려고 하지 않았다. 1931년 작가 쿠르트 투홀스키^{Kurt Tucholsky}는 이렇게 썼다. "모든 권력 정당이 정당 경영을 가속화한다는 비난, 그런 어리석고 사소한 속임수를 우리 정치에서 없앤다는 생각을 사람들이 한 번이라도 했다면? 애초에 정당이라는 것이 무엇을 위해 노력해야 한단 말인가? 당연히 국민의 안녕이겠지. 그런데 나는 정당이 권력을 쟁취한다는 단 한 가지 목표를 제외하고 도대체 무엇을 위해 투표와 프로파간다와 당쟁이 존재해야 하는지 알고 싶다. 정당이 권력을 쟁취하고 나면 무엇을 해야 하는가? 당연히 그 권력을 이용해야 할 것이다. 〔…〕 싸워야 할 유일한 대상은 당파만을 생각하지 않는 척, 대의를 위해 일하는 척하는 정당 운영 방식이다."[3]

시민의 사회참여로 가는 머나먼 길

역사가 진행되며 사람들은 공동체의 삶을 위해 다양한 규범을 개발하고 시험했다. 기원전 3000년경 이집트의 지배 체제부터 계몽주의 시대의 지배 체제는 모든 인간의 평등이나 동등한 가치라는 개념과는 거리가 멀었다. 인간의 평등과 동등한 가치란 모든 인간이 인간이라는 사실 자체만으로 공동 결정을 할 권리를 가진다는 뜻이다. (대부분 종교로부터) 정당성을 인정받은 위계적인 (권력) 구조에서는 늘 모든 개인이 (개별적인 존재가 아니라 절대 변하지 않으며 날 때부터 정해진 계급의 일부분으로서) 자신의 자리를 지정받았다. 이렇게 위계적이며 정점에 지도자가 있는 지배 체제를 구성하려면 선택받은 계급, 예를 들어 성직자나 공무원, 귀족, 신분이 높은 자 같은 권력자가 필요했다.

중세부터 나폴레옹에 의해 해체되기 전까지 정치 연합으로 존재했던 신성로마제국은 그 정점에 선택받은 왕, 즉 황제(카이저)를 세웠다. 선거권은 몇몇 선제후들만이 가졌다. 독일의 왕, 즉 황제는 가장 높은 통치권을 주장하며 이전 로마제국과 그 주권의 전통을 이어받아 자신이 **신으로부터** 정당성을 인정받았다고 주장했다.

권력자로서 일상생활을 할 때 황제는 자신의 군대나 법정, 현명한 전문가들에게만 의존하지 않았다. 황제는 연합을 필요로 했다. 연합국의 도움이 있어야만 국가를 바로 세우고 견고하게 유지할 수 있었다. 역사 속에서는 실제로 선제후, 대공, 백작, 기사, 주교, 이와 비슷한 지위를 가진 동맹자들이 통치 연합을 꾸렸다. 이들은 모두 자신의 이익을 위해 움직였지만 그들이 가진 고유한 권력의 크기는 각기 달랐다.

의회는 보편적인 정치적 의사 결정을 위해 사람들이 모인 기관이었다. 제국에 세금을 내던 제후와 고위 성직자 들은 1521년부터 의회에 모여 함께 의사 결정하기를 원했다. 이런 제국 의회 의원들은 **신하들** 중 눈에 띄는 중급 권력자들로부터 통치를 받던 소수의 인구 집단을 대표했다고 해석할 수 있다.

현대의 체제에 빗대자면 제국 의회 의원들은 권력 연결망 내의 독자적인 관리 조직이다. 황제는 제후 및 고위 성직자 들에게 세금을 부과하려고 했고 그들은 자신들의 권력을 지키려고 했기 때문에 이해관계에 따라 안정성과 안전성, 이익을 추구했다. 이들은 여러 사람, 충성심, 합의와 계약으로 이루어진 권력 연합을 구성하고 그 이익을 누리면서도 한편으로는 계속해서 서로 경쟁했다.

중세 시대 유럽 역사에서도 모든 국가에서 제후나 고위 성직자 같은 권력층과 최고 권력층이 끊임없이 권력 다툼을 벌였다. 그 결과는 매번 달랐다. 잉글랜드에서는 왕이 아니라 제후와 성직자 들이 의회의 최고 권력을 거머쥐었다. 이후 왕과 의회 사이의 불화가 1642년에 내란으로까지 번졌다. 그 결과 찰스 1세가 1649년 1월 30일에 참수당했다.

군주여도 그런 결말을 맞이할 수 있다는 메시지였다. 이후 협정

독일 민족의 신성로마제국과 제국이 다스리는 수백 개 영토가 1806년까지 수백 년 동안 중부 유럽의 정치 지도를 결정했다. 합스부르크나 호엔촐레른 왕가가 다스리는 거대한 영역부터 영주들이 다스리는 거우 몇 헥타르에 불과한 작은 지역까지 다양했다. 여러 다른 종파가 일상에 스며들어 있었고 강력한 정치에 영향을 미쳤다. 영토가 수도 없이 잘게 쪼개져 국경이 많았던 탓에 경제 발전은 더뎠다. 한편 잉글랜드와 프랑스는 종교와 영토가 하나로 통일된 국가로서 매우 강력하며 전 세계에 영향을 미친 강대국으로 발전했다.

과정에서 군주국이 다시 수립되었는데, 1688년과 1689년에 명예혁
명이 일어나면서 의회가 자신들의 왕을 직접 선출했다. 군주는 의회
에 소속되었고(의회에 있어서의 왕^{King-in-Parliament}) 그 위에 설 수는 없었
다. 반대로 프랑스에서는 "태양왕" 루이 14세로 유명한 부르봉 왕가
가 제후나 성직자 같은 다른 권력자들의 힘을 빼앗는 데 성공하면서
홀로 **절대적인** 통치력을 휘두르게 되었다. 영국의 왕이나 독일의 황
제와 달리 프랑스 왕은 아주 효율적인 방식으로 다른 권력자들을 무
력하게 만들었다. 측근들을 이용해 넓은 저택의 일거수일투족을 감
시하고 권력의 도구인 상비군을 동원해 광범위한 관료주의 기구를
만들어 자신들이 원하는 바를 관철하고 명령을 내렸다. 재원을 확보
하고 동시에 지역 영주들의 거부권을 제한한 것도 좋은 방법이었다.

　　독일어권에서는 황제든 다른 통치자든, 그 누구도 영국이나 프
랑스 왕에 비할 만한 위치를 차지하지 못했다. 영토가 마치 알록달록
한 패치워크처럼 나뉜 데다 각 국경을 사이에 두고 종교 갈등도 끊이
지 않았기 때문이다. 황제는 계속 황제라는 지위를 유지하기 위해 협
의에 의존했고 지지를 얻으려면 양보할 것은 양보해야 했다.
　　레겐스부르크 의회는 권력 집단의 집회장이었지만 런던 의회
같은 권력 기구는 되지 못했다. 레겐스부르크 의회는 주로 이해관계
를 조정하고 권력 행사를 조율하는 역할을 했지만 정작 제국을 뛰어
넘는 힘을 가질 수는 없었다. 인구의 대다수를 차지하던 제국의 신하
들, 즉 시민들은 이런 상황에서 정치적으로는 아무런 역할도 하지 못
했다. 시민들은 권리도 내세우지 못한 채 그저 영주나 황제를 위해

일하고 생산하는 기능만 했다.

계몽주의 시대에 자연권을 인식하는 방향으로 인간상이 변하면서 그때까지는 역사적으로 통용되던 통치 기구의 원칙이 흔들리기 시작했다. 경제학자이자 정치 작가인 요한 하인리히 고틀로브 유스티^{Johann Heinrich Gottlob Justi}는 1759년에 발표한 《좋은 정부의 원칙》에서 이렇게 말했다. "자유와 인지능력이 있는 모든 이성적인 인간은 스스로를 다스려야 한다. 자유롭고 문명화된 시민 또한 가능한 한 스스로를 다스려야 한다. 시민은 분쟁 없이 입법할 능력이 있다. 그 누구보다 자신의 상태와 욕구를 잘 알고 있기 때문이다. 따라서 현명하고 다양한 사람들이 섞인 정치체제에서는 입법할 권력이 시민들에게 뿌리를 두어야 한다. 크거나 중간 정도인 국가에서는 무질서와 태만 때문에 모든 시민이 결속하기 어려우며, 가장 낮은 계급의 시민들은 국가의 진정한 복지를 위해 필요한 지혜와 통찰력이 없다. 그러므로 시민이 가진 입법할 권력은 그들의 대표자들이 행하는 것이 당연하다. 그 대표자들은 모든 시 및 다른 행정구역에서 자유로운 투표로 임명되어야 한다. 시민들은 충분히 투표할 능력이 있다. 가장 낮은 계급의 사람들조차도 대표자의 재능과 공과를 꿰뚫어볼 수 있기 때문이다."⁴

이 정치 이론의 중점적인 문제는 다음과 같다. 모든 사람에게 자연권이 있다면 통치자가 어떻게 자신의 신분을 정당화해야 하는가? 통치가 사람들 사이의 계약에 근거한다면 왕조나 군주는 어떻게 자신들의 지위를 정당화해야 하는가?

한 가지 답은, 통치자가 스스로를 모든 계약 당사자들의 공익을 표현하는 존재로 정당화하는 것이었다. **계몽 군주**는 사람들의 신분

4장 목소리를 찾다 : 정치와 참여

이나 개인의 이익을 초월한 이성의 가장 높은 대표자로, 스스로 선포한 합리적인 법을 준수하는 사람으로 생각되어야 한다. 그렇다면 이를 누가 통제해야 하는가? 애초에 합리적인 법을 선포할 다른 길을 찾으면 안 되는가?

머나먼 북미에서 독립운동이 일어나자 자의식을 가진 시민들이 세상을 장악한 통치자들의 권력을 의심하고 무력으로 꺾을 수 있다는 롤 모델이 생겨났다. 1776년 발표된 미국 독립선언문에는 모든 정부는 사람들이 자신의 양도할 수 없는 권리를 지키기 위해 수립한 것이며 피통치자들이 동의해야만 정부가 권력과 정당성을 가질 수 있다는 내용이 명확하게 기재되어 있다. 이것은 모든 사람의 자연권을 고려하는 사고방식이 권력 및 정치적 실천에 영향을 미친 결과를 보여준다.[5]

공정한 대표를 요구하는 목소리는 의회민주주의의 주요 문제가 되었다. 또한 인간의 여러 권리를 보장하는 헌법이 필요하다는 호소 또한 북미라는 본보기를 따르기 시작했다. 1787년에 제정되어 1789년부터 효력을 발휘한 미국의 헌법은 입법 권한과 그 권한의 통제에 관한 문제를 다루었을 뿐만 아니라 수정 조항에서 **국민들의** 시민 자유를 분명히 언급했다.[6]

헌법에서 말하는 국민이 누구인지는 시간의 흐름에 따라 다르다. 인간상을 제한적으로 해석한 결과 미국에서도 여성과 노예, 백인이 아닌 남성은 "모든 사람"이라는 정의에 포함되지 않았으며 참정권을 얻지 못했다. 이런 **일반 대중**은 "생각에 줏대가 없고 사고의 범위가 제한적이어서" 이해력이 부족하다고 폄하되었다.[7]

판단력이 없고 정치에 참여할 능력이 부족하다고 대표된 인구 집단이 바로 여성과 저학력자, 특정한 윤리 혹은 종교 단체에 속한 자 등이었다. 이들은 늘 '사람은 누구나 목소리를 낼 수 있어야 한다'는 주장과는 정반대에 서 있었다. 읽지도 쓰지도 못하는 일용 근로자, 광부, 하인 같은 사람들이 어떻게 투표를 하고 정치에 참여할 수 있느냐는 생각이 팽배했다. 보편적이고 평등한 참정권을 둘러싼 싸움은 시작부터 다수 권력자들의 끈질긴 견제에 시달렸다. 권력자들은 자신이 운명에 따라 선택받았으며 공동체를 대표한다는 소명의식을 느끼고 있었다.

모든 (성년이 지난) 사람이 정치적 의사 결정에 참여할 수 있어야 한다는 논의는 1789년 프랑스혁명 때 유럽 역사의 새로운 단면을 수놓았다. 소위 제3계급에는 시민은 물론 농민과 수공업자도 포함되었고, 이들은 제헌 국민의회의 핵심 요인으로 자리매김할 수 있었다. 귀족과 성직자라는 특권이 사라지고 봉건의 의무는 곧 널리 알려지게 된 인간과 시민의 권리선언과 연결되었다.

1791년에 채택된 헌법은 우선 25세 이상 남성의 참정권을 보장했다. 어느 정도 경제에 기여하고 있었으며 인구 중 상당수를 차지하는 인구집단이었기 때문이다. 1792년에는 국민의회에서 (남성을 위한) 보편적인 참정권이 확정되었다. 혁명의 파도는 경쟁 중이던 권력 집단 간의 피 튀기는 싸움으로 이어졌는데, 1799년에 나폴레옹이 쿠데타를 일으켜 갈등을 잠재웠다.

나폴레옹은 재위 기간 동안 혁명의 흐름을 등에 업고 호전적으로 대륙 전체에 영향력을 미쳤으며 정치 지도를 자신이 바라는 대로 바꾸어 그렸다. 제국과 멀리 떨어진 영토까지 자신의 힘이 미치길 바랐으며 권력을 유지하고자 토지, 주권, 국민을 구조화했다.

이렇게 1806년 이전 제국이 해체되며 이루어진 경지 정리는 의회 같은 기관과 권력을 장악하고 있던 귀족 및 성직자 들을 몰락하게 만들었음은 물론이고 농민 해방이나 상업의 자유 같은 실질적인 변화를 이끌어냈다. 또한 독일 민족주의의 도화선이 되었다.

헌법의 필요성

민주적인 국민 참여를 둘러싼 모든 논란을 잠재우고자 헌법을 원하는 목소리가 높아졌다. 나폴레옹은 1799년 새로운 헌법을 제정해 혁명을 끝냈고 1830년까지 자신이 다스리던 유럽 영토에서 70개 이상의 헌법을 가결했다. 헌법은 개인과 국가권력 사이의 관계를 체계적이고 투명하며 모든 사람에게 적용되도록 하는 규칙이어야 했다. 민족사회주의와 헌법 제정 요구는 나폴레옹 실각 후 1815년에 빈 회의에서 영토를 새로운 기준에 따라 나눈 독일어권 중부 유럽 다수 국가의 중심적인 권력과 질서 원칙에 모순되었다. 35개국으로 구성된 새로운 독일연방과 네 개의 자유도시는 여전히 강대국인 오스트리아와 프로이센의 지배를 받았다. 이들의 대립은 꺼지지 않는 불씨처럼 은근히 타오르던 가톨릭과 개신교 간의 불화를 그대로 반영했다.

독일연방의 강자인 메테르니히 빈네부르크 지방의 클레멘스 벤첼 로타르 폰 메테르니히Klemens Wenzel Lothar von Metternich 후작이 오스트리아 수상으로서 수십 년 동안 민족주의와 민주주의가 퍼지지 않도록 방어하는 데 성공한 것이 참정권에는 결정적인 일이었다. 권력자들이 보기에 민족주의적인 목표는 당시 영토를 지배한 군주정체 전복을 꾀하던 부르셴샤프트Burschenschaft*나 합창단, 체조단에 혁신적인 자극이 될 터였기 때문이다. 합스부르크 왕조, 호엔촐레른 왕조, 비텔스바흐 왕조 등 권력 가문은 통일을 이루려는 민족주의적 노력이나 민주주의적인 정치 참여 요구로 인해 존재 자체에 위협을 느꼈다.

민주적인 법치국가를 요구하는 목소리는 결국 1848년 혁명까지 이어졌는데, 이것은 사실 **대중**의 혁명이라기보다는 시민 프로젝트였다. 시민들은 일상생활을 영위하기가 어려웠고 심지어는 먹고사는 데 꼭 필요한 것들을 구하기도 힘들었다. 그 시기에 인구가 증가했고 농촌이나 수공업 분야에서는 생산에 변화가 일어났으며 막 움트던 산업 분야가 가난하고 대개의 경우 굶주린 사람들을 흡수했다. 이들은 1835년에 생긴 '프롤레타리아'라는 개념으로 잘 알려졌다.[8] '대중 빈곤'**은 프롤레타리아의 상태를 나타내는 개념이 되었다.[9]

헌법 제정과 권력 분배에 대한 요구는 독일연방의 여러 국가에서 1845년에 발생한 사회 및 경제 위기 이후 새로운 흐름을 만들었다. 특히 프로이센과 오스트리아에서는 권력자들이 한때 헌법을 제정하고 시민들을 정치에 참여시키겠다 약속했지만 제대로 이행하지 않았다. 사회적 곤궁함 때문에 사람들은 국가의 무능을 비판하고 혁

---

* 독일 예나대학교에서 1815년 결성한 학생 동맹으로, 나폴레옹의 프랑스군에 맞서 의용군으로 참전했다. 대학생 학우회라고도 한다.
** 산업화 이전의 광범위한 빈곤 상태를 일컫는 말.

1844년 슐레지엔에서 발행된 풍자 잡지 〈플리겐데 블레터〉에 실린 목판화. 위기와 곤궁이 신의 섭리이자 순전한 개인의 문제로 취급받는다면 모든 사회는 분쟁으로 끝을 맞이할 것이다. 하지만 곤궁과 굶주림, 사회적 갈등과 경제적 이해관계의 대립이 전쟁으로 이어지지 않을 수도 있다. 사람들이 정치 참여, 기회 균등, 계층 이동을 위해 노력한다면 모든 사회 구성원이 안락하게 살 수 있을 것이다.

명을 통해 사회참여를 요구하는 것이 정당하다고 여기기 시작했다.

"시민이 바라는 것은, 여기서 말하는 시민이란 상위부터 하위까지 모든 계급을 포함하는데, [···] 헌법이 보장하는 자유이며 [···] 실질적이고 보편적인 모든 독일 시민을 대표하는 의회다"라고 런던의 〈타임스〉가 1848년 3월 6일에 "독일"이라는 제목으로 보도했다. 이는 독일의 격변이 국제적으로도 큰 관심을 모았다는 사실을 보여준다.[10] 다만 누가 어떤 기준에 근거해 참정권을 가져야 하는지는 여전히 논쟁거리였다.

그 답은 국가에 따라 달랐다. 단, 최소한의 조건이 남성이라는 점은 공통 의견이었다. 그다음 거론된 조건은 경제적인 수입이었고, 결국 농민이나 노동자는 제외될 수밖에 없었다. 1848년 프랑크푸르트에 있는 파울교회에서 열린 의회는 학자들의 의회나 마찬가지였다. 의원 812명 중 4분의 3이 고등교육을 받은 사람들이었다. 또한 절반 이상은 법조계에서 일한 경험이 있었다. 농민은 세 명, 수공업자는 네 명이었다.[11]

민주화 및 의회를 요구하는 운동은 군주제 통치에 반대하고 입헌국가를 원하는 움직임이었다. 하지만 보편적이고 동등하며 비밀이 보장되고 직접적인 민주주의적 정치 참여라는 개념은 1848년에 혁명을 일으킨 많은 사람들에게도 여전히 손에 잡히지 않는 것이었다. 민족주의와 의회정치가 융합된 '의회 입헌국가'에 대한 바람은 이루어지지 않은 채였다.[12]

의회정치의 모범

오늘날까지도 영국은 의회정치의 발상지로 알려진다. 그런데 왕권에 대항하는 의회의 권력이 꼭 민주주의와 동의어가 아니라는 점은 간과되기 십상이다.

17세기 영국에서 의회를 장악한 귀족과 성직자 들이 왕권에 대항한 이후에도 누가 대표자를 뽑고 영국의 의회정치를 평가할 중심이 되어야 하는지는 지금까지도 의문으로 남아 있다. 즉 의회정치를 달성했다고 해서 국민들이 유의미한 방식으로 권력 배분에 참여할 수 있었던 것은 아니다. 하원의원들은 토지 소유자나 국가기관 같은 특권층을 우선해 대표했다. 더 많은 인구 집단이 참정권을 가지도록 해야 한다는 논쟁은 19세기는 물론 20세기 초까지도 의회와 왕 사이의 근본적인 갈등처럼 뜨거웠다.

1832년에 참정권이 개정될 때까지 약 1,400만 명의 인구 중 40~50만 명의 남성들만이 투표권을 갖고 있었다. 어느 정도 재산을 소유했거나, 특정한 수준 이상의 연 수입이 있거나 그 외의 특권을 지닌 사람들이었다. 개정을 거쳐 투표권을 가진 사람의 수는 65~80만 명으로 늘었다. 이제 소지주, 소작인, 상인도 투표권을 가질 수 있었다.[13] 통계에 따르면 전체 인구의 3~5퍼센트가 참정권을 가졌던 셈이다. 1867년 참정권 개정으로 그 범위는 더 넓어졌다. 그때는 220만 명의 남성들이 투표권을 가졌다. 성인 인구의 16퍼센트에 해당한다.[14] 하지만 참정권은 여전히 재산이나 수입을 기준으로 주어졌다. 예를 들어 연간 임대료로 10파운드 이상을 지불하거나 작은 토지나마 소유하고 있어야 참정권을 얻을 수 있었다. 1884년에 참정권이 다시 한 번 개정되었다. 참정권을 가진 남성의 수는 500만 명에 이르렀다. 하지만 그조차도 아직 전체 남성의 40퍼센트에 불과했으며, 여성은 참정권이 없었다.[15]

제1차 세계대전 이후 사회 변화가 빨라졌다. 1918년 국민대표법*이 제정되면서 적어도 남성에 한해서는 보편적인 참정권이 보장되었고 30세 이상 여성 또한 투표할 수 있게 되었다. 여성의 보편적인 참정권은 1928년에야 보장되기 시작했다. 투표 가능 연령은 21세였고 1969년에는 18세로 낮아졌다. 이와 함께 선거권자의 수가 전체 인구의 71퍼센트로 늘어났다.[16]

그렇지만 인구 중 대다수가 제1차 세계대전이 끝날 때까지 여전히 공동의 의사 결정에서 제외되어 있었고, 참정권 확대 또한 **국민의 소리**에 귀를 기울이겠다는 의미가 아니었다. 정당의 상황은 눈에 보이는 그대로였다. 제1차 세계대전까지 보수주의 정당과 자유주의 정당이 정부의 정치적 분위기를 결정했다. 노동당은 1920년대에 점차 중요한 정치적 요소가 되어 잠깐 동안 제3세력으로서의 지위를 확립하고 곧 자유주의 정당을 대신했다.

참정권이 확대되고 제3의 거대 정당이 생겼음에도 선거권의 기준과 규칙은 여전히 의회가 모든 유권자들의 의지를 완전하게 대표하지 못하도록 방해하는 요소였다. 이는 오늘날도 마찬가지다. 모든 선거구에서 다수 대표제만이 유효하기 때문이다. 최다 득표자를 당

---

* 영국과 아일랜드의 선거제도를 개혁하고자 통과된 법.

선시킨다는 규칙에 따라 다수의 표를 얻으면 의석을 차지할 수 있다. 후보자들은 대개 선거구에서 절반 이하의 표를 얻어 당선된다. 그럼에도 당선된 사람들은 하원에 입성하고, 당선되지 못한 다른 후보를 뽑은 유권자들의 목소리는 무시된다.

2019년 12월 의회를 예로 들어보자. 보수당은 1,396만 6,451표(43.6퍼센트)를 얻으며 625개 선거구 중 365개 선거구에서 승리했다. 노동당은 1,029만 5,907표(32.2퍼센트)를 얻어 203개 선거구에서 승리했다. 자유민주당은 369만 6,423표(11.5퍼센트)를 얻었지만 겨우 11개 선거구에서 승리했다. 노동당과 자유민주당이 얻은 표를 합치면 보수당과 겨우 2만 5,879표 차이지만, 의석은 겨우 214개를 차지했을 뿐이다. 반면 보수당은 전체 유권자 중 40퍼센트가량을 대표할 뿐이지만 의석의 거의 60퍼센트를 차지해 절대적 다수로서 우위를 점하고 있다.

프로이센과 뒤이어 독일제국에서는 의회민주주의가 다른 이유 때문에 제한되었다. 프로이센의 의원들을 뽑는 선거권은 1849년에 영방 의회가 참여하지 않았는데도 선포된 명령에 뿌리를 두었다.[17] 프로이센의 24세 이상 남성 중 시민권이 있고 빈민 구제를 받지 않는 사람은 모두 투표권을 가질 수 있었다.[18] 그러나 투표권이 있다고 해서 모두 동일한 수준의 권리를 행사할 수 있던 것은 아니다. 시민들은 직접 내는 세금에 따라 다른 권한을 가졌다. 심지어 당시에는 비밀투표도 아니어서 예비선거 선거구에서 공개적으로 투표해야 했다. 시민들이 투표하면, 그에 따라 당선된 선거인이 의회 의원을 공개적으로 선출하는 식이었다.

예비선거의 투표권자는 직접 내는 세금에 따라 세 **등급**으로 분류되었다. 각 등급은 저마다 지역구의 총 세액 중 3분의 1씩을 대표했다. 1849년부터 1913년까지 1등급에 속한 투표권자의 권한은 3등급에 속한 투표권자의 권한보다 16~26배 컸다. 2등급에 속한 투표권자의 권한보다는 5~8배 큰 수준이었다. 그래서 시민들의 의견과 실제로 의석을 차지한 의원들 사이의 괴리가 컸다. 1913년에 보수당은 16.8퍼센트의 득표만으로 45.6퍼센트의 의석을 차지했고 사회민주당은 28.4퍼센트를 득표했지만 의석은 겨우 2.3퍼센트 차지하는 데 그쳤다.[19]

반면 독일제국의 제국 의회에서는 1871년부터 의원들이 "보편적인 직접선거 및 비밀투표에 따라" 선출되었다.[20] 이때 모든 사람의 투표권은 동일한 권한을 가졌다. 하지만 여전히 여성은 투표권이 없었고, 남성은 25세 이상이어야 투표권이 있었다.[21] 동시대 저명인사들이 느끼기에는 너무 지나친 일이었다. 역사학자인 하인리히 폰 트라이치케Heinrich von Treitschke는 보편적인 선거권이 무교육과 "무지의 교만"에 대한 보답이라고 주장했다. 그는 작금의 상황이 "대중 사이에서 자신의 힘과 가치를 환상처럼 과대평가하는 행태를 헤아릴 수 없을 정도로 조장했다"고 말했다. 또한 그것이 "조직화된 질서 문란이자 주권을 가진 멍청이들이 공인받아 행하는 건방진 태도"라고도 덧붙였다.[22] 이와 비슷하게 대중의 어리석음과 무분별함을 나타내는 표현은 오늘날 의회민주주의에 관한 정치 논쟁에도 자주 등장한다. 여성과 25세 미만인 남성을 배제했다는 것은 독일제국이 멸망할 때까지

전체 인구의 오로지 5분의 1만이 참정권자였다는 뜻이다.[23]

프로이센의 수상이자 독일제국의 수상이던 오토 폰 비스마르크 Otto von Bismarck는 1890년 퇴임할 때까지 독일제국을 지배하는 정치인이었다. 당시 의회는 예산에 관한 권리와 함께 중요한 권력 도구를 갖추고 있었는데, 비스마르크는 의회와 논의할 때 군주국의 강력한 권한, 군주국의 수상이 의회로부터 독립할 권한, 황제가 거느린 군대의 궁극적인 힘 등에 의존할 수 있었다. 또한 비스마르크는 금지(사회민주주의에 대한)와 유인(사회 정책적 입법)으로 입헌군주국의 안정성과 프로이센의 주도권을 강화해 당시 기세를 타던 의회 제도화 압박에 맞섰다.

그는 자리에서 물러날 때까지 끊임없이 방어전을 펼쳤다. 하지만 그 대가는 어마어마했다. 비스마르크식 정치의 중심에는 늘 힘의 균형이 있었다. 외교를 할 때는 새로 생겼거나 아니면 다른 열강들이 볼 때 생존을 위협하는 전쟁을 일으킬 우려가 있는 제국을 감시했다. 당시 비스마르크의 추종자들과 수많은 역사학자들은 힘의 균형을 맞추어 평화를 유지하는 비스마르크의 외교능력을 높이 샀다.

반면 비스마르크를 비판하는 사람들은 의회 제도에 따른 공동 의사 결정이 제대로 이루어지지 않으며 정치에 대한 관심을 불러일으키고 실질적으로 사람들이 결정에 참여할 수 있는 개방성이 부족하다는 문제를 꼬집으며 제국이 불건전하게 예속되고 있다고 말했다. 비스마르크의 외교정책은 그 누구와도 같지 않은 비스마르크식 외교, 즉 산업화 시대의 역동적인 세계 속에서 여러 복잡한 과정을 치명적일 정도로 생략해 편협해진 외교였기 때문이다.

비스마르크가 퇴임하면서 오로지 비스마르크라는 인물로부터, 그리고 그가 다른 강대국을 상대하며 얻은 경험으로부터 발생한 몇 년간의 신뢰성과 동력이 사라졌다. 비스마르크는 외교 관계에서 확실한 우위를 차지하길 원했고 빌헬름 1세 황제가 자신을 기꺼이 따르길 바랐다. 하지만 4,000만 명이 넘는 국민으로 이루어진 국가의 안정성을 고작 몇몇 사람들의 건강 상태 및 능력과 결부시키는 것은 무책임한 태도였다. 지도자들의 건강 상태와 능력은 계속 일정 수준으로 유지되거나 오류가 발생했을 때 교체할 수 있는 것이 아니기 때문이다.

동시대 대부분의 사람들은 그런 고찰을 하지 않았다. 군주의 지배가 필요하다고 믿었고 의회정치가 1848년의 실패한 혁명과 연관이 있다고 생각했다. 그들에게 비스마르크는 제국의 통일을 안겨준 인물이었다. 그러니 앞으로도 계속 성공적인 정치가 이루어지리라 믿지 않을 이유가 없었다.

오늘날 우리가 의회 제도화가 실패하면서 권위적인 프로이센 독일 군주정이 수십 년 동안 유지되고 사회의 주요 집단이 정치적 공동 의사 결정에 활발하게 참여하지 못하도록 견제를 받았다고 비판적으로 생각한다면 그것은 역사에서 배운 결과다. 1890년에서 1914년 사이에 존재했던 정부가 의회에서 결정되었거나 혹은 의회에 의존적이었다면 덜 공격적인 외교를 펼칠 수 있었을지는 상상에 맡길 수밖에 없다.

이러한 정치의 불합리성을 곰곰이 생각하면 민주주의적인 합법성과 의회 제도에 따른 투명성, 책임감에 대한 의문이 뒤엉킨다. 외무차관이자 수상이었던 베른하르트 폰 뷜로브^{Bernhard von Bülow}가 막대한 힘을 과시하던 1897년부터 1909년 사이에 빌헬름 2세 황제를 권력의 보증인으로서 신뢰하고 그에 따라 기회주의적으로 행동하는 대신 자신이 했던 말과 행동 때문에 의회의 결정에 따라 해임되는 위험에 처했더라면, 뷜로브의 태도는 어떻게 바뀌었을까? 확실한 것은 변덕스럽고 자기중심적이며 자아도취적이고 순진한 군주보다는 전적인 책임을 졌어야 하는 의회가 정치 상황에 따른 결과를 더욱 신중하게 계산했으리라는 점이다.

따라서 제1차 세계대전 이전 역사는 1908년이나 1912년에 시작하지 않는다. 그보다 우리는 그 시기의 수십 년 동안 권력정치의 관점에서 제국이 어떤 책임을 지는 위치에 있었는지, 그리고 왜 그러했는지를 살펴보아야 한다. 그래야 제국이 어떤 전철을 밟았는지, 이 모든 문제의 원인이 된, 수십 년 전부터 존재한 제도상의 근본 문제가 무엇인지 알 수 있다. 관습적으로 표현하자면 이렇다. 한 국가의 역사는 비스마르크 같은 천재 한 사람의 정책과 정치적 행보에 의존해서는 안 된다. 이는 비스마르크 퇴임 후 25년 동안 아주 치명적인 방식으로 나타났다.

구원이라는 환상: 전체주의적 약속

제1차 세계대전 중 독일제국이 몰락하면서 프로이센의 3등급 선거권도 역사에서 사라졌다. 그뿐만이 아니다. 선거권이 확대되면서 모든 성인이 정치에 참여할 수 있게 되었다. 여성도 마찬가지다. 그 이후로는 선거일에 20세 이상이 된 독일의 모든 남성과 여성이 자신의 권리를 행사할 수 있었다. 제국과는 달리 군인 또한 투표할 수 있었다.[24]

보편적인 선거, 즉 보통선거와 함께 **역사의 끝**이 다가왔다. 그러나 권력 배분을 둘러싼 중점적인 문제는 여전히 해결되지 않은 채였다. 개개인의 투표를 어떻게 정당한 정치적 결정으로 전환해야 하는가? 강력한 대통령의 지도가 필요할까? 주기적으로 국민투표를 해야 할까? 정당은 어떤 기능을 해야 하는가? 애초에 군사가 동원되는 끔찍한 폭력을 경험하고서 어떻게 법에 따라 모두에게 적용되며 동등한 이익을 보장하는 질서(국내에서든 국가 간이든)가 자리 잡을 수 있었겠는가? 이러한 근본적인 의문은 보통선거가 국제적으로 인권을 확립하는 데 중요한 사건일 뿐만 아니라 새로운 필요성을 불러일으킨다는 사실을 명확하게 보여준다. 즉 참정권이 생기면 정치적 의사 결정 과정에 계속해서 관심을 기울여야 한다는 영원한 과제가 주어진다. 어쩌면 관심을 갖는 데서 그치는 게 아니라 정치에 직접 뛰어들어야 할 수도 있다.

전쟁 이후 사회에 살던 대부분의 독일 사람들은 살기 바빠서 참정권의 가치를 피부로 느끼지 못했다. 참정권을 갖기를 마음 깊이 염원하는 사람도 많지 않았다. 사람들은 현재의 문제와 전쟁의 결과를 외부적인 원인과 연결하고 싶어 했다. 전쟁은 또한 여러 국가에서 공격적인 민족주의야말로 국가의 질서를 보호하는 가장 좋은 방법이라는 믿음에 불을 지폈다. 대다수의 사람들은 가장 좋은 길을 찾기 위한 당파 싸움도, 시민으로서 사회에 참여하는 개인의 힘도 방법이나

해결책으로 보지 않았다. 그들에게 해결책은 오로지 비스마르크 같은 권위적인 지도자가 있었던 전쟁 이전 사회의 기억이었다.

한편 많은 사람들이 이성적인 타협과 국가 간의 협력을 이상적인 꿈이라고 생각했다. "현실주의"라는 말은 엄격하게 들렸고 또 실제로 그래야 했다. 그 결과 당연하게도 수많은 갈등이 발생했다. 사상 전환과 보복을 원하는 목소리가 높아졌고 국내 정치는 물론 외교를 위해서도 의회를 중심으로 한 점잖은 태도, 즉 타협을 추구하거나 그저 버릇처럼 다수결에 의존하는 경직된 일상보다는 힘으로 갈등을 해소하는 편이 낫다는 사람들이 늘었다.

그러나 민주주의국가나 권력 기구가 마주한 가장 험난한 도전 과제는 당시 일반인들에게 먼 나라 이야기였다. 사람들은 20세기에 가장 강력한 효력을 발휘한 두 가지 사상에 매료되었다. 하나는 1917년부터 소련에서 성장하기 시작한 마르크스-레닌주의적 볼셰비즘이고, 다른 하나는 1933년에 독일을 지배하게 된 민족사회주의다.

마르크스-레닌주의는 현재 사람들을 역사의 흐름 속에 굳건하게 위치시키며 모든 것을 설명하는 정치적 지침에 집중하는 19세기의 철학 사상에 뿌리를 둔다. 한편 민족사회주의의 핵심 안건 또한 세계대전 시대에 극대화된 세계상에서 파생되었다. 민족사회주의는 민족주의 운동의 파도를 일으키며 점점 세력을 키워 유럽 내 많은 국가에 영향을 미쳤고 두 차례 세계대전 사이의 수십 년을 파시즘이라는 개념으로 나타냈다.

민족사회주의는 마르크스-레닌주의와 비슷하게 모든 사람이 역사의 흐름 속에서 특정한 역할을 하고 주어진 과제를 수행해야 한다고 주장했다. 이 두 이데올로기는 지금으로부터 약 100년 전 사람들에게 아주 매력적인 약속을 했고 사람들은 그 약속에 깜박 넘어가 자신의 목숨을 바칠 각오까지 했다.

18세기까지 정치 질서를 확립하던 종교 신앙 체계와 마찬가지로 새로운 이데올로기 또한 모든 사람의 추종을 원했다. 새로운 이데올로기는 역사가 흘러온 법칙과 (이미 정해진) 인간의 역할을 고스란히 품고 있다고 주장했다. 이런 믿음을 받아들인 사람은 약속된 구원을 위해 계몽된 세계상의 핵심, 즉 모든 사람의 자유와 이성에 따른 의사 결정 능력 그리고 자율성 같은 것들을 포기해야 했다.

마르크스-레닌주의 세계상의 근본은 사적 유물론과 변증법적 유물론이다. 그 핵심은 역사가 흘러온 법칙이 계속되는 계급투쟁에 있다는 믿음이다. 세계사의 흐름 속 모든 시대는 진보하는 과정에 존재하는 단계다. 이를 이해하는 데 가장 중요한 것이 바로 생산 관계*다. 고대에는 그것이 노예제도였고, 중세와 근대에는 봉건사회였으며, 19세기부터는 자본주의와 시민사회 시대의 산업과 기술이었다. 끊임없는 계급 간의 갈등에 시달린 우리 역사는 이러한 문제를 해결하는 방향으로 급하게 진로를 틀었다. 바로 공산주의 산하의 계급 없는 사회다.

이 사회에서 모든 사람은 역사적으로 이미 주어진 역할을 잘 인식하고 있으며, 그대로 따라야 한다. 인간이 자유롭고 행동과 생각을

---

* 인간이 물질적 재화를 생산할 때, 그 생산 과정에서 맺는 상호관계를 말한다.

스스로 결정할 수 있다는 생각은 환상에 근거한 것이다. 이데올로기적 정의에 따르면 변증법적 유물론이란 "의식을 포함해 이 세상의 모든 현상, 사물, 과정은 최고로 발달한 물질, 즉 뇌의 기능으로 결정된다는 사실을 전제로 한다." 이에 따라 개인의 "의식의 표현으로서의 의지는 보편적인 확정성에서 벗어나지 않는다."[25] 각 개인은 스스로를 역사의 진행 과정에 맞추고 역사의 흐름을 촉진한다. 개인에게 선택지는 없다. 그러기를 원치 않는 사람은 구원으로 가는 길의 방해물이다.

20세기 내내 이런 이데올로기는 레닌주의, 스탈린주의, 트로츠키주의, 마오쩌둥주의를 비롯해 거기서 파생된 수많은 사상과 그런 사상을 따르며 공산주의의 구원 약속을 믿는 사람들에게서 뚜렷하게 드러났다. 독일에서도 공산주의 지지자들은 소수이지만 무시할 수 없는 규모였다. 1920년대와 1930년대에 정치 운동으로서 창당된 공산당은 제2차 세계대전 이후에도 1989년까지 동독 지역을 장악했다.

민족사회주의 또한 1920년대 이후 몸집을 키워 국가 전체를 지배한 일종의 신앙 체계가 되었다. 민족사회주의 세계상은 이데올로기의 지도자인 히틀러의 이름을 물려받지 않았다. 즉 히틀러주의라고 불리지는 않았다. 그러나 이 이데올로기가 정치에 미친 효과는 히틀러라는 사람 없이는 생각할 수 없다. 히틀러는 1920년대부터 민족주의, 반유대주의, 반자본주의, 반공산주의 같은 이데올로기를 본보기로 삼고 **인민**과 **인종**이라는 개념을 중시했다. 또한 그 안에서 역사로 가는 열쇠를 찾았다고 주장했다.

'인민'이라는 단어는 민족주의 운동이 널리 퍼지면서 정치적 개념으로 상당히 강조되었다. 19세기 말부터는 심지어 인종적인 의미까지 내포하기에 이르렀다. 그 이후 인민이란 사람들이 본능적으로 그리고 의식적으로 스스로가 소속되어 있다고 느끼는, 인종적으로 하나이며 생물학적으로 통일성이 있는 민족을 가리키는 말로 변모했다. 이 정의에 따라 우리가 아닌 다른 사람들은 타 인종에 속하는 경쟁자이자 심지어는 적이 되는 경우도 적지 않았다. 이러한 인민주의적이고 인종주의적인 생각은 민족사회주의의 중심이자 전통이었다.

히틀러와 민족사회주의자들은 이 개념으로 이데올로기 중심의 세계상을 구축했다. 그들은 모든 역사가 인종 간 싸움의 역사라고 설명했다. 사람은 스스로 인종을 선택할 수 없다. 인종은 저절로 주어지는 것이고, 자연이 결정하는 것이다. 인종에 따라 사람들의 겉모습뿐만 아니라 가치 또한 다르며, 서로 다른 인종인 사람들끼리는 평생 동안 생존 경쟁을 해야 한다. 가장 정점에 선 인종이 아리아인이다. 아리아인 중에서도 독일인은 같은 인종끼리 구성한 것으로는 가장 큰 정착지를 일구었다. 히틀러가 말한 대상은 중부 유럽에 사는, 때로는 8,000만이고 때로는 1억 명 정도 되는 사람들이었다.

인종 중심은 사람들을 하나로 모으고 군사력과 정신력을 잘 가다듬어 다음 전쟁에 대비하도록 하는 데 유용했다. 독일인들은 히틀러를 구세주로 받들며 인종 간의 싸움을 유럽 정치로 끌어들이고 모든 수단을 동원해 지배력을 높이고자 했다.

히틀러는 "인간의 문화와 문명이 아리아인의 존재와 연결되어" 있는 한편으로 "아리아인과 정반대되는 존재가 〔…〕 유대인이다"라고 말했다. 히틀러가 보기에 이 자명한 이치는 인간의 모든 행동을 결정해야 하는 자연의 법칙이었다. 그래서 히틀러는 **자연스러운 본능을 따라** 그에 맞는 원칙을 정하기로 했다. 아리아인인 독일인들이 정착지에 자리를 잡으면 **순수 혈통만을** 남기고 무장해야 하기 때문에 그 본능에 따라 미래 세대가 인종 간의 전쟁에서 이길 수 있도록, 그리고 새로운 삶의 터전을 정복할 수 있도록 경쟁자를 제거하고 노예로 만들어야 한다. **자연스러운 본능**의 우월함은 사람들의 정신을 산만하게 만드는 가치나 개념, 즉 자유주의나 사회주의, 기독교주의 및 인간이 함께 살기 위해 문명화하는 방향으로 나아가다가 생겨난 여러 형태에 비해 **깨어 있어야** 하며 강제되어야 한다. 이 이데올로기 안에서도 개인은 자신에게 주어진 역할과 기능을 따르거나 아니면 사라져야 한다. 개인에게 선택권은 없다.

이런 세계상이나 구원이라는 환상이 오늘날 우리에게 기괴해 보인다면, 그 이유는 우리가 역사가 어떻게 진행되었는지를 알기 때문이다. 1920년대를 살던 사람들에게 공산주의나 인종차별주의적 구원의 약속은 매우 매력적으로 들렸으리라. 아직 다들 전쟁의 그림자 속에서 살고 있었기 때문이다. 사람들은 의회가 주도하는 민주주의와 정당 간의 경쟁을 아주 짧은 시간 동안 경험했을 뿐이었고, 그 경험을 패전과 혁명 그리고 경제적 위기와 결부해 생각했다. 수백만 명의 사람들에게 민주주의적인 경쟁이나 피곤한 의견 대립보다는 구원의 약속이 훨씬 매력적으로 들렸다. 개인은 결국 자신이 경험한 역사적 결과를 토대로 생각하고 행동한다. 우리 눈앞에 그 결과가 있다.

역사에는 끝이 없다

1945년 여름, 그 이전 100년간의 기록을 돌아본 사람이라면 제1차 세계대전을 일으키고 만 공격적인 민족주의의 전개와 결말이 어땠는지를, 그리고 이데올로기를 중심으로 한 구원의 약속이 낳은 결과가 제2차 세계대전이라는 잔혹함으로 돌아오리라는 것을 알았으리라. 동시에 이전 세대 사람들은 몰랐던 것을 학습할 토대를 얻고 그 경험을 활용할 수 있었으리라.

정치 참여와 민주주의 사회의 본질이 참정권만으로 뚝딱 만들어지지 않으리라는 점은 명확했다. 자의식을 갖춘 개인은 스스로를 드러내야 했고 이에 따라 정당, 민간 기관, 사회 이익 단체를 설립해야 했다.

1949년부터 독일연방공화국의 기본법과 정치 질서는 그 이전 수십 년 동안 얻은 교훈과 결과를 지향했다. 국가를 설립한 이후 누가 정권을 잡았는지와 무관하게, 의견 대립을 해결하기 위한 민주적인 체제와 정당 간의 경쟁이 당연한 것으로 자리 잡았고 실제로 입증되었다. 이런 모습은 특히 냉전이라는 훨씬 더 거대한 갈등 상황 속에서 잘 드러났다. 반민주주의적인 전통과 권위적인 정권에 대한 그리움은 좌파에서든 우파에서든 환영받지 못했다. 좌파에 속하는 이전 공산당KPD의 정신을 계승한 독일 공산당DKP이든 우파에 속하는 이전 나치당의 사조와 민족주의적인 정당이든, 민주주의자들의 합의를 약화시킬 수 없었다. 2013년 이후로 점점 더 우익 성향을 보이는 AfD도 마찬가지다.

냉전 시대에 의회가 주도하는 민주주의는 믿음직스럽고 저항력이 있으며 학습 능력이 있다는 점이 증명되었다. 1990년대 말 이후 다양한 정치체제 간의 경쟁이 치열했는데, 독재적인 정치든 이데올로기적인 정치든 아니면 종교적인 정치든, 사람들에게 자유·안전·복지를 보장하는 측면에서는 전혀 뛰어나지 않다는 점이 드러났다.

민주주의에 실망한 이유가 무엇보다도 냉전이 끝난 이후 충족되지 않은 기대 때문이라고 말하는 사람들이 있다. 이는 역사 지식이 부족하기 때문이다. 당시 사람들은 **역사의 종말**이 가까워졌다고 생각했다. 프랜시스 후쿠야마Francis Fukuyama의 저서《역사의 종말》이 1992년에 출간되어 선풍적인 인기를 끌었던 것을 보면 알 수 있다. 후쿠야마는 책에서 민주주의적이고 자유주의적이며 시장경제를 중심으로 하는 체제가 정반대 체제인 공산주의를 이긴 다음 국제적으로 승승장구하는 미래를 묘사했다.

당시에 이는 예언이라기보다는 아이디어였다. 민주주의와 시장경제의 법칙에 반대해 국가를 운영해온 많은 정권은 어쨌든 소련과 그들이 이데올로기로 지배하는 지역이라는 거대한 적과 함께 사라지지 않았기 때문이다. 게다가 소련의 권위적인 전통이 오래 남았는데, 그 정신을 계승한 많은 사회가 새로운 자유와 속박에서 벗어난 시장으로 향하던 급격한 과도기를 감당하지 못했다.

희망은 사라졌다. 소련의 이른바 적통 계승자인 러시아에서는 대략 20년 전부터 전직 첩보원인 블라디미르 푸틴Vladimir Putin이 독재적인 권력을 행사하고 있다. 그의 사상은 제정러시아 시대에 뿌리 내린 제국주의와 깊이 연결되어 있다. 이웃 국가인 벨라루스에서는 약 25년 전부터 알렉산드르 루카셴코^{Alexander Lukaschenko}가 독재에 가까운 권력을 휘두르고 있다. 중국은 냉전 시대부터 공산주의 국가 중 인구가 가장 많았는데, 체제 경쟁에서 변화한 모습을 보이기 위해 경제정책을 수정했다. 하지만 공산당과 당 간부들은 계속해서 국가를 단단하게 휘어잡고 자신들이 권력을 행사하기 쉬운 방향으로 여러 정책을 개편하고 있다.

중동 지역에서도 냉전 후 근본적인 변화는 일어나지 않았다. 이란에서는 예전과 마찬가지로 시아파의 성직자가 정부 요직을 차지하고 있고 사우디아라비아에서는 수니파 왕조가 권력을 장악하고 있다. 이라크와 리비아에서는 독재가 끝나기는 했지만 그렇다고 민주주의적인 질서가 자리 잡지는 못했다. 대신 무장 단체와 반군 등이 끊임없이 전쟁을 펼치고 있다. 시리아에서는 독재자 바샤르 알 아사드^{Bashar al-Assad}가 모든 수단을 총동원해 반대파와 싸웠고, 심지어 살상 무기까지 사용했다. 그는 권력을 유지하기 위해 수천 채의 가옥을 파괴했고 수백만 명을 추방했다. 러시아 정부는 시리아 지역에 영향력을 행사하고자 알 아사드를 지지했다. 이란에서도 비슷한 일이 일어났다.

앞서 언급한 어떤 국가에서도 민주주의적인 구조는 찾아볼 수 없다. 이런 국가의 권력자들은 20세기의 이데올로기가 그랬던 것과 같은 방식으로 자신들에게 특권이 있다고 주장했다. 중국의 수상, 중동의 종교 지도자들, 러시아의 푸틴 대통령 등은 국가와 시민을 위해 특별한 역할을 해야 하는 자신들의 소명 의식 때문에 실질적이고 민주적인 의회정치의 영향력을 무시하는 것이, 심지어 억제하는 것이 정당하다고 말한다. 요컨대 냉전이 종식되며 초강대국 간의 핵전쟁이라는 잠재적인 위협이 사라짐으로써 국제사회가 변화했다. 하지만 그 외의 질서 및 지배 체제를 둘러싼 경쟁은 여전했다.

이러한 상황은 중대한 역사적 관점을 제시한다. 우리의 자유를 보존하려면 몇몇 사람으로 이루어진 작은 집단부터 전 세계 모든 인구에 이르기까지 다양한 규모의 공동체 생활에 모든 인간의 동등한 권리를 기준으로 삼는 질서가 필요하다는 점이다. 이 깨달음은 수천 년에 걸쳐 사람들이 계몽주의 인간상을 깨닫고 자신의 자아상에 도달하며 얻은 경험의 산물이다. 국가의 권력은 본질적으로 그런 개인들의 기본권을 보장하는 역할을 한다. 국가권력은 꼭 필요한 것이지만, 그 실행은 늘 국민의 기본권으로부터 정당화되어야 하며 모든 사람의 참여를 기반으로 해야 한다.

이에 따라 우리가 **최대 다수의 최대 행복**에 도달하고자 노력한다면, 역사 속의 여러 경험이 가르쳐주듯, 모든 사람의 동등한 인권에 기반을 둔 법치국가의 헌법이라는 틀 안에 있는 의회 중심 민주주의가 최소한의 권력만 쓰더라도 각 개인과 집단의 이해관계를 조정할 수 있는 제도라는 사실을 알 수 있다. 타협과 소수의 이해관계를 보호하는 다수결은 동등한 권리를 가진 모든 사람들이 누구나 때로는 다수가 되었다가 소수가 될 수도 있다는 점을 이해하는 데서 출발한다.

의회민주주의를 이미 효력이 입증된 제도로 시행할 때는 항상 동등한 삶과 동등한 안정성을 보장하는 그 성격과 공명정대함을 이해해야 한다. 경쟁, 이해관계의 조정, 의견 충돌, 타협은 모두 한데

속해 있다. "의회정치에서는 누구도 자신만이 독점적으로 올바른 정치적 해결책을 제시할 수 있다고 확신에 차 주장할 수 없다. 그러므로 대의민주주의의 핵심은 협의할 수 있는 능력에 있다." 이 능력은 역사적으로 실험 및 증명된 방법으로, "현대사회의 복잡성과 대립을 정치적으로 조정하는 데 쓰인다."[26]

한편 국민투표는 순간적인 지표다. 매우 복잡한 질문을 "예, 아니오"로 답할 수 있는 간단한 질문으로 압축한 것이기 때문이다. 브렉시트 투표가 좋은 예다. 브렉시트라는 결정을 했을 때 발생할 다양한 결과가 단순하고 피상적이며 때로는 사람들을 오도하는 표어로 바뀌어 제시되었다(가장 유명한 것은 말할 필요도 없이 빨간색 관광버스에 인쇄된 휘황찬란한 광고였는데, 유럽연합에서 탈퇴할 경우 매주 3억 5,000만 파운드가 남아 그 돈을 국민 의료 체계에 투자할 수 있다는 내용이었다). 2016년 6월 국민투표는 무엇보다도 영국이 분열되었다는 사실 하나만은 제대로 보여주었다.[27] 그 결과는 의회 제도의 과정을 무너뜨렸을 뿐만 아니라 실질적으로는 극복했어야 할 대립을 더 첨예하게 만들었다.

브렉시트는 적어도 역사의 학습 효과를 강조한 사건이었다. 이는 오늘날 우리가 생각하는 것만큼 당연하지 않다. 이런 상황에서 만에 하나라도 군사력의 개입을 생각하는 사람은 없겠지만, 사실 군사력은 수십 년 전까지만 해도 유럽에서 유효하며 **현실적인** 선택지였다. 유럽공동체와 유럽연합의 발전사를 살피면 정당한 참정권과 기본권을 보장하는 의회민주주의는 비민주주의적인 통치를 받은 공동체와 비교해 내적으로든 외적으로든 폭력적인 분쟁을 삼가는 경향이 있다는 사실을 알 수 있다. 만약 갈등이 생기면 민주주의 사회의 시민들은 더 적극적이고 활발해진다. 자신들에게 주어진 민주적인 권리와 자유를 잘 알고 있는 사람들은 그것을 잃었을 때의 대가를 뼈저리게 느끼기 때문이다.

민주주의는 하늘에서 뚝 떨어지는 것이 아니다. 민주주의는 과거에도 지금도 피로 쓰인 것이다. 전쟁에 군인으로 동원될지 여부를 민주적인 절차에 따라 함께 결정할 수 없었던 수백만 명의 사람들이 목숨을 잃었다. 민주주의자들은 이를 스스로 결정할 수 있다. 또한 민주주의자들은 어떤 직업을 선택할지, 어떤 조세제도를 원하는지, 이외에도 여러 당연하게 여겨지는 것들을 직접 결정할 수 있다. 다시 말해 민주주의자들은 자신의 삶, 자신이 따라야 할 법, 자신이 살고 있는 법치국가의 구조를 스스로 결정한다.

대의민주주의에서는 모든 사람들에게 의견을 공유하지 않을 자유와 다른 대안을 선택할 자유가 있다는 사실을 받아들이지 못하는 **체제**가 역사 속에 존재했고, 많은 사람들이 그 체제를 공격한 덕분에 이제 우리는 불만을 표출하고 실망스러운 점을 이야기할 수 있다. 선택의 자유와 경쟁하는 정당 사이의 각기 다른 자유 실현, 다수를 둘러싼 경쟁을 보호해야 할 필요가 있는 역사적으로 위태로운 성과라 이해하지 않는 사람은 어느 날 갑자기 권위주의적인 독재가 시작되더라도 놀라지 말아야 한다.

선거권, 정치 참여, 자유, 법적 안정, 개인의 의무는 떼려야 뗄 수 없는 관계다. 권리 및 요구와도 밀접한 관련이 있다.

보편적인 선거 **권리**와 함께 민주적인 자아상을 기반으로 개인의 참여에 대한 **요구**가 발생한다. 누구도 그 요구를 거부할 수 없다. 그러면 권리를 위태롭게 해야 하기 때문이다. 그렇기 때문에 우리 모두가 자유라는 자신의 이익을 위해 정치 정당, 사회 이익 집단, 정치 지도자에 대응해 행동해야만 하고, 직접 참여해야 하고, 자신의 정치적 권리를 위해 필요한 것들을 지키고자 평생 노력해야 한다.

역사는 물론이고 현재를 둘러봐도 자유, 권리, 기회가 모든 사람에게 동일하게 주어지지 않는다는 것을 알 수 있다. 심지어는 일상생활도 마찬가지다. 여전히 수백만 명의 사람들이 그들에게 자유를 허락하지 않는 지난 세기의 세계상과 인간상, 즉 정치적 종교, 유물론적 이데올로기, 권위적인 민족주의의 지배를 받고 있다.

여러 종교가 교조적으로 자신들이 진실임을 주장하며, 정치적인 권력을 추구한다. 특히 정치적인 이슬람교, 인도의 힌두교, 기독교 복음주의가 그러하다.

마르크스-레닌주의라는 토양에서 자란 유물론적 이데올로기는 오늘날까지도 여러 국가에서 수많은 추종자를 거느린다. 그들은 냉전이 끝날 때까지 현재를 소위 주요 제국주의 국가들(미국, 독일, 일본, 프랑스, 영국) 내에서 충분한 실험을 거친 국가 독점 자본주의의 관점에서 해석했다. 국가 독점 자본주의는 "국가를 지배하는 금융자본과 시민들 사이의 조율하기 어려운 대립"을 더 심화시켰으며 "시대에 뒤처졌다는 표현이자 점점 몰락해가는 자본주의적 생산 양식을 나타내는 것"이었다.[28]

소련 및 소련과 이데올로기를 공유하던 국가들이 붕괴하고서

2019년 브란덴부르크주 의회 선거 홍보 플래카드. 개인이나 단체를 "민족Volk"이라고 지칭하는 것은 전체주의적인 오만함의 표현이다. 정당은 자신들에게 표를 준 유권자들을 백분율에 따라 대표한다. 그 이상도, 그 이하도 아니다. 주제넘게 모두의 의견을 대표한다고 생각하는 자가 있다면 민주주의의 근본을 오해한 것이다.

그 이데올로기를 추종하던 사람들의 수는 급격하게 감소했다. 쿠바, 베네수엘라, 북한 등 아주 철저한 마르크스주의 정권 또한 변화를 겪었다. 가장 의미 있는 변화를 경험한 것은 중국 공산당이다. 중국 공산당은 마르크스주의에서 물려받은 권위적인 모습을 민주주의와 의회의 정당성 없이도 계속해서 지도자로 선출될 권리와 연결했다. 이러한 변혁은 의회민주주의 사회와 직접적인 체제 경쟁에 나서기 위한 전략이다.

대의민주주의의 제3의 반대자들, 그러니까 민족주의의 부활을 예견하는 사람들도 비슷한 변화를 보였다. 그들은 환상 속 제국에서 유래한 예시를 바탕으로 문화적으로 통일된 국가를 상상한다. 또한 개방적인 사회, 경쟁, 국제적인 자본주의가 낳은 사회적 결과를 도전으로 받아들인다. 현대사회가 복잡하고 혼란스러우므로 권위적인 지도자의 개입이 필요하다고 생각한다. 그들은 '평등'을 사회적인 요소가 아니라 민족적인 요소로 정의하기를 원한다.

민족주의 세계상에도 더 확고한 정당성을 필요로 하는 월등한 질서 체제가 있다는 주장이 담겨 있다. "민족"이라는 표현은 해당 정당이 지지자들의 의지를 대표한다고 주장하기 위한 장치다. 유럽의 이슬람화를 반대하는 애국 유럽 단체 페기다Pegida의 구호 또한 "우리는 민족이다"이니, 실질적으로 그들은 바로 그 민족에 속하는 사람들을 위해 말하는 셈이다.

이러한 민족주의 사상이 주장하는 진부한 미사여구 중 인기 있는 것 중 하나가 지지자들이 직접 뽑은 지도자가 **민족**의 생각과 그들이 **진정으로** 원하는 것을 알고 있다는 내용이다. 이렇게 주장하는 이들은 자신의 의견이 다수에 속하지 않는다는 걸 알면서도, 스스로가 소수에 속한다는 점을 불쾌하게 여기는 사람들이다. 그들의 의견에는 개인과 그 능력을 무시하는 생각이 깔려 있다. 민주주의의 근본은 한 정당이, 혹은 한 사람이 절대 **민족** 전체를 대표해 말할 수 없다는 것이다. 자유인의 본질에 반하는 행동이기 때문이다. 자유인의 인격은 항상 개인의 이익으로 동력을 얻어야 하며, 그 이익이란 다른 모든 사람들의 이익과 완전히 일치할 수는 없지만 정치적 과정에 따라 협의 및 조율되어야 한다. 민주주의 사회는 능동적인 공동체 삶을 위해 시간을 들이는 협상장이다. 이때 모든 사람이 참여하는 사회를 만들려면 사회적 이동성의 기회가 전제되어야 한다. 그래야 개인이 이동성을 얻고자 노력하고 자신이 가진 자원을 활용하도록 할 수 있다.

역사적인 그리고 현재의 질서 체제는 우리에게 역사란 결정론이 아니며 강제적인 길도 아니라고 알려준다. 인류는 다른 사람과 함께 살고 싶은 세상의 질서를 자유롭게 확립할 수 있다. 이때 모든 개인이 기본권을 갖추었으며 그 기본권을 행사할 권리가 있다는 사실이 전제되어야 한다는 것이 중요하다.

인간은 타인에게 **종속된 존재**가 아니며 보이지 않는 힘으로 창조된 존재도 아니다. 사회참여란 몇 년에 한 번씩 선거권을 행사하는 것 이상의 의미다. 사회참여는 결국 사회의 기본 가치를 반영하고 스스로가 그 가치를 짊어지고 있다는 것을 법적으로 끊임없이 요구하고 촉구하는 일이다. 모든 사람이 정치권에 뛰어들어 커리어를 쌓을 필요는 없다. 개방적인 사회의 구조만 탄탄하다면 직접 정치에 참여하기부터 시민사회의 자기이해에 미지근한 관심을 보이기까지, 넓은 스펙트럼 내에서 참여할 수 있다. 단, 자의식을 갖고 참여할 것이 전제된다.

민주적인 참여는 사회의 모든 집단이 그 가치에 관해 합의하고 자산, 수입, 사회적 한계를 넘어 함께 세상을 만들어갈 수 있음을 보여준다. 법치국가와 그 가치를 존중하는 자로서 사람들은 역사적으로 힘겨운 투쟁을 거쳐 쟁취한 안전과 자유 속에 살고 있다. 이 안전과 자유는 오늘날까지도 다른 이데올로기나 세계관 때문에 위협받고 있다.

민주주의는 (오로지) 되도록 많은 사람들이 공개적인 논의와 정치적인 의사 결정에 개입하고 자유의지에 따라 참여함으로써 구성되고 유지된다. 참여는 끊임없이 지속되는 과정이자 사회에 속한 모두의 도전 과제다. 참여하길 원하고 참여하기 위해 노력하는 일은 모두의 이익이다.

이런 세계상이나 구원이라는 환상이 오늘날 우리에게 기괴해 보인 다면, 그 이유는 우리가 역사가 어떻게 진행되었는지를 알기 때문이 다. 1920년대를 살던 사람들에게 공산주의나 인종차별주의적 구원 의 약속은 매우 매력적으로 들렸으리라. 아직 다들 전쟁의 그림자 속 에서 살고 있었기 때문이다. 사람들은 의회가 주도하는 민주주의와 정당 간의 경쟁을 아주 짧은 시간 동안 경험했을 뿐이었고, 그 경험 을 패전과 혁명 그리고 경제적 위기와 결부해 생각했다. 수백만 명의 사람들에게 민주주의적인 경쟁이나 피곤한 의견 대립보다는 구원의 약속이 훨씬 매력적으로 들렸다. 개인은 결국 자신이 경험한 역사적 결과를 토대로 생각하고 행동한다. 우리 눈앞에 그 결과가 있다.

5장

우리와 타인들
: 민족주의

"모든 민족은 자신들이 신께서 짜낸
최고의 묘안이라는 순진한 생각을 갖고 있다."

테오도르 호이스Theodor Heuss[1]

게오르크 프리드리히 케르스팅Georg Friedrich Kersting은 1815년에 발표한 그림 〈전초근무〉에 세 친구의 추억을 담았다. 이 그림은 또한 독일 민족주의 운동을 상징하는 작품이 되었다. 그림 속 오른쪽에 선 남자는 카를 프리드리히 프리젠Karl Friedrich Friesen이고, 그 맞은편 떡갈나무에 등을 대고 앉은 남자는 카를 테오도어 쾨르너Karl Theodor Körner, 파이프 담배를 피우고 있는 남자는 하르트만이다. 세 사람은 1813년에 뤼초브 자유군단이라는 해방 부대에 입대해 프랑스와 싸웠다. 이 그림을 그린 케르스팅 또한 그 부대에 입대했으며, 요제프 폰 아이헨도르프Joseph von Eichendorff와 다른 예술가들도 함께였다. 케르스팅은 19세기 독일 낭만주의 화가 카스파르 다비트 프리드리히Caspar David Friedrich로부터 지원받은 돈과 무기를 갖고 있었고, 괴테 또한 그를 개인적으로 지원했다.

케르스팅이 이 그림을 그리던 시점에 그림 속 주인공들은 이미

케르스팅의 작품 〈전초근무〉. 독일의 민족주의는 대개 소박하고 평화로운 체제이자 해결
책을 약속하는 체제로 묘사되었다. 하지만 19세기 말 이후 독자성을 구축하면서 오만함과
공격성을 장착하고 전쟁을 불러일으켰다.

사망한 상태였다. 쾨르너는 1813년 8월 25일에 독일의 도시인 가데 부슈와 슈베린 사이에서 프랑스군을 기습하던 중 치명적인 부상을 입었다. 하르트만은 그다음 달에 괴르데 전투에서 사망했다. 프리젠은 1814년 3월 15일 프랑스 레텔 근처의 라 로브에서 사망했다.[2] 친구들을 꾀어 함께 입대한 쾨르너는 자극적이고 선동적인 시를 다수 남겨 사후에도 독일 민족주의 사상을 선전한 주요 작가로 인정받았다.[3]

그림 속 세 사람은 아주 전형적인 독일의 숲속에서 생각에 잠긴 듯 보인다. 나라를 위해 참전해 기꺼이 목숨을 바칠 준비를 마친 그들의 모습은 일견 평화로워 보이기까지 한다. 쾨르너는 수많은 시에서 폭력과 희생정신을 찬양했다. 1813년에 발표한 시 〈뤼초브의 거칠고 저돌적인 사냥〉에서 "깜깜한 숲"의 한 장면을 묘사했다(나중에 작곡가 카를 마리아 폰 베버Carl Maria von Weber가 이 시에 곡을 붙였다). "어두운 밤 잠복하던 중 / 함성 소리가 터지고 총신이 울리자 / 프랑스 병사들이 쓰러졌다."

민족이라는 개념은 종교가 그러하듯이 추종자들의 상상력과 믿고자 하는 의지에서 생긴 공동체 구조다. 그러나 민족이 만들어진 것이라는 인식이 생긴 지는 수십 년밖에 되지 않았다.[4] 또한 민족주의 연구는 1970년 이후 역사학 분야가 진보했다는 점을 보여주는 예시다. 민족주의 연구 분야는 그 이후 낡은 자아상을 분석하고 해체했다. 근대 국가의 역사를 고찰하면 이전과 같은 양상이 없다.[5]

그럼에도 우리는 오늘날 정치적 논쟁이 벌어질 때마다, 특히 "조국들의 유럽"*이라는 말이 등장할 때마다 민족주의라는 개념을 들는다. 이는 마치 민족이 역사적인 당위성이자 늘 존재했으며 삶으로 채워져야만 하는 천부적인 통일성이라고 말하는 것과 같다.

민족주의는 이러한 생각을 전 세계로 퍼뜨렸고 역사책이란 역사책에 모조리 실었다. 1950년에 출간된 《유럽 민족주의의 역사》에 따르면 민족이란 "중세 시대에 하나였던 서양이 와해된 이후로 유럽의 근본적인 구성 원칙이다. [⋯] 민족은 고유한 얼굴과 역할을 가진 각 개인의 특성을 규정했다. 한 인간의 전기를 쓰듯이 민족의 역사를 쓸 수 있었다. [⋯] 민족은 공동체가 되었고 사람들은 그에 봉사하며 살고 활동했다. 사람들은 다른 어떤 공동체보다도 민족을 위해 헌신할 준비가 되어 있었다. 국가라는 형태 안에서 그들의 희생은 당연하게 여겨졌다." 저자는 또한 "이는 미래에도 계속 이어질 것이다. 인간이 더 고상한 종류의 공동체, 즉 그것을 위해서라면 살고 죽을 수 있다고 생각하는 공동체를 필요로 하기 때문이다"라고 덧붙였다.[6]

민족이 인간 삶의 의미이자 목표라는 상상에는 다른 근거가 필요하지 않았다. 오로지 **통찰력**과 믿음만 있으면 되었다. 그 상상은 그렇게 250년가량 존재했다. 민족주의자들은 인간의 삶에 관해 특정한 가정을 전제했는데, 사실 그들이 직접 꾸며낸 것이었다. 그렇게 전제된 가정이란 민족이 "유럽 역사의 자연스러운 것에 가까운 통일성"이라는 상상이었다. 혹은 민족이 "자신들만의 국가에 관한 권리를

---

* 혹은 국가들의 유럽이라고도 한다. 프랑스의 군인이자 프랑스 제5공화국 초대 대통령이었던 샤를 드골Charles de Gaulle이 제안한 개념이다.

갖는다"는 내용이었다.[7]

민족이 수백 년 전부터 역사를 형성하고 상상의 통일성 속에서 완벽을 이룬 생물학적인 신체처럼 묘사되는 경우도 적지 않았다. 독일의 민족주의자들은 1871년 제국 창건을 수백 년 동안 이어진 자아 발견 과정의 증명이라고 보았다. 이 내용은 문학, 보도, 역사 편찬 등 다양한 분야에서 언급되었다. 민족이라는 개념은 항상 완벽하게 완성되고 그 구조와 가치 또한 완벽함으로 이어지도록 만드는 과거에 특별한 의미를 부여한다.[8]

따라서 민족주의는 "정치적 이념과 감정, 이와 연관이 있으며 폐쇄적인 이데올로기와 결합할 수 있는(하지만 반드시 그래야 하는 것은 아닌) 상징들의 집약"이며, "그 이념을 짊어진 정치적 움직임"을 위한 개념이다.[9] 크리스티안 얀센Chrisian Jansen과 헤닝 보르그그레페Henning Borggräfe는 **민족주의의 교리** 세 가지를 구분했다. "민족주의자들의 세계관으로 보면 세계는 민족으로 세분되며, 민족은 '국민성', '국민정신', '국가 정체성' 등으로 불리는 성격 및 그 역사와 역할('임무' 또는 '사명')로 명백하게 구분된다." 이렇게 구분한다는 것은 한편으로는 "모든 개인이 하나의(오직 하나의) 민족에 속할 수 있으며 그래야 한다"는 뜻이다.[10] 이는 또한 자신의 민족에 대한 충성심이 다른 어떤 것보다 높이 있으며 모든 것을 지배한다는 뜻이다. "의문이 생기는 경우 개인은 다른 모든 관심, 관계, 소속감의 위에 자신의 민족성이 주는 명령을 둔다. 한 민족에 소속되는 것이 민족주의자들에게는 가장 숭고한 가치이며 모든 행동이 그 가치를 향한다."[11] 이런 강요는 결국 **민족**을 위해 죽고자 노력하는 것이 무조건적이고 언제든 가능한 충성의 증명이라는 생각으로 이어진다(민족주의자들은 "조국을 위해 죽는 것은 달콤하고 영광스러운 일이다"라는 호라티우스Horatius의 문장을 인용했다).[12]

민족주의는 한편으로 인간의 존재와 다양성이라는 복잡한 개념을 **가상의 질서** 하나로 통합해 사람들을 줄 세우는 사상이다. 결국 민족주의자들이 민족을 만든다. 독일의 민족주의자들은 민족의 자아 발견과 민족국가라는 유사한 개념을 확립하고자 움직였다.

이는 19세기 유럽에 중대한 영향을 미쳤다. 제1차 세계대전의 산물로서 이탈리아 통일은 물론이고 폴란드 같은 새로운 민족국가가 건립되도록 작용했고, 비교적 최근까지도 전 세계에 파급력을 끼쳤다.[13] 19세기에 이미 널리 퍼졌던 계몽주의 인간상과 더불어 민족주의의 표상 세계가 발달했다. 이러한 모순이 정치적 경험으로 나타나는 것은 아직 미래의 일이었다. 오늘날 우리는 그 결과를 경험할 수 있다. 또한 그것에 유념할 수 있다. 그러나 이런 일은 또 발생할 수 있다.

상상된 공동체

민족이란 배타적인 공동체다. 한 집단만 그 안에 속하고, 그 외의 집단은 속하지 않는다. 누가 독일인, 프랑스인, 영국인, 러시아인 혹은 다른 민족에 속하는지는 민족주의자들이 결정한다. 이때 언어, 종교, 지리, 문화 같은 특징이 폐쇄적인 상상 속의 세상에 소속감을 더한다. 한 개인은 물론이고 "타인" 또한 "주기적으로 공통적인 정신적 특징이나 전형적인 행동이 나타나는지 검증받는다."[14] 이런 식으로 독일인, 러시아인, 튀르키예인 및 다른 민족상이 생겼다.

독일어권 국가에서 "민족과 국가 개념에 관한 근본적인 새 정의"[15]를 탐구하려면 우선 요한 고트프리트 헤르더Johann Gottfried Herder를 돌아보아야 한다. 그의 중점적인 판단 기준은 언어였다. "민족은 언어를 중심으로 교육받고 교양을 갖춘다."[16] 국가라는 개념은 결국 비슷한 단어인 민족과 밀접한 연관이 있었으며, 19세기 말까지 인종과 그 구분을 용인하는 계급제도와도 연관이 있었다. 민족이나 인종은 **타고나는** 것으로 여겨졌고, "같은 피"라는 은유가 사용되는 경우도 적지 않았다.

민족이라는 개념과 민족주의의 발생은 무엇보다도 다수의 신하, 즉 일반 시민을 위한 명칭이었다.[17] 국가라는 것이 일반 시민에게는 여전히 피부에 와 닿지 않는 개념이었지만, 민족국가는 일단 건국되고 나자 시민들에게 희망의 끈 같은 존재가 되었다. 한 민족, 한 국가에 속해 있다는 생각은 여태까지 무력함에 휩싸여 있던 사람들에게 개인 또한 사회에 참여할 수 있다는 약속이나 다름없었다. 국가는 (베네딕트 앤더슨Benedict Anderson이 말한) "상상된 공동체"가 모든 계층과 형편에 처한 이들에게 잠재적으로 열려 있다는 포괄적인 믿음을 제시해 사람들에게 두루 영향을 미쳤다. 그 이전까지 귀족, 성직자, 노예로 분류되어 계층이 나뉘던 사람들이 이제는 민족이라는 개념 아래 하나의 전체로서 묶일 수 있었다.

헤르더는 민족 공동체에 "세계의 창조자이자 관리자"라는 개념을 더해 소개하며, 그것이 "전체의 안전을 위해 각 민족과 인종이 그

들에게 주어진 인장, 즉 특징을 갖고 있는지 살핀다"고 말했다.[18] 세계
의 관리자는 각 민족을 각자의 자리에 배치하고, 그들에게 터전을 할
당하고, 그들의 모든 내면의 본질과 정신을 구성할 언어를 부여한다.
언제나 결정적인 것은 민족의 본질에 관한 회피할 수 없는 사실이다.
같은 피처럼 생물학적 개념을 섞은 은유나 **민족체** 혹은 민족이나 국
가를 한 사람의 특별한 개성이자 이에 따라 다른 **민족체**와는 경쟁한
다고 보는 시각이 그에 해당한다.

사람들의 정신을 자극하기 위해 민족주의는 사회적으로나 기술
적으로 그 사상을 담은 전제조건을 마련해야 했다. 서적 인쇄가 활발
해지고, 사람들의 독해력이 올랐으며, 어느 정도 통일된 언어도 있었
고, 그에 맞게 사람들의 작문 실력도 성장했다. 또한 아주 먼 곳에 있
는 사람과도 의사소통할 수 있는 수단이 생겼다. 이에 따라 생각의
교류가 활발해졌다. 몇몇 지식인들이 엘리트다운 고찰을 거쳐 사상
을 더 널리 알리기 위한 방향성을 제시하고 열정을 보이면서 이런 변
화가 일어났다.[19]

민족이란 주어진 것이라는 믿음은 개인과 정치 측면에서 특정
한 결과로 나타났다. 그 사상을 믿는 사람들에게 민족이란 "유럽 역
사에서 자연에 준하는 통일성"[20]이며, 그 민족이 이룬 국가에 대해 천
부적인 권리를 갖는 것이다. 따라서 민족주의자들에게 민족국가란
자연스러운 역사 발달의 최고점이다. 이러한 동일 결과성*을 입증하
는 것이 민족주의자들의 중점 과제다. 그래서 19세기에는 역사학자

---

* 같은 결과에 도달하는 길은 여러 가지가 있다고 생각하는 것.

들의 역할이 두드러졌다.

역사학자 트라이치케는 1871년 독일제국 건국을 프로이센의 소명 의식과 역사적인 독일의 자아 발견의 완성이라는 자연스러운 결과라고 묘사했다. 이는 헤겔이 역사를 세계정신의 자기비움**이라고 표현한 것과 함께 독일제국 건국의 이중적인 정당성을 설명한다.

트라이치케는 지금까지도 영향을 미치는 "역사의 모든 선이 민족국가를 향한다는 역사 기록"²¹을 시도한 대표 인물로 잘 알려져 있다. 하지만 과거를 통일하는 것만으로는 부족했다. 국민감정과 국민의식은 공통된 역사를 설명하고 전달함으로써 끊임없이 새로 구성되고 새롭게 보충되는 지속적인 자기확신을 갈망한다.²² 이때 열쇠가 되는 것이 학교와 공교육이다. 민족주의자들은 자라나는 세대가 확고한 믿음을 갖고 그에 맞는 세계관과 인간상을 배우도록 교육하는 것을 중요하게 여긴다.

민족주의 정신을 드높이는 과거 사건을 회상하게 할 때 자주 활용되는 예시가 토이토부르크 숲 전투에서 활약한 "독일의 영웅" 아르미니우스Arminius***다. 민족주의자들은 민족주의를 추구한 인물이자 추억의 대상으로 그의 생애를 묘사하면서 적절한 과거를 만들어냈고, 그 내용을 여러 이야기와 그림으로 남겼다. 그렇게 민족주의를 추종하는 대중을 위한 믿음의 상징이 만들어졌다.

15세기까지 아르미니우스는 다른 수백만 명의 인물들과 마찬가

** 그리스도교에서 말하는 케노시스kenosis로, 자신을 비우고 낮춘다는 뜻이다.
*** 아르미니우스는 게르만 체루스키 부족의 추장으로, 독일식 이름인 헤르만Hermann으로 불리기도 한다.

지로 역사와 이야기에서 완전히 잊힌 사람이었다. 그런데 기원후 약 100년경에 쓰인 로마 시대의 문헌이 발견되면서 아르미니우스 또한 알려졌다. 저자 타키투스^{Tacitus}는 그 글에서 로마 정복자들과의 전투에서 싸운 게르만족의 모습을 묘사했다.

해당 문헌은 16세기 초반부터 널리 보급되어 알려졌다.[23] 아르미니우스는 현대인들이 **게르만족**의 뿌리를 찾을 때 늘 참고하는 인물이 되었다. 그의 이야기를 살펴보면 타키투스가 묘사한 사람들과 영토가 왜 로마 문명의 일부분이 되지 않았는지 알 수 있다. 그 사람들과 영토는 로마에 편입되지 않았기 때문에 독자적인 민족 전통을 유지할 수 있었다.

다만 타키투스가 게르만족의 이야기를 역사에 남기고 싶어서 그 글을 쓴 것이 아니라는 점은 간과되었다. 타키투스는 당시 로마인들이 자아를 잃어간다고 생각했고 다시 자아를 찾도록 하고 싶었기 때문에 민족 고유의 특징과 행동양식이 무엇인지를 보여주고자 그 글을 썼다. 타키투스의 글은 시대상을 반영한 경고장이나 마찬가지였다. **게르만족의 삶**에 관한 그의 묘사가 사람들을 일깨워야 했다. 타키투스가 묘사한 아르미니우스 또한 그에 맞게 해석되어야 한다. 게르만족의 기원에 관한 내용은 그 지역에 살던 다른 사람들에 관한 정보와 마찬가지로 많이 알려지지 않았다.[24]

부족민들을 위해 목숨을 걸고 싸우다가 죽거나 포로가 된 족장들의 이름이 으레 역사에서 사라졌듯이, 아르미니우스의 이름도 잊혔다. 아르미니우스는 물론이고 그 시대 대부분의 족장들, 그 이후 100년 동안 나타났던 족장들에 관해 우리는 아무것도 모른다. 타키투스의 글이 발견되고 나서야 아르미니우스는 자신이 살았던 시대보다 15세기나 지나서 역사적 위인이 되었고 민족주의자들이 역사를 찬양할 때 쓸 실질적인 예시가 되었다. 18세기 후반부터 민족주의를 구성하는 데 이용할 우상으로 삼을 위인의 완벽한 본보기가 된 것이다. **게르만족의 아르미니우스** 신화를 다룬 타키투스의 글은 **독일 민족**의 기원으로 인용되었다. 이에 따라 아르미니우스는 19세기 내내 **독일** 역사의 근본을 확인하는 인물로 묘사되었다.

이러한 우상화가 정점에 달하면서 독일의 도시 데트몰트에 아르미니우스 기념비가 세워졌다. 아직 해방전쟁*의 여파가 가시지 않았을 때, 당시 10대 소년이던 건축가 에른스트 반델Ernst Bandel이 기념비의 초안을 그렸다. 그 이후 수십 년에 걸쳐 민족의 통일된 정체성을 나타내는 상징으로 쓰일 그 기념비를 완성하는 것이 반델의 과업이었다. 제국이 건국되고 4년이 지난 1875년에 완성된 기념비(반델은 그 다음 해에 사망했다)는 토이토부르크 숲에 있는 그로텐부르크에 자리잡고 있으며 매년 100만 명가량의 관광객이 찾는 민족주의 성지가 되었다. 역사적으로 크게 빛을 보지 못하던 아르미니우스는 국가주의의 우상으로서 이른바 독일의 자유의 여신상 같은 위치에 올랐다.

아르미니우스는 200년 이상 독일 특유의 국민성을 상징하는 인물로서 확고한 지위를 차지했고 많은 사람들이 그를 신봉했다.[25] 검을 높이 들어 올린 아르미니우스의 모습은 정치적·윤리적 이념이 깃든 모든 민족주의 구조의 본질, 즉 민족을 위해 싸워야 한다는 생각

---

* 1813년부터 1815년까지 독일 전역에서 진행된 전쟁.

을 상징한다. 이와 비슷하게 잔 다르크^{Jeanne d'Arc}는 프랑스의 자아를
상징하고 빌헬름 텔^{Wilhelm Tell}은 스위스의 자아를 상징한다. 민족주의에
는 "도저히 화해할 수 없는 숙적이 반드시 포함된다. 민족주의는 적
과의 관계 변화를 과장해 전달할 뿐만 아니라 폭력 행사를 정당화한
다. 그렇기 때문에 민족이라는 자아 정의에는 처음부터 적에 대한 증
오심 가득한 대립이 깃들어 있었다."²⁶ 쾨르너는 1813년에 발표한 시
〈호소〉로 이러한 생각에 불을 지폈다. "민족이여, 재정비하라! 봉화
가 타오른다 / 〔…〕 적의 심장에 칼을 꽂아라 / 〔…〕 가장 숭고한 구
원이자 가장 마지막 구원은 검에 있다! / 충성스러운 심장에 창을 꽂
고, / 자유를 위해 좁은 길을 터라! 땅을, / 그대들의 독일 땅을 그대
들의 피로 씻어라!"²⁷

이것이 정치라는 무대에 등장해 민족국가를 건설하려던 독일
민족주의의 정서다.

늦게 탄생한 국가

18세기 말과 19세기 초 무렵에는 독일 민족이 지적
이고 "문학과 철학 분야에서 두각을 드러낸 엘리트"로 인식되었다.²⁸
에른스트 모리츠 아른트^{Ernst Moritz Arndt}나 요한 고틀리프 피히테^{Johann Gottlieb}
^{Fichte}, 프리드리히 슐라이어마허^{Friedrich Schleiermacher}, 하인리히 루덴^{Heinrich}
^{Luden}²⁹ 같은 저명한 학자와 쾨르너 같은 작가들은 동질성이 있는 사람
들이 더 큰 전체에 속해서 조화를 이룬다는 느낌을 받을 수 있는 민
족 개념을 시, 노래, 글 등에 집어넣었다.

독일 민족의 언어와 문화를 고안한 사람들은 특히 이미 수백 년 전부터 단일 주권을 이룩하고 유럽의 강국 노릇을 하던 프랑스나 영국과 싸워야 했다. 독일어권 중부 유럽과 달리 프랑스와 영국은 하나의 지배적인 종교를 중심으로 통일된 주권을 구축하고 국가 간의 경계 설정을 장려했으며 **민족적인** 국가 제도의 확립을 가속화했다.

민족이라는 개념이 특정한 공간을 포함한다는 생각은 양국에서 지리적인 경계를 더 명확하게 설정했으며 민족주의의 심적 지도가 되었다. 그 생각에 따라 개신교를 믿는 영국은 (윌리엄 셰익스피어^{William Shakespeare}가《리처드 2세》에서 말한 대로) 모든 것을 지배하는 "왕권의 섬"이었다. 가톨릭을 믿는 프랑스는 6각형 모양으로, 영토가 바다(대서양, 북해, 지중해)와 산(피레네산맥, 알프스산맥, 보주산맥)이라는 경계로 둘러싸여 있다.[30]

독일의 민족주의자들이 보기에 독일어권 중부 유럽의 정치적 연합은 자연스러운 일이었다. 1797년에 괴테와 프리드리히 실러^{Friedrich Schiller}는 공저한 시선《크세니엔》에서 "독일? 어디에 있는 곳인가? 나는 그 땅을 찾을 수 없다는 걸 알고 있다 / 학문이 시작되는 곳에서 정치는 끝난다"고 신랄하게 비판했다.[31]

독일 민족의 구 제국은 지리적으로 명확하게 영토의 경계를 설정한 적이 없었다. 그런데 영토의 경계란 민족국가에서는 **자연스러운** 것으로 여겨졌다. 통일된 지배권은 말할 것도 없었다. 독일어권 국가 고유의 특징은 오히려 다양한 형태의 영토와 지배 형태, 그리고 그를 바탕으로 한 수많은 국경과 종교 갈등이었다. 그래서 지배 영토를 늘리려는 정치 지도자들에게는 모든 민족을 통일하는 것이 상당히 위험한 생각이었다.

그런데 나폴레옹이 유럽에서 전쟁을 일으키자, 민족주의적인 상상이 눈덩이처럼 불어나 무시무시한 힘을 지니게 되었다. 민족주의자들이 평소 공공연하게 주장해왔듯이 **타인**은 결국 공공의 적이었다. 즉 **민족**을 하나로 묶는 위협이었다. 나폴레옹은 다시금 군사력을 동원해 구 제국에서 2,000개 가까운 부대를 자신을 지지하는 중간 크기의 국가로 만들었다. 수많은 영주들이 강제로 해산되면서 지속적인 연합이 서둘러 이루어졌다. 프랑스의 통치권에 대응하는 독일 민족의 표어는 사람들에게 동기를 부여하고 그들이 조화를 이룰 수 있도록 했다.

앞서 케르스팅의 그림에서 확인했듯이 민족주의자들은 자발적으로 군대로 몰려들었다. 폭발적인 국민운동에서 영향을 받았기 때문은 아니었다. 해방전쟁 당시 모인 농민의 수는 전체 남성 인구의 4분의 3이었다. 그러나 군대 내에서는 18퍼센트에 불과했다. 수공업자가 군인의 41퍼센트였고, 전체 인구 중에서는 겨우 2퍼센트인 시민 계급이 군대에서는 무려 12퍼센트나 차지했다.[32]

외국의 통치에 대항한 싸움은 민족주의의 씨앗을 싹틔웠고 민족을 위해서라면 기꺼이 희생하는 정신과 영웅다운 죽음이라는 신화를 만들었다. 이는 사람들에게 의미를 부여하기 위해 끊임없이 회자될 수 있었다. 하지만 이렇게 간절한 꿈이 이루어지지는 않았다. 나폴레옹의 통치가 끝나면서 복합적인 해결책이 등장했다. 오래전부터 존재했으며 수많은 갈래로 나뉘어 있던 통치권이 다시 복구되지도 않았고, 통일된 민족국가가 생겨나지도 않은 것이다. 1815년 빈 회의

에서 39개국(35개 공국과 4개 자유시)으로 구성된 독일연방이 출범했
는데, 이는 사람들이 원하던 것과 정반대였다. 독일연방은 통치권은
물론 서로 대립하는 왕조와 종교를 둘러싼 갈등이 그대로 존재하는
권력자들 사이의 절충안일 뿐이었다.

군주와 왕조가 지배하는 모든 국가가 느끼기에 통일된 국가를
설립한다는 생각은 매력적인 아이디어라기보다는 위험한 사상이었
다. 따라서 독일연방을 구성한 국가들의 각 지도자들은 1848년 혁명
이 일어나기 전까지 통일을 위한 움직임을 억압했다.

독일 민족들의 국가란 이후 수십 년이 지날 때까지 "도시가 모
여 이룬 산물이자 개신교 신자들의 작품이며 남성들이 낳은 것"이었
다.[33] 그런데 1815년 이후 수십 년 동안 기술이 발전하고 문맹률이 줄
고 민족주의 사상을 담은 책과 신문, 잡지 등이 보급되면서 민족주의
가 무엇인지 아는 대중이 크게 늘었다. "문화적, 역사적인 민족의식이
꽃피었고" 실질적인 정치적 힘으로[34] 성장했다. 그 힘은 1848년 이후
민족국가를 부르짖으며 더 강해졌다.

이는 민족주의자들의 입장에서 씁쓸한 모순이었다. 바로 그 힘
때문에, 서로 연계하는 민족국가를 발전시키지 못했기 때문에 독일
어권 영토에서 1848년의 혁명 운동이 실패로 끝났으니 말이다. 권력
의 중심이 여러 지역에 널리 퍼져 있다 보니 혁명의 불꽃도 각 지역
에서 따로 타올랐다. 이것이 기초가 튼튼한 거대 권력이 지배하는 국
가와의 근본적인 차이였다. 파리를 지배하는 자와 그의 권력은 프랑
스 전역에 영향력을 미쳤다. 런던에서 권력을 쥔 자는 영국 전체를
지배할 수 있었다. 하지만 베를린을 정복했다고 해서 뮌헨이나 드레

스텐, 빈까지 지배할 수 있는 것은 아니었다.

문명화의 과제?

1871년의 독일제국 통일은 수많은 민족주의자들의
바람을 충족시켰으나 실질적으로 그들이 이루어낸 것은 아니었다.
오히려 보수적인 방어 태세를 유지한 결과에 가까웠다. 프로이센과
프로이센을 이끈 비스마르크의 정치는 근본적으로는 민족주의가 지
닌 왕조에 반대하는 힘에 대응하는 방향을 목표로 했다. 비스마르크
는 "백색 혁명가"라고 불렸다. 그는 "혁명이 어차피 일어날 일이라면
당하기보다는 직접 하는 편이 낫다"는 격언을 바탕으로 프로이센의
주도권을 지켰다. 달리 표현하자면, 비스마르크는 민족주의를 부당
하게 이용해 프로이센을 지배하던 자신의 통치권을 보호하고, 프로
이센이 군주정체를 위협하는 민족주의적인 독일 통일 운동에 희생되
지 않도록 했다. 제국 통일 후에도 민족주의와 왕조주의 사상은 대척
점에 있었다.

국민들의 대다수에게 1871년 제국 통일은 민족의 통일이라는
꿈을 이루어준 사건이었다. 독일인들은 자신들이 드디어 영국인, 프
랑스인 그리고 다른 민족들이 오래전부터 갖고 있던 것을 따라잡았
다고 생각했다. 하지만 실제 상황은 분열 상태에 가까웠다. **하나의
조국** 안에서도 언어와 문화 측면에서 독일인으로 여겨져 마땅한 수
많은 사람들이 소외되었기 때문이다. 특히 1866년에 전쟁을 거치며
독일제국 연합에서 밀려난 합스부르크 제국의 독일인들이 차별받았

다. 민족주의자들의 시각에서는 논리에 반하며, 프로이센의 지배적인 권력과 정치적 규율을 따른 일이었다. 반대로 언어나 자아상이라는 측면에서 절대로 독일 민족에 속하지 않는, 오히려 폴란드인(슐레지엔)이나 프랑스인(알자스)에 속하는 수많은 사람들이 독일제국에 흡수되었다.

이러한 내적 불안에 뒤이어 외적으로도 위기가 닥쳤다. 제국은 당시 주도권을 잡고 있던 강대국, 특히 영국과 러시아가 외교와 군사적인 관심을 중부 유럽에서 잠시 다른 쪽으로 돌렸을 때 생겼다. 유럽의 관점에서는 변두리에 속한 것이다. 이에 따라 발생한 가장 인상적이면서 피비린내 나는 갈등이 1853년부터 1856년까지 이어진 크림전쟁이다. 그런데 국민의 수가 처음에는 약 4,000만 명, 나중에는 6,000만 명 이상에 달한 독일 민족국가가 건국되면서 이러한 상황이 급격하게 바뀌었다. 힘과 이해관계의 균형을 이루어 안정을 유지하던 유럽에 새로운 권력이 나타나 위협이 되었기 때문이다. 영국, 프랑스, 러시아는 프로이센-독일 군사력의 패권을 두려워했다. 이를 경고하는 징후는 여러 가지였다. 제국은 세 차례의 전쟁 이후 건국되었다. 전쟁은 제국의 전투 준비 태세는 물론이고 정치 지도자들의 체계적인 계산까지 보여주는 것이었다. 외부의 관찰자들은 이렇게 생각했다. 벌써 세 번이나 전쟁이 치러졌는데, 네 번째 전쟁이 일어나지 않으리란 법이 있을까?

이런 내외부의 긴장이 독일 민족주의와 아주 특이한 방식으로 융합되었다. 민족주의자들에게 아직 제국에 포함되지 않은 독일인들을 새로운 국가에 흡수하는 것은 당연한 목표였다. 그런데 매번 독일인들을 흡수하려고 시도할수록, 신생 민족국가를 얼마든지 뒤흔들 수 있는 다른 강대국을 자극할 것이 뻔했다. 다음 전쟁이 일어나 제국이 다시 분열될지도 모른다니 현실적인 위협이었다. 그래서 비스마르크 시대의 외교는 항상 반대 감정이 공존하는 긴장 상태를 보이는 것이었다. 한편으로는 막 구성되고 있는 민족국가를 보호하고, 다른 한편으로는 점점 확대되는 민족주의 정신을 길들여야 했다.

면밀하고 냉철한 분석으로 유명한 막스 베버Max Weber는 다양한 곳에서 인용된 1895년의 프라이부르크대학교 취임 연설문에서 신생 제국이 따라야 하는 민족국가의 이익을 언급했다. "독일 통일이 독일의 세계 강대국 정책의 출발점이 아니라 종점이어야 한다면, 통일은 국가가 노년기에 저지른 젊은 객기였으며, 비용이 많이 들었다는 점에서 차라리 통일을 포기하는 편이 더 나았으리라는 사실을 깨달아야 한다."[35] 일종의 방향성을 제시하는 말이었다. 독일의 민족주의는 국가 안에 정착하고 경제 호황을 누리면서 바깥세상을 문명화해야 하는 사명이 있다고 주장했다.

1890년 75세의 비스마르크가 물러나고 그 자리를 31세의 빌헬름 2세 황제가 대신하게 되었을 때, 정치 지도자들이 자신들의 행동이 어떤 반향을 일으킬지 이해하지 못한 채 국제정치를 점점 더 폐쇄적으로 만들기 시작하자 견고한 통합을 바라는 이들과 확장을 바라는 이들 사이의 갈등은 더욱 첨예해졌다. 특히 군비 정책의 경우, 그 결과를 냉철하게 따지거나 충분한 논쟁을 거치는 과정 없이 결정되고 말았다. 당시 실질적인 정치적 힘이 의회가 아닌 왕과 행정기관에 있었기 때문이다.

1871년부터 제국은 성과를 얻기 시작했다. 경제력이 막강해졌고, 학술 분야가 더 혁신적으로 발전했으며, 생산 인구가 급격하게 늘어나면서 외교 부문과 군사 부문에서 강대국이 되었다.[36] 그러면서 제국은 성장의 이유가 내면에 깃든 특별한 독일인의 정신, 독일인의 특수성이라는 생각을 전파했다. 부와 권력이 성장하면서 왕조를 정점으로 한 통치 구조와 의회의 제한된 지배력이 정당할 뿐만 아니라 시대의 요구에 발맞추어 성공할 가능성이 높은 제도라는 점이 입증되었다. 빌헬름 2세 및 그와 더불어 정치적 결정을 내리던 중심 권력자들은 성공의 근거를 필요로 했고, 전해 내려오는 규율과 그 가치관에 따라 20세기의 권력 경쟁을 위해 제국을 무장해야 한다고 주장했다.

뷜로브는 제국의 외무차관으로서 1897년 12월 6일 의회에서 '다른 민족과의 경쟁'을 주제로 독일인이 지켰어야 할 지위를 이야기했다. "독일인이 한 이웃에게는 땅을 남기고 다른 이웃에게는 바다를 남기고 스스로에게는 하늘을 남겨놓았던 시대, 오로지 순수한 교의만이 왕좌에 앉아 있던 시대, 이런 시대는 이제 지났다. […] 우리는 그 누구도 그늘에 두길 원치 않는다. 태양 아래에 있는 자리를 원한다."[37] 3년 후 뷜로브는 외무차관에서 수상이 되었고 세계적인 요구에 맞추어 제국의 **국제정치**를 구상했다.

제1차 세계대전이 발발하기 25년 전, 정치인들뿐만 아니라 수많은 지식인들도 제국의 성과를 바탕으로 군주제의 권위적인 지배 형태가 **독일의 성격**에 알맞은 정치체제라고 생각했다. 그들은 정치 참여가 제한된 상황에서도 음악과 철학, 예술, 과학 분야에서 자신의 창의력을 활짝 펼칠 수 있는 특별하고 독일다운 존재를 원했다.

제국의 정치, 사회, 경제를 주도하는 계층 사이에서는 독일의 문화가 서구 문명의 반대편에 서 있다는 의식이 지배적이었다. 즉 독일의 **영웅**들은 그저 돈과 이익만을 추구하는 **상인**들과 다르며, 독일의 민족 통일성은 서구 사회의 개인주의와 반대된다는 것이었다. 당대 이름난 독일의 역사학자이던 프리드리히 마이네케[Friedrich Meinecke]는 문화의 가치란 "선물"인 데 반해 문명의 가치란 "상품"이라고 말했다.[38]

"문화전쟁"[39]은 결국 전쟁의 서막으로 치달았다. 철학 작가 아돌프 라손[Adolf Lasson]은 그 감정을 1914년 9월 25일 이렇게 정리했다. "독일은 중앙에 있는 나라로, 독일의 문화는 중심점 역할을 한다. 전 유럽의 문화, 즉 보편적인 인간 문화는 마치 초점을 맞추는 것처럼 독일 땅으로, 독일 민족의 심장으로 모여든다. 그 지점을 겸손하고 신중하게 말하려 하는 것은 어리석은 짓일 테다. 우리 독일인들은 유럽 문화가 창출한 것 중 가장 최신의, 가장 고급스러운 결과물을 대표한다. 그로부터 우리 자존심의 강인함과 충만함이 나온다."[40]

그보다 1주일 전에 독일의 법학자 오토 폰 기르케[Otto von Gierke] 또한 비슷하게 말했다. "영국인과 프랑스인의 피에 흐르는 고유한 문화에 대한 배타적인 권리는 우리에게 낯선 개념이다. 하지만 우리는 독일 문화의 탁월한 가치를 의식하게 되었고 앞으로 그것이 열등한 문화와 섞여 변조되지 않도록 지키고자 한다. 우리는 그것을 누구에게도 강요하지 않는다. 하지만 우리의 문화는 내면이 위대하므로 어디에서든 그 안에 당연히 지니고 있는 가치를 펼치리라고 믿는다. 우리는 우리 문화를 자랑스럽게 여기고, 그것이 인류에 어떤 의미인지를 알고 있다. 조국이 산산조각으로 무너져 내렸을 때, 이곳 베를린에서는 100년 이상 전에(1808년) 피히테가 인상적인 연설을 남겼다. 그는 독일 민족에 관한 연설에서 독일인은 유럽에서 원래의 통일성과 정신적인 수양 능력을 지킨 유일한 민족이며 이전의 세계주의적인 신조가 격렬한 민족적 환희로 가는 과도기에 독일 민족이야말로 세계 문화의 대들보라는 소명을 지녔다고 말했다. 또한 그러므로 인류는 스스로를 보전할 의무가 있다고 덧붙였다. 그로부터 약 50년 후(1861년) 인류의 전성기를 앞둔 여명의 한가운데서 시인 에마누엘 가이벨^{Emanuel Geibel}은 〈독일의 소명〉이라는 아름다운 시에 예언과 같은 문장을 남겼다. '그리고 세계는 다시 한번 / 독일이라는 존재에서 부활하리라.'"[41]

다만 다른 강대국은 물론이고 주변의 작은 국가나 강대국의 지배를 받던 식민지의 사람들도 그 관점에 동의하지 않았다는 점이 우습다. 그들은 **독일이라는 존재**가 과연 무엇이기에 세계의 다른 국가들이 그로부터 득을 볼 수 있는지 의문을 품었다. **문명을 개화시키는 아이디어**에 관한 의문은 평범한 것이 아니라 국제정치적인 의미를 지닌 것이었다. 당시 민족주의와 세계적인 사명감이 동시에 나타나 직접 결합되었기 때문이다.

권력의 명성은 결국 약속에서 나온다. 적어도 국경을 넘어 세계적으로도 의미 있고 자국민 외의 사람들에게도 매력적으로 비치고 싶은 고유의 가치를 대표하는 것은 그렇다. 그렇게 프랑스는 프랑스혁명 때 주창한 '자유, 평등, 박애'라는 표어로 국제적인 권력을 얻었다. 영국은 의회정치의 중심이자 국민들의 기본권을 보장하는 국가로서 문명화의 힘을 얻었다. 미국은 종교의 자유, 정치의 자유, 개인의 자유의 국가로서 무엇보다도 경제적인 이익을 얻을 기회를 제공하는 국가로 여겨진다.

이들 국가와 비교했을 때 독일제국은 어떤가? 프로이센-독일의 관료주의를 매력적이라 생각하는 사람이 누가 있겠는가? 과시하는 듯 보이는 군사적 전통과 그것이 수많은 사람들의 인간관계나 일상에 깊이 침투해 미치는 영향은 또 어떤가? 미국이 자연권으로서 개인의 자유 그리고 행복을 위한 노력을 강조하며 지구 반대편까지 영향을 미치고 수많은 사람들이 미국이라는 땅을 찾도록 만들 때, 에른스트 트뢸치Ernst Troeltsch가 말한 "독일의 자유라는 관념"은 "권력을 보호하는 내면성을 띠며" 개인이란 늘 더 고차원적인 전체에 묶여 있으며 종속되어 있다고 본다.

그러니 제1차 세계대전은 1912년이나 1913년에 발생한 사건만이 아니라 그 이전의 일들이 쌓여 벌어진 일이다. 우리는 독일제국이 세력 정치를 펼치던 수십 년 동안 맺었던 다양한 관계와 그 이유를 살펴보아야 한다. 전쟁은 1914년 여름에 발발했지만, 실질적인 전쟁의 시작점과 그 원인이 된 제도상의 근본적 문제는 수십 년 전부터 존재했다. 제1차 세계대전 중 강대국 간의 갈등은 제국이 아무런 성찰 과정도 거치지 않고 스스로를 고립시킨 결과였다. 그 혼란스러운 시기 동안 1907년에 이미 연합이 구성되기 시작했고 1914년에는 전쟁이 발발했다.[42] 세계대전은 몽유병 따위가 아니라 비이성적인 계산의 결과였으며 당시의 개념으로는 **문화**와 **문명화** 사이의 국제적인 자아상을 어떻게 만들 것인지에 관한 갈등이었다.

서구 **문명**보다 독일의 **문화**가 더 우수하다는 목소리는 독일 민족주의의 자아상으로 뒷받침되었으며 많은 사람들이 그것을 위해서는 목숨을 바쳐야만 한다고 생각했다. 마이네케는 전쟁 초반에 이렇게 썼다. "우리 곁에 있는 신 또한 우리가 당신의 일을 하길 바란다. 독일은 좋은 것, 거대한 것, 신성한 것을 위해 싸워야 한다. 그것들은 모든 투사들의 눈앞에서 반짝일 것이다. 투사의 눈이 망가지더라도, 마지막 순간에는 천국의 반짝임이 그의 영혼에 내리쏟아져 죽음을 편히 만들어주리라."[43] 여기서 독일이라는 단어를 오늘날의 독실한 이슬람 근본주의자로 바꾸어도 어색함이 없을 것이다.

민족 간에서 인종 간의 분쟁으로

1918년 패전했음에도 독일의 자아상은 약해지기는커녕 오히려 더 강력해졌다. 독일의 군수 회사는 폐쇄적인 태도를 고수하며 승리를 기대했다. 1918년 가을, 패전이 확실시되었을 때도 대부분의 독일인은 정신적으로 패전을 받아들일 준비가 되지 않은 상태였으며 심지어는 제국이 처한 상황을 정확히 알지도 못했다. 독일인이 가장 원하던 것은 전쟁이 일어난 원인에 대한 분석이 아니라 과거의 위대함을 되찾으려는 열망이었다. 결국 사람들은 외부에서 원인을 찾고 낯선 이들을 죄인으로 몰았다.

이러한 자기기만이 패전 후 첫날부터 바이마르공화국에 부담을 안겼다. 사람들은 실패의 책임이 관료주의 국가와 자기기만에 있다고 보지 않았다. 오히려 새로운, 그리고 결정적으로 사회민주주의를 거쳐 자유주의 정당을 창설한 민주주의적 질서에 책임이 있다고 생각했다. 객관적으로는 잘못된 생각이다. 파울 폰 힌덴부르크[Paul von]

Hindenburg와 에리히 루덴도르프Erich Ludendorff가 이끄는 제3육군 최고사령부의 독재에 가까운 정권이 패전을 초래했으며, 내부에서도 패전을 인정했기 때문이다. 그러나 군부는 책임을 시인하려 하지 않았다. 그들은 대중을 속이고, 대중의 관심을 돌리고, 음모론을 꾸며냈다. 특히 제국의 패전은 군사들이 졌기 때문이 아니라 후방, 즉 조국에 있던 사람들로부터 배신당해서 발생한 일이라고 주장했다.

사람들의 생활은 궁핍해졌고 수백만 명이 사망하고 다쳤다. 그렇게 4년이 지나자 음모론을 믿는 독일인들이 많아졌다. 국민들 사이에서, 엘리트들 사이에서, 시민 계층 사이에서 1914년 이전 제국의 번영을 추억하며 환상에 잠기고 권위적인 지배자를 그리워하는 사람이 늘었다.

제1차 세계대전이 문화 전쟁이자 반대되는 정치체제에 대항하는 전쟁으로 추상화되자 독일인들은 패전을 민족의 자아상과 우월한 독일인에 대한 부당한 공격으로 간주했다. 온건한 민족주의자들은 영토 상실이나 배상 책임, 전쟁 책임에 대한 비난 같은, 전쟁으로 인한 다른 결과만큼이나 그런 분위기를 받아들이고 싶어 하지 않았다. 베르사유조약을 거부하는 것이야말로 독일 사회가 1918년부터 1933년 사이에 합의할 수 있는 유일한 일이었으리라.

경제적인 결과는 독일인의 실망감을 더 키웠다. 지배층은 전쟁에서 대범하게 나서지 않았고, 배상금은 천정부지로 치솟았으며, 이를 충당하기 위해 과세 부담이 증가했다. 이 모든 것이 독일 국민을 짓눌렀다. 프랑스의 전쟁 배상금 덕에 1871년 이후 경제가 호황을 맞았던 것처럼, 전쟁에서 이기면 배상금을 갚을 수 있을 것이라고 사람들은 기대했다. 전쟁에 패하고 승전국으로부터 배상금 요구를 받으면서 독일인은 4년에 걸친 전쟁의 대가를 아직도 전부 치르지 못했다는 사실을 서서히 깨달았다. 1923년 11월까지 인플레이션이 발생해 특히 중산층이 허리띠를 졸라매게 되자, 사람들은 자신들이 고통받게 된 원인이 전쟁과 배상금 지불이 아니라 의회민주주의와 평화조약에 서명한 정치인들에게 있다고 생각하기 시작했다.

특히 엘리트층이 공화국에 반발했다. 군부, 그중에서도 바이마르 정치계에서 곧 민족주의적인 욕망을 상징하는 인물이 된 힌덴부르크와 루덴도르프는 자신들의 책임을 결코 인정하려 하지 않았다. 여러 외교관과 공무원, 사업가, 시민사회에 큰 영향력을 미칠 수 있는 사람들이 경제와 사회 문제의 원인을 새로운 정치 체계에서 찾았다.

곧이어 볼셰비즘의 확산을 두려워하는 사람들이 늘었다. 전쟁이 끝날 무렵에는 제국의 통일이 중요한 일이 되었다.[44] 비록 영토가 갈라져 있더라도 계속 공존하는 것이 볼셰비즘의 확산에 대항하는 보루가 될 터였다. 독일이 공산주의로 전복될까 두려워하는 사람들이 늘어난 이유는 특히 마르크스주의 이론에 따르면 고도로 산업화된 국가가 아직 농업 위주인 러시아보다 혁명이 일어나기에 훨씬 더 성숙한 나라였기 때문이다.

과거의 위대함을 그리워하는 환상세계 속에서 패전으로 발생한 다양한 문제에 분노하면서 사람들은 바이마르공화국의 체제에 원한을 품었다. 그리고 반민주주의자, 반유대주의자, 반공산주의자 등 수많은 반대자들로 구성된 민족주의 단체와 가까워졌다. 이렇게 모인 사람들이 1930년에 민족사회주의를 탄생시켰고, 민족사회주의 독일 노동당은 사회에 존재하는 거의 모든 단체의 입맛에 맞는 제안을 하는 첫 번째 국민정당으로 발전했다. 이들은 1928년 국회의원 선거에서 2.6퍼센트이던 득표율을 1930년 18.3퍼센트까지 끌어올렸다. 1932년 7월에는 37.4퍼센트로 거의 두 배가 되었다. 그보다 몇 개월 전, 대통령 선거에서는 후보자 히틀러가 1,300만 명이 넘는 국민들의 표(36.8퍼센트)를 얻었다.

당시 분위기와 정신 상태에 비추면 사회민주주의자나 중산층이 덜 악하다고 여겨지는 체제보다 하필이면 힌덴베르크같이 군사적이고 권위적인 전통을 고수하며 역사적인 책임을 제대로 지지 않은 사람들을 지지하는 것이 오히려 특이한 일이었다. 의회민주주의를 거부하거나 폐지해야 한다고 생각한 모든 정당이 이미 1932년에 절대다수를 차지했다. 즉 민족사회주의가 지배권을 가진 것은 독일 역사에서 뜻밖에 일어난 사고가 아니라 수많은 전통과 사고방식, 신념이 차곡차곡 쌓여 발현한 결과였다.

인종 사회를 형성하고 전쟁을 준비하려는 민족사회주의 정치는 히틀러가 1933년 1월 제국의 수상으로 임명되면서 더욱 추진력을 얻었다. 민족사회주의는 독일의 민족주의에서 발전한 이데올로기였는데, 민족주의를 **단순히** 극단적으로 표현하는 데서 그치지 않고 사상적으로 재구성한 결과물이었다. 특히 모든 민족주의의 중심 개념인 **민족**은 이제 생물학적인 범위로 한정되었고 민족적이고 인종적인 사상의 근거가 되었다. 역사를 탐구하면 이를 더 잘 알 수 있다.

관찰자들은 이러한 새로운 이데올로기를 눈치 채기 어려웠다.

전통적인 민족주의와 겹치는 부분이 많았기 때문이다. 독일 내에서도, 그리고 다른 나라에서도 히틀러와 그 추종자들이 얼마 후면 잠잠해질 수정주의 정치를 따르리라는 기대가 지배적이었다.

런던, 파리, 워싱턴은 독일의 외교를 전통적인 유럽식 무력정치로 해석했다. 사람들은 히틀러가 목표에 도달하면 자신의 성공을 축하할 수 있도록 제국을 유럽의 강대국으로 원상복구하기를 원한다고 생각했다. 1939년 봄 무렵에는 히틀러가 단순히 1914년 이전의 상태로 돌아가는 것보다 더 큰 것을 원한다는 점을 간과할 수 없게 되었다. 사람들은 그의 정치가 가지는 이데올로기적인 차원을 깨달았다.

히틀러는 스스로를 세계사적인 의미에서 순수한 독일 민족의 민족주의를 완성할 사람이라 보았다. 그는 자신이 역사의 근본적인 운동법칙을 깨달았으며 딱 적당한 시기에 정치계에 발을 들여 역사를 만들어가는 데 아주 결정적인 위치에 올랐다고 생각했다. 그에게 역사란 인종 간 투쟁의 산물이었다. 히틀러는 이러한 세계관에 따라 특히 장점이 많은 아리아인, 무엇보다도 그가 독일인이라고 정의하는 인종이 세계의 주도권을 잡도록 하는 것이 자신의 사명이라고 느꼈다.

경제정책과 외교정책, 군 확장, 초등학교부터 대학교에 이르는 교육 등 모든 것이 그의 목표에 맞추어졌다. 1933년부터 1939년까지 평화로운 6년이 영원히 존재하도록 설계된 제국을 위해 세계적인 인종 투쟁을 거쳐 **아리아인이 주도권을 잡을** 토대를 마련할 정치, 군사, 이데올로기의 힘을 모으는 과정이 되었다.

그 결과를 우리 모두가 알고 있다. 민족사회주의는 유럽 전역을 뒤덮었다. 물론 무력으로만 가능한 일이었다. 그렇지 않으면 사람들의 삶의 터전이 **개발될** 수 없었으리라. 또한 그렇지 않고서는 1939년까지 군을 확장하면서 민간 투자와 소비에 부담을 주고 어마어마한 자원을 낭비한 지배층이 다시 재정을 확보할 수 없었으리라. 히틀러의 정치는 스스로를 궁지로 몰아넣었다. 토지와 강제 노역자들과 천연자원을 약탈한 것이나 마찬가지였다. 전쟁을 벌여야 자신들이 일군 것을 보호할 수 있고 계속해서 싸울 자금을 조달할 수 있었다. 그렇게 지속된 싸움은 다시금 인종 간 전쟁의 핵심이 되었다.

민족사회주의 체제의 외교 업적 덕분에 제국은 1938년까지 전례 없이 영향력을 확장할 수 있었다. 다만 그 업적은 이데올로기를 기반으로 한 세력 확장의 부분적인 단계일 뿐이었다. 히틀러는 1938년 9월 26일에 "우리는 체코인들을 원하지 않는다"고 선언했다. 6개월 후 그는 체코 영토를 차지했고 폴란드가 그다음 희생양이 될 것은 불 보듯 뻔했다.

히틀러는 전쟁을 두 팔 벌려 환영했고 심지어 추구하기까지 했다. 그에게 전쟁이란 인종의 우수성을 증명하는 순간이었다. 그런 관점에서 제2차 세계대전은 이미 제1차 세계대전 때부터 형성된 독일의 헤게모니를 앞으로는 인종의 재구성과 인종 간의 새로운 질서가 필요하다는 사상과 연결하기 위한 시도였다. 대개 지식인, 경제학자, 엘리트로 구성된 민족사회주의자들이 함께 고안하고 체계적으로 추진한 계획은 유럽의 새 질서를 마련하고자 하는 것이었으며, 이에 따라 수많은 사람들이 노예가 되거나 살해당할 일이 예견되었다. 이러한 인종적 새 질서는 유라시아의, 독일이 지배하는 인종 제국의 근간이 되었다. 독일은 공격성으로 무장하고 전 유럽을 지배하기에 이르 렀으며 인종 말살과 섬멸전을 벌여 모든 것을 얻거나 아니면 아무것 도 손에 넣지 못하는 정치에 다다랐다. 그 공격성은 역사상 유례없을 정도로 과격했다.

문화 간의 투쟁 대신 사상의 경쟁

지식인, 경제학자, 저널리스트, 외교관, 이민자(연합 국뿐만 아니라 다른 나라에서 온 이민자도 포함) 들은 전쟁 중에 이미 상황 을 해석하고 역사적인 원인을 찾고자 노력했다. 그들의 관점에서 독 일의 공격성은 수백 년 동안 이어진 (잘못된) 발전 과정의 결과였다.

새로운 논쟁거리는 아니었지만, 많은 사람이 경험으로 확인하 게 되었다. 이에 따라 **독일인**들의 본질적인 특징 중 두 가지가 서로 부딪쳤다. 한편에는 평온하고 상냥하고 창의력이 풍부한 문화적 민 족으로서 음악, 문학, 철학 및 수많은 정신과 예술 분야에서 뛰어난 업적을 남긴 독일이 있었다. 다른 한편에는 맹목적으로 정부를 따르 고 군사적이며 공격적인 독일이 있었다. 두 번째 독일은 프로이센의 지배하에 1871년 전쟁을 치러 고유한 국가를 설립했고 경제 부흥을 일으켰으며 유럽에서 주도권을 잡고 국제정치에서 압도적인 힘을 과 시하는 것이 자신들에게 주어진 특별한 임무라고 생각했다. 그 결과 두 차례의 세계대전이 발발했다.

이러한 분석 내용은 독일이 자신들의 우월함을 스스로 추상화 한 모든 문헌에서 찾을 수 있다. 민족주의자들이 상상한 공동체가 이

제 그들에게 등을 돌렸다. **독일적인 존재**는 유럽과 세계의 평화를 위협하는 총체적인 위험으로 해석되었다. **독일만의 독특한 길***은 몰락으로 이어졌다. 이러한 발달 과정이 언제부터 시작되었는지는 여전히 논쟁의 대상이었다. 어떤 사람들은 비스마르크 시대 혹은 프리드리히대왕 시대에 시작되었다고 보았고, 어떤 사람들은 루터나 아르미니우스 시대에 이미 시작되었다고 보았다. 한때 민족주의자들이 전통이라 언급한 것과 같은 상상은 이제 재앙의 역사가 되었다. 사회학자인 랄프 다렌도르프^{Ralf Dahrendorf}는 이러한 해석을 "타키투스 가설"이라고 불렀다.

제2차 세계대전 시대의 분석가들은 독일에서 민족주의가 걸어온 길이 현재의 재앙으로 이어졌다는 주장에 주목했다. 반복적으로 일어난 모든 사건은 전부 완전히 배제했다. 그들이 해석한 바에 따르면 어쨌든 희망은 있다. **다른 독일** 또한 존재하기 때문이다. 다른 독일이란 말하자면 계몽주의의 전통, 정치적 자유주의의 전통, 인도주의적인 시민사회의 전통, 사회민주주의의 전통, 법치국가와 입헌국가로서의 전통, 의회민주주의의 전통을 따르는 국가다. 1848년 혁명이 실패했더라도, 제국이 궁지에 몰렸더라도, 바이마르의 권위주의적이고 독재적인 사상에 오랜 시간 저항하지 못했더라도, 이제 마침내 기회가 온 셈이었다. 민족주의의 대표자들과 지지자들이 필요하다면 폭력으로 이어진 역사의 뿌리를 보호 감독하에 단절할 수 있다.

---

* 독일어를 그대로 써서 존더베크^{Sonderweg}라고도 한다. 독일의 민주주의가 발전해온 길이 프랑스나 영국 등 다른 유럽 국가와는 구별되는 특수성을 보인다는 주장이다.

다른 독일을 생각하기 시작한 사람들은 자신들의 민족주의를 민족사회주의라는 이름으로 더럽히기를 원치 않았다. 민족사회주의의 지배 이후 새로 건립된 민족국가를 위해 책임을 지고자, 평소라면 연합하기 어려웠을 정치인들이 모였다. 좌파 사회민주당의 쿠르트 슈마허Kurt Schumacher부터 우파의 보수적인 민족주의자들까지 힘을 합했다. 이들은 민족사회주의를 독일 역사에서 다른 방식으로 발현될 수 있었던 불의의 사고쯤으로 여겼다.

당시 중심 쟁점은 새로운 **독일 통일**에 관한 태도였다. 영토를 네 군데의 점령지로 분할하는 방식(애초에 모든 영토를 합쳐도 민족사회주의가 전국을 정복하기 1년 전인 1937년의 제국 영토보다 훨씬 작았다)은 통일된 민족국가로 간단하게 대체되었다. 하지만 일어날지도 모르는 **재통일**이 어떤 형태를 취할 수 있는지, 어느 정도의 비용을 들여야 하는지 등의 의문이 남았다. 한편으로는 연방 공화국의 안정과 국민의 자유가 국가 통일이라는 막연한 제안보다 더 우위에 있어야 한다고 주장하는 사람들이 있었다. 다른 한편으로 1950년대까지 수백만 명의 사람들이 연방이면서 중립적인 민족국가라는 생각을 지지했다.[45] **서방화**와 **통일보다 자유가 앞선다**는 명확한 선호를 앞세운 정치는 국가의 이익을 민족주의로부터 떨어뜨려 놓았다.

19세기에 민족주의자들은 민족국가를 개별적인 국가 역사의 완결점이라고 묘사했다. 민족국가를 완성한 그들은 여러 국가들이 무질서한 경쟁을 하고 있다고 주장했다. 국가들은 외교와 무력의 균형을 잡아야 했다. 동시에 민족주의자들의 움직임이 여러 국가를 갈등과 전쟁으로 몰아세웠다.

역사적 깨달음의 결과는 민족국가를 민족주의와 그 세계상으로부터 분리했다. 그리고 새로운 해결책이 부상했다. 유럽 국가들의 정치가 1945년 이후에도 계속해서 **국가의 이익**을 위해 움직인 것이다. 하지만 그런 행동이 어떤 결과를 불러일으킬지, 그리고 그런 결과에 어떻게 도달해야 하는지에 관한 의견은 계속해서 바뀌었다.

이를 이해하려면 각기 다른 세 가지 관점을 구분해야 한다. 바로 국가적 관점, 유럽적 관점, 세계적 관점이다. 민족사회주의는 역사적으로 동일한 인종으로만 구성된 강력한 국가라는 개념에 먹칠을 했다. 이러한 이데올로기를 계속해서 설교하는 사람은 더 이상 그것이 **그저** 민족의 통일성에 관한 이야기라고 주장할 수 없었다. 이러한 사상이 지닌 살인적인 힘이 유럽의 대부분 지역을 황폐화했고 수백만 명의 목숨을 앗아갔다.

유럽적인 관점에서 보자면 거의 모든 국가가, 특히 유럽 대륙의 중심 국가가 전쟁과 대량 학살을 겪었다. 사람들은 민족사회주의 국가의 후계자들을 앞으로 어떻게 대해야 할지 고민했다. 세계적인 관점에서 보면 **독일 문제**는 몇 년 지나지 않아 냉전이라는 갈등으로 상쇄되었다. 냉전 시대의 핵심 갈등은 독일과 독일인의 태도를 반영한 것이었다.

제2차 세계대전이 끝난 후부터 1990년까지 45년 동안 핵무기를 둘러싼 강대국들 사이의 팽팽한 긴장이 전 세계 최대의 관심사였다. 휴전 협정에 가까운 평화를 지키기 위한 외부적이고 군사적인 힘이 개입해, 북대서양조약기구[NATO]와 함께 그리고 서유럽과 연방 공화국의 안전 보장을 위해 힘쓰는 미국과 함께 규범을 설정했다. 각국은 그 규범 내에서만 자유롭게 발전할 수 있었다. 하지만 그 규범이란 군사적인 것을 뛰어넘어, 모든 참가국에 더 큰 이익이 되는 현실적이고 다국적이고 초국가적인 협력을 거쳐 점점 발전하는 실행력과 늘어나는 경험 없이는 실현하기 어려운 것이었다.[46]

전쟁 이후에는 우후죽순으로 국제기구가 설립되었다. 1960년까지 설립된 국제기구의 수가 1,250개에 달했다.[47] 그렇게 많은 국제기구가 설립된 덕에 어떤 기구가 효과를 보였고 어떤 형태나 단체는 그다지 효과를 보이지 않았는지를 정확히 파악할 수 있었다. 우리는 이것을 역사 실험의 **시행착오**라고 해석할 수 있다. 유럽에만 해도 유럽평의회와 경제협력개발기구[OECD], 유럽자유무역연합[EFTA]을 비롯해 수십 개의 중요한 국제기구와 국가연합이 있는데, 이를 보면 유럽이 지난 수십 년간 두 기둥이었던 NATO와 이전의 유럽연합을 우세한 기관으로 발전시킨 과정과 결과를 알 수 있다. NATO와 이전의 유럽연합은 개인과 사회와 국가라는 존재의 두 가지 중심적인 측면을 대표한다. 즉 군사적 안전 및 경제적(그리고 그에 따른 사회국가적) 조정, 그리고 다국적 연합으로 가는 진보다. 전쟁이 끝나고 다양한 국제기구가 설립되고 발전하면서 우리는 무엇이 제대로 기능하고 비교적 성장했는지, 어떤 시도가 수포로 돌아갔는지 판단할 수 있었다.

NATO와 유럽 이외 국가의 협력은 군사적 및 정치적으로 볼 때 유럽 대륙이 자신들의 평화를 보장하는 것이었다. 동시에 독일, 프랑스, 베네룩스를 이끄는 정치인들은 과거부터 전해온, 부적당하고 **타인**에 반대하는 방식의 민족주의에서 벗어났다. 제로섬게임의 원리

(한쪽이 이기면 다른 한쪽은 필연적으로 지는 것)와 당구로 비견되는 상황(민족국가들은 폐쇄된 공간에 모인 당구공처럼 움직이며 무조건 서로 부딪칠 수밖에 없다)은 새로운 경험이 늘어나면서 점진적으로 줄어들었다. 서로가 힘을 과시하는 무질서한 경쟁 속에서 궁극적인 수단으로 전쟁이 발발할 수밖에 없었는데, 그런 상황이 규범과 국제기관을 통해 평화를 추구하는 경합으로 바뀌었다.

조정을 거친 경제적 경쟁은 몇 년에 걸쳐 복지와 확실한 자유를 만들어냈다. 모든 것이 법을 기반으로 합의된 사항이었으며, 타인을 희생해 이익을 얻거나 무력을 휘두르는 대신 모두가 타협을 받아들였기 때문이다.

협력 과정에서 사람들은 **국가의 이익**을 새롭게 이해하기 시작했다. 예를 들어 유럽석탄철강공동체 회원국들이 석탄과 철강 분야에서 경제적인 목표를 이루기 위해 노력한다면, 서로 대립했더라면 절대 손에 넣지 못했을 이익이 모든 국가에 돌아가게 된다. **국가의 이익**이 **합리적 이익**이 되는 셈이다. 즉 더 확실한 경쟁력을 함께 손에 넣으려면 특권이나 주권을 포기해야 한다는 뜻이다.

물론 경제를 둘러싼 경쟁은 여전히 존재하더라도, 독일이 다시 산업 권력으로서 효력을 발휘하고 안정성을 되찾는다면 이는 곧 벨기에, 프랑스, 네덜란드 등의 국가에도 이익이 될 터였다. 프랑스는 독일이 힘을 되찾을 때를 대비해 안정성을 추구했다. 민족사회주의라는 역사적인 짐이 그림자처럼 드리워진 가운데 주권과 국제적인 **정상 상태**를 되찾기란 품이 많이 드는 일이었다. 베네룩스 국가는 독일과 프랑스의 결합에서 소외되지 않으려고 공동결정과 소규모 국민

경제에 참여하는 것을 목표로 삼았다.

　이는 모두 역사적인 학습 과정이었다. 서로 협력하는 데 꼭 필요한 정신 상태가 1945년 이전의 민족국가들에는 상당히 낯선 것이었기 때문이다. 유럽석탄철강공동체는 1951년부터, 유럽원자력공동체는 1957년부터 움직이기 시작했다. 또 독일, 프랑스, 영국, 스페인 등 다자가 협력하는 에어 버스 프로젝트나 유럽우주기구 소속인 아리안 스페이스 같은 기업이 유럽의 추진 로켓을 개발하기 시작했다. 1920년대와 1930년대의 민족국가적 정치 상황에는 이러한 공동체의 개념이 매우 흐릿했다.

　여러 국가가 이와 같은 문화 변화를 기꺼이 받아들일 수 있었던 이유는 전쟁을 경험했으며 전쟁이 벌어진 원인을 이해했기 때문이다. 모두가 인정하는 규범과 계약에 따른 지배를 경험하며 축적한 신뢰, 경제적 독립 등으로 대표되는 법치국가의 구조가 특히 중요한 역할을 했다. 통합의 규모가 커지면서 교역, 제도화, 친밀해지려는 노력, 민족주의적인 제로섬 사고방식을 극복하고자 규정에 따라 경쟁하려는 노력 등을 통해 평화가 도래했다. 과거의 제로섬 사고방식은 역사적인 관점에서 사람들을 나쁜 길로 오도하는 위험한 원칙이었다.

　유럽이 과거로부터 학습하지 않고, 서로 타협하려 하지 않았다면 1989년까지 오랫동안 통합 과정이 이어지지 못했을 것이다. 통합 과정이 성공적으로 마무리되었기 때문에 NATO 또한 신뢰성과 경제적 힘을 꾸준히 유지해 냉전 시대의 국제적 경쟁 속에서도 와해되지 않을 수 있었다.

　이처럼 20세기 후반에는, 적어도 유럽 대부분 지역에서는 민족주의를 기반으로 한 민족국가라는 개념이 사라졌다. 오늘날 민족국 가는 역사적으로 시행되었던, 민족주의로부터 흘러나온 지배 체제로 존재한다. 민족국가는 더 이상 다른 국가와 자연스럽게 경쟁하지 않 으며, 다른 지배 체제와 연결되거나 개선되어 더 발달한 지배 체제가 될 수 있다.

민족주의의 귀환?

국가라는 것이 정치적인 개념으로 고안되고서 약 250년이 지나는 동안 민족주의 공동체를 만드는 모든 근본적인 방 식, 즉 언어적·문화적·민족적·인종적 구성 방식이 시험대에 올랐다. 민족주의적인 동질성과 특정한 민족만이 우월하다는 생각이 민족주 의 공동체의 핵심이었다. 민족주의 공동체는 주기적으로 규모를 키 우고 강제력을 발휘해 영역을 확장했다. 그 결과 20세기에 두 차례나 세계대전이 벌어진 것이다.

그렇다면 최근 사람들이 민족주의 사상에 다시금 매력을 느끼 는 이유는 무엇일까?

헝가리에서는 총리 빅토르 오르반Viktor Orbán이 민족주의적인 정치 를 펼치면서 학문의 자유와 의견의 자유가 위협받고 있다. 동시에 헝 가리는 국내총생산의 3퍼센트 이상을 유럽연합으로부터 지원받고 있다. 결국 협력의 원칙과 자유가 얼마나 성공적인 것인지를 직접 보 여주는 셈이다.

폴란드에서는 민족주의 정당인 법과정의당PiS이 국가의 자유화

를 후퇴시키고 있다. 폴란드는 지난 25년 동안 경제 호황을 누리고
있었는데, 그런 상황이 권력자들의 손에 넘어가 수단이 되었다. 권력
자들은 득표를 위해 허위 공약을 하고 선거구의 후원자들이 여러 사
회복지 혜택을 누릴 수 있도록 하겠다고 약속하며 경제를 위협하고
있다. 지지율을 높이려고 선심 쓰듯 공약을 하거나 이전 정부의 배당
금으로 자금을 지원받으면서 민족주의적인 특색이 끊임없이 드러나
는 과거 지향적인 정치를 행하고 있는 것이다.

　　민족주의 움직임은 기괴한 동맹을 낳았다. 2019년 4월 유럽의
회 선거 전에 AfD의 대표 외르크 모이텐Jörg Meuthen이 당시 이탈리아의
내무장관이던 마테오 살비니Matteo Salvini가 유럽연합 집행위원회의 규정
을 무시한 일을 칭찬한 적이 있다.* 모이텐 자신이 자기 정당을 위해
주장하는 예산 정책과 예산 검토에 관한 규정이었다. 프랑스의 마린
르 펜Marine Le Pen은 푸틴 정권을 통해 민족주의 운동에 공개적으로 자금
을 지원하겠다고 밝혔다. 르 펜은 이로써 프랑스가 국가적 이익을 얻
으리라 주장했는데, 그렇다면 러시아는 어떤 방식으로 프랑스의 이
익에 기여할까? 러시아가 프랑스혁명의 성과, 자유주의 국가, 유럽
의 민주주의 모델을 선전할 것 같지는 않다. 민족주의가 약속하는 바
는 오로지 파괴적인 기회주의로 보인다. 그 결과가 어떨지는 역사를
돌이켜보면 잘 알 수 있다.

　　1949년 이후 독일 역사에도 이전과 같은 민족주의적 정체성을
추구하고 국제기관이 없었을 때로 돌아가려는 시도가 여러 차례 있

---

* AfD는 대표적인 극우 정당이며, 살비니 역시 극우 성향의 정치인이다.

2019년 5월, 여러 유럽 국가에서 모인 민족주의자들이 정신분열증에 가까운 세계관을 과
시했다. 밀라노 두오모 광장에서 열린 이 행사는 당시 이탈리아 내무장관이던 살비니가
유럽의회 선거 1주일 전 주최한 것으로 벨기에, 불가리아, 덴마크, 독일, 에스토니아, 핀란
드, 프랑스, 이탈리아, 네덜란드, 슬로바키아, 체코 등의 민족주의자들이 모였다. 연단에는
"이탈리아를 먼저!"라는 문구가 쓰여 있었다. 어느 민족주의자들이 자신의 나라를 우선
시하고 싶어 하는 것처럼 말이다. 그곳에 모인 사람들은 조상들이 "먼저"라는 표어 아래
결국 전쟁을 일으켰으며 민족주의 사상이 또다시 폭력적인 갈등을 불러일으킬 수 있다는
사실을 인정하려 하지 않았다.

었다. 1950년대에는 민족사회주의 정신을 그대로 계승한 정당이 우세했다. 예를 들어 1953년에 금지된 사회주의 제국당에 이어 1960년대에 존재했던 국가 민주당^{NPD}, 1980년대에 존재했던 공화당 및 독일 인민 연합 등이 있다.

1990년 재통일 이후 NPD가 새로운 연방 공화국의 지방선거 및 주 의회 선거에서 큰 승리를 거두었다. 당시의 주 의회 선거는 이전 연방 공화국에는 없던 것이었다. NPD의 홍보 문구에 따르면 과거 민족주의의 핵심적인 사관은 사회주의적인 민족 개념과 연결된다. 이는 사실 민족사회주의가 선전한 민족공동체라는 인종주의적, 민족적인 개념과 구분하기 어렵다.

2013년에 AfD가 창당되면서 수많은 정당 지지자들이 AfD로 적을 옮겼다. 그렇게 AfD는 **유로를 비판하는** 일개 정당에서 민족주의적 환상에 빠진 민족주의자들과 그 지지자들이 모여드는 곳으로 변모했다. 이러한 변화를 주도한 AfD의 대표들은 역사적 계몽이나 과학적 지식을 철저히 배척하는 민족주의적 세계관과 역사관을 계속해서 과시하고 있다. 그것이 국가사회주의의 왜소화든, 아니면 수천 년 동안 이어진 민족의 동질성에 관한 생각이든, 이러한 세계상은 마치 20세기가 존재하지 않기라도 한 것처럼 19세기를 비추었다.

오늘날 여전히(혹은 다시금) 민족주의자들이 자연으로부터 주어진(원시적인) 질서가 존재하며 이를 기반으로 한 언어, 문화, 역사를 통해 특정한 사람들이 소속감을 느끼도록 한다고 주장한다면, 그들은 말하자면 사람들을 분류하고 서로 대립하게 만드는 신앙 공동체를 구성하는 셈이다. 수백 년, 어쩌면 수천 년 이상 전부터 계속 존재한 민족의 통일성은 역사적 허구였다. 고유한 전통을 만들어낸 언어권과 문화권은 끊임없이 변화하며 고유한 일정함을 유지했다. 이때 그 변화를 동반한 규칙과 모든 사람들이 어느 정도로 정치 참여에 목소리를 내고 공동의 의사 결정을 할 수 있었는지 여부가 중요하다. 이런 관점에서 민족국가 또한 개인의 자유를 지키는 제도나 규제 체제로서 그 가치를 계속 유지하고 있다.[48]

유럽연합은 유럽 국가들이 경쟁 상대인 세계의 블록들(특히 북미와 극동 지역)에 대응해 경제적으로 개별 국가가 보유할 수 있는 것보다 더 나은 경쟁력을 갖추도록 하는 내수 시장을 만들었다. 그뿐만 아니라 여러 국가가 공통적인 법과 질서를 따르도록 하고 공통적인 기관을 갖추도록 해 민족국가 간의 권력 경쟁이 치열하던 곳에서 평화롭게 이해관계를 조정했다.

국가 간의 전쟁이나 주변 국가까지 끌어들이는 내전은 세계적으로 흔히 발생하는 일이다. 오늘날 유럽에서 전쟁이 상상하기 힘든 이유는 당연하지 않고, 우연도 아니며, 정치적인 학습과 행동의 결과일 뿐이다. 유럽공동체의 또 다른 기능과 효과(여행할 곳, 공부할 곳, 투자할 곳, 삶의 중심 가치를 자유롭게 선택할 수 있는 것)는 말할 것도 없다.

유럽이 지불하는 비용을 두고 요란스럽게 한탄하고 유럽이 계약과 노력으로 서로 융합하려 노력하는 모습을 공격하는 사람, 유럽연합이 정한 규칙이 다소 강압적이라며 불평하는 사람, (현재) 27개국이 서로 소통하는 의사 결정 방식의 완고함과 관료 정치의 타성을 못마땅하게 여기는 사람은 제1차 세계대전의 전쟁이나 제2차 세계대전에서 전사한 병사들의 무덤을 보고 유럽이 떨쳐버린 것이 무엇인지, 민족주의 움직임이 주도적이었던 곳이 어디인지, 그리고 민족주의자들의 신념이 정치권력을 쥐었을 때 다시 지배할 수 있는 곳이 어디인지를 알 수 있을 것이다.

6장

힘의 질서
: 전쟁과 평화

Der Wert der Geschichte

> "오늘날 거의 모든 국가는 전쟁의 산물이다."
> 디터 랑게비세Dieter Langewiesche, 2008년.[1]

2016년 10월 러시아 항공모함 쿠즈네초프 제독Admiral Kusnezow의 사진이 전 세계에 공개되었다. 항공모함은 짙은 연기가 자욱하게 피어오르는 가운데 정박해 있던 바렌츠해의 세베로모르스크 항에서 출발해 도버 해협을 지나 지중해로 향하는 중이었다. 러시아 함대에서 가장 큰 함선인 쿠즈네초프 제독은 소련 시대부터 건조되기 시작해 1990년대 초 임무에 나섰다. 당시 푸틴 대통령이 그 항공모함을 시리아로 보냈다. 2015년 9월부터 푸틴은 시리아 내전 관계자 중 알 아사드를 지원하고 있었다.

힘을 강화하기에는 최적의 타이밍이었다. 당시 대통령 선거에 한창 집중하던 미국이 러시아와 시리아의 사이를 견제하거나 적극적으로 개입하지 않을 것이었기 때문이다. 유럽연합에 속한 국가들은 푸틴의 지원을 받은 알 아사드로부터 벗어나고자 유럽으로 쇄도하는

러시아의 항공모함 쿠즈네초프 제독이 2016년 10월 시리아로 향하는 모습.

난민들 때문에 골머리를 앓고 있었지만 그렇다고 미국 없이 군대를 파견할 의지도 능력도 없었다.

군대를 파견하는 것이 군사적으로 어떤 의미가 있는지도 의문이 남았다. 러시아는 이미 시리아에 기지를 두고, 그 기지를 거점 삼아 공군을 투입해 알 아사드의 군대를 지원하고 있었다. 쿠즈네초프 제독의 임무는 과거처럼 권력을 과시하는 것이었다. 그 항공모함은 러시아의 위대함을 온 세상에 보여주는 상징이었다. NATO는 물론이고 세계가 주목할 터였다.

이 모든 게 착각이었을까? 계획과 정반대 방향으로 흘러가버린 쇼였을까? 수많은 언론이 그 항공모함의 역사를 설명하는 데에만 지면을 할애했다. 그 함선을 건조하는 게 얼마나 힘들었는지, 수리하기가 얼마나 어려운지, 함선을 유지하는 데 얼마나 많은 돈이 드는지 등등. 러시아의 유일한 항공모함, 그래서 뭐가 어떻다고? 21세기보다는 제정러시아 시대의 해군에 더 어울리는 포함이 아닌가?

시리아에서 얻을 것은 무엇이었을까? 러시아는 왜 어마어마한 돈과 에너지와 자원, 그리고 말할 것도 없이 수많은 병사들의 목숨을 투자해 경제적으로나 군사적으로나 크게 얻을 것이 없는 나라를 지원했을까? 석유도 안 나는 데다, 애초에 석유는 러시아도 충분히 보유하고 있지 않은가. 다른 천연자원도 마찬가지다. 왜 일개 독재자가 저지르는 범죄를 러시아의 자금을 들여 도운 것일까? 전쟁에 참여해서 러시아인들이 얻는 것은 무엇이었을까?

항공모함 투입은 적어도 한 가지 선례를 남겼다. 오늘날까지도 독재 정권 국가에서는 의회의 제어 없이 전쟁에 군대를 보낼 수 있다는 것이다. 왜냐하면 그럴 수 있기 때문이다. 자유로운 국민으로부터 지지를 받고 싶은 국가는 그래야 하는 근거를 하나부터 열까지 꼼꼼하게 보여야 한다. 국민들과 선거권자들은 위급 상황에 국가가 전쟁에 군대를 보내기 전에 의회나 대중으로부터 동의를 얻길 기대한다.

자유로운 민주주의국가의 정치 지도자들은 자신들이 내린 결정의 결과가 공동체에 어떤 영향을 미칠지, 그것이 자신들의 권력과 역사적 평판을 위태롭게 하지는 않을지 면밀히 살펴야 한다.[2] 국민이 자유로운 투표로 선택한 대표자들의 표결 없이 전쟁 혹은 평화를 직접 결정할 수 있는 사람들은 순간의 관심과 자신의 권력을 위한 계산에서 행동할 뿐 국민의 이익을 위해 행동하는 경우가 거의 없다. 그런 사람들은 프로파간다를 퍼뜨리고 자신과 자신의 행동을 신격화하기 위해 많은 것들을 소모한다. 이런 행동이 신념과 이기심으로 동기를 얻어서는 안 된다. 그들은 자신의 권력이 그대로 유지되길 바라며 에너지와 복지를 낭비한다.

권위적인 권력은 예전과 마찬가지로 지금도 존재한다. 그런 권력은 역사에 대한 망각과 미숙함, 단순한 해답의 매력, 힘의 과시 등을 기반으로 한다. 우리가 여전히 그런 권력자들로부터 스스로를 지켜야 하긴 하지만, 그들은 과거의 산물이다. 사회와 사람들이 어떻게 경쟁을 문명화하고 정복과 약탈로 이익을 얻기보다는 전쟁을 벌이지 않는 편이 더 이득이라고 학습했는지 살펴봐야 한다.

수천 년 전에는 전쟁이 당연했으며 자연스러운 일상의 일부였다. 고대 그리스의 철학자 헤라클레이토스[Heracleitos]는 전쟁을 "만물의 아버지이자 만물의 황제"라고 묘사했는데, 그 이유는 "모든 삶이 전투와 필연성에서 발생하기 때문"이다.[3] 전쟁을 시작하는 것, 즉 전쟁 개시의 정당성[jus ad bellum]은 수천 년 동안 받아들여지던 지배자의 특권이었다.

랑게비세는 저서 《폭력적인 교사》에서 전쟁이 어떻게 진보의 동력 역할을 했는지, 그리고 전쟁 없이는 변화와 혁명이 일어나지 않으리라는 생각이 지배적이었던 이유가 무엇인지 설명했다. 역사적으로 그 어떤 혁명도 전쟁 없이 일어나지 않았으며 전쟁 없이 성공하지도 않았다. 이런 관점에서 전쟁을 바라본다는 것은 우선 전쟁을 지식의 원천으로 진지하게 생각한다는 뜻이다. 사실 전쟁의 핵심은 다른 무엇도 아닌 자원을 둘러싼 경쟁이기 때문이다. 또한 사람들이 서로를 파괴하지 않는 방식으로 경쟁을 조정하기 위해서는 어떤 규칙을 따라야 하는지 탐구하는 일도 중요하다.

그런데 인간이 존재하기 위한 요소로서의 전쟁은 사실 **그 자체로** 이 세상에 나타난 것이 아니다. 전쟁은 수천 년 동안 변화해온 인간의 사상, 사고방식, 세계관, 기술, 경제, 사회 그리고 무엇보다도 정치적인 지배권과 연관이 있다. 그 이유는 예전에 사람들이 자신들의 역사적인 차원을 아주 제한적으로만 인식할 수 있었기 때문이다. 제한적인 의식에 따라 행동할 수 있는 가능성과 자유는 말할 것도 없다. 이제 우리는 그런 상황이 점차 진보하고 사람들이 학습하는 과정을 볼 수 있다.

달리 말하자면, 그리고 더 자세히 말하자면 다음과 같다. 우리가 이 책에서 면밀히 파헤치고 있는 대상인 중부 유럽 사람들에게 전쟁은 그들이 1645년, 1745년, 1845년 혹은 1945년 중 언제 그것을 경험했느냐에 따라 다른 의미를 갖는다. 그리고 오늘날 우리에게 전쟁의 의미는 선조들이 느꼈던 것과 근본적으로 다르다. 지극히 진부하게 들리겠지만 그렇지 않다. 우리가 이러한 역사적 차원을 고려하고, 전쟁이 시대를 초월하는 것이며 (인간의 본성인) 공격성을 기반으로 하기 때문에 피할 수 없는 것이라 여기지 않는다면 말이다. 인간 문명의 발전은 공격성이 제어되고, 다스려지고, 다른 방향으로 유도되고, 순화되고, 이용될 수 있다는 점을 보여준다. 인간은 공격성을 죽이고 어느 정도 제어할 수 있는 능력을 갖추었다. 지난 70년 동안 유럽의 역사를 보면 우리에게 그런 능력이 있다는 사실을 잘 알 수 있다.

1645년, 1745년, 1845년, 1945년의 관점

용병대든 보병대든 부대를 조직하는 데는 병참의 노력과 엄청난 돈, 그 외의 다양한 자원(식량, 의복, 무기)은 물론이고 유능한 군부 혹은 정치 지도자가 필요하다. 그래서인지 중세 이후 국가권력이 가장 성공적인 조직의 형태로 대두했다. 그런데 대다수의 사람들은 전쟁에 참여하지 않았음에도 전쟁에 휘말리거나 그 영향을 받았다.

1645년 중부 유럽은 벌써 27년째 무력 갈등으로 몸살을 앓고 있었다. 갈등의 가장 두드러진 동기는 종교적, 정치적 본성이었다. 난폭한 충돌이 끊이지 않았고 그 이후 수십 년 동안 사람들은 전쟁의 대가를 지불해야 했다. 수많은 도시와 마을, 부락이 파괴되었다. 병사들이 전쟁을 벌이러 쳐들어가 약탈을 자행하고 수확물을 망치고 사람들을 죽였다. 그들이 지나간 자리에는 산더미처럼 쌓인 시신과 황폐화된 땅만이 남았다.

슐레지엔의 하이나우라는 지역을 다룬 다큐멘터리를 보면 몇 년이고 계속 반복되는 약탈과 강제적인 세금 징수로 점철된 당시의 상황을 알 수 있다. "1633년에 시민은 500명이었다. 〔…〕 1645년에는 시 의원 겨우 일곱 명과 〔…〕 시민 56명이 남았다." 이 다큐멘터리는 보편적인 곤경과 모든 곳을 덮친 곤궁, 그곳에 사는 시민들에 대한 가혹 행위와 살인 등을 다룬다. 수많은 집이 불탔고, 특히 전쟁과 함께 페스트(흑사병)가 유행했기 때문에 사람들이 죽어나갔다. "전쟁 전에 성벽 안에는 거주자가 있는 집이 230채였다. 하지만 1642년에는 집이 겨우 120채밖에 안 남았으며, 그마저도 거주자가 있는 집은 얼마 안 되었다"고 한다. "아무튼 적군이 벌써 열 차례나 불을 질렀는데도 집이 아직 그렇게 많이 남아 있었다니 놀라울 따름이다. 이전에는 꽤 범위가 넓었던 교외 지역은 대부분 불에 타 재가 되었거나 사막으로 변모했다."[4]

당시에 이미 "완전히 황폐해졌거나 전부 약탈당한 도시"를 두고 다큐멘터리 제작진은 "농업을 하는 데 애로사항이 있었다"고 묘사했다. 즉 사람들이 일상을 이어가기가 불가능했다. "모든 농민과 노동자가 짓밟혔고" 후손도 남지 않았다. 전쟁 초기에는 "이 도시의 교회에서 매년 약 200명가량의 어린아이들이 세례를 받았는데, 교회 기록에 따르면 1645년에는 겨우 45명이 세례를 받았고" 그나마도 그중

대다수가 인근 도시에서 온 아이들이었다. 제작진은 "그러니 공공의 복지가 철저하게 무너지고, 그렇게나 많은 가족들이 해체되고, 사람들이 살인, 강도, 약탈에 익숙해지고, 삶의 모든 측면이 풍기문란해지고, 그로 인한 부정적인 결과가 향후 수십 년 동안 나타났다고 해서 놀랄 일은 아니다"[5]라고 전했다.

전쟁을 시작한 사람들과 주도한 사람들은 나름대로 더 고차원적인 사명을 지고 임무를 수행하고 있었는지 모르지만, 전쟁에 휩쓸린 대다수의 사람들은 전쟁을 폭력과 죽음, 황폐화로 가득한 일상으로 경험했다. 결국 전쟁은 사람들이 깨달음을 얻었기 때문이 아니라 모든 것이 고갈되었기 때문에 끝났다.

100년 후, 슐레지엔 전쟁 동안 하이나우 지배권은 오스트리아에서 프로이센으로 넘어갔다. 1740년 12월 막 재위한 프로이센의 프리드리히 2세 왕은 2만 명의 군사를 이끌고 인근의 슐레지엔을 습격했다. 프로이센이 원래 다스리던 지역보다 더 발전해 있었던 슐레지엔은 합스부르크왕조에 속했지만 그런 것은 아무래도 상관없었다. 프리드리히 왕은 오로지 "지정학적이고 전략적인 군사 요충지"[6]와 더불어 "유명세를 얻는 것"과 "자신의 이름을 신문과 후대 역사에서 발견함으로써 얻는 만족감"에만 관심이 있었다.[7] 프리드리히 왕의 아버지는 1740년에 국가 예산 약 700만 탈러* 중 500만 탈러 이상을 군에 배정했고 국고에서 800만 탈러 이상을 더 가져왔다.[8] 아들은 정복

---

* 탈러는 15~19세기 독일에서 쓰던 은화의 단위다.

전쟁에 모든 것을 **투자했고**, 세 단계에 걸쳐 치러진 그 정복 전쟁은 이후 수십 년 동안 수백만 명의 유럽인의 삶에 큰 영향을 미쳤다.

필그림샤인이라는 작은 마을 부근에서는 1745년 6월 초에 호엔프리덴베르크 전투가 시작되었다. 그 마을의 한 주민이 묘사한 바에 따르면 "대포와 박격포, 곡사포, 산탄 소리가 천둥처럼 울렸으며" 기병들이 서로를 도륙했다. 부상병들은 필사적으로 목숨이나마 부지하려 했고 "몇몇은 다행히 살아남을 수 있었으나 나머지는 도망치던 중 학살당했다." 부상이 심각한 사람들은 전장에 드러누워 "비탄에 잠겨 흐느끼고 통곡했으며 다른 사람들도 탄식하고 욕지거리를 내뱉으며 가련하게 몸을 뒤칠 뿐이었다."[9]

1745년 12월 두 번째 슐레지엔 전쟁에서 프로이센이 승리하면서 전쟁은 막을 내렸고, 프리드리히 2세는 슐레지엔 지배권을 손에 넣었다. 하지만 근본적인 갈등은 해결되지 않은 상태였다. 오스트리아는 계속해서 슐레지엔을 탈환하고자 했다. 그로부터 11년 후 시작되어 1763년까지 이어진(그래서 7년 전쟁이라고 불리는) 세 번째 슐레지엔 전쟁은 전쟁에 직접 참여한 프로이센과 오스트리아 외에도 영국, 프랑스 등 세계의 다른 나라 및 해당 국가의 식민지, 특히 미국과 인도에도 영향을 미쳤다. 당시의 희생자만 100만 명 이상으로 추정되어 세 번째 슐레지엔 전쟁이 사실상 첫 번째 **세계대전**이며 "현대의 실험실"이라고 말하는 사람들도 있다.[10]

프로이센군에 소속되어 싸우던 스위스인 울리히 브레커Ulrich Bräker는 1756년 10월 1일 로보지츠 전투에서 겪은 경험을 이렇게 묘사했다. "머리 위로 철 포탄이 바람을 가르며 휙 지나가는가 싶더니 갑자기 뒤에서부터 앞으로 날아오기도 하고, 등 뒤의 땅에 꽂히거나 사람들 무리의 정중앙에 떨어지기도 했다. 그러면 사람들이 지푸라기처럼 나가떨어졌다. 우리는 사망자와 부상자의 언덕을 비틀거리며 넘어가야 했다. 프로이센인과 헝가리인이 뒤죽박죽 섞여 있었다. 아직 꿈틀대며 움직이는 이들은 곧 몽둥이로 머리를 얻어맞거나 총검에 몸이 뚫렸다."[11]

1759년 4월 13일 베르겐 전투의 모습은 홀츠민덴 지역 출신인 요한 하인리히 루드비히 그로텐Johann Heinrich Ludewig Grotehen이 서술했다. "적의 팔과 다리에 무수한 총알구멍을 뚫었다. 몇몇은 아직 살아 있었다. 마니거는 동료들의 피 웅덩이에서 무엇을 고백했으며, 그래서 어떤 일이 일어났는가? 내장이 흩뿌려지고 머리가 뜯기고 절반이나 되는 사람들이 공중으로 튀어 올랐다. 그 자리에서 우리 중대 내에서만 여섯 번째 사망자가 나왔다. 그가 없었다면 우리는 치명상을 입었을 것이다. 슈타인호프라는 남자인데, 외아들이었다. [⋯] 그는 포탄을 맞아 두 다리가 날아갔다. 그 부상 때문에 그는 곧 사망했는데, 누구나 그 모습을 보고 그 소리를 들으면 그 자리의 누구도 살아남지 않을 것이고 그러지 못할 것이라고 믿었을 테다. 위대하신 하나님이 은혜롭게도 나를 지켜주셨다."[12]

호엔프리덴베르크 전투 이후 100년가량이 지나서야 후손들은 관광객이 과거의 승리를 상상이나마 할 수 있도록 전망 탑과 기념비를 세웠다.[13] 1840년을 살았던 사람들은 25년을 전쟁 없이 보냈지만, 일상적인 우려와 걱정은 덜어낼 수 없었다. 많은 사람들이 살아남는 데 꼭 필요한 음식, 옷, 집을 구할 수 없었다. 1844년 6월에 슐레지엔 지방의 직조공들이 비참한 생활환경에 울분을 토하며 반란을 일으키자 군은 상황을 **시정**했다.

당시 군인들은 슐레지엔 지방 랑엔빌라우에 사는 직조공 일가를 찾아가 닥치는 대로 총을 쏘았다. "세 차례의 일제사격이 있고서 11명이 곧장 사망했다. 피와 뇌수가 이리저리 튀었다. 어떤 남자는 눈알 구멍으로 뇌가 튀어나오기도 했다. 어떤 여자는 집의 대문에서 200보 정도 떨어진 곳에 서 있다가 쓰러져 움직이지 않았다. 어떤 남자는 머리의 절반이 날아갔다. 그 옆에 피범벅이 된 두개골이 떨어져 있었다. 여섯 아이를 둔 한 어머니는 같은 날 저녁 여러 차례 입은 총상으로 사망했다. 뜨개질을 하고 있던 한 소녀는 총에 맞고 바닥으로 쓰러졌다. 남편이 쓰러지는 모습을 본 한 아내는 절망한 나머지 목을 매달아 죽었다. 여덟 살짜리 소년은 무릎에 총을 맞았다."[14]

전쟁이 벌어지진 않았지만 그렇다고 대부분 사람들이 평화롭게 산 것도 아니었다. 사람들을 약탈하려고 이리저리 수색하고 다니는 군대도 없었고, 외국인 보병들이 마을과 도시를 들쑤시는 일도 없었다. 하지만 "비렁뱅이 떼와 굶주린 노인, 여성과 아이 들이 정처 없이 떠돌며 빵 한 조각, 심지어는 음식물 쓰레기나 감자 껍질 등을 애원하고 게걸스럽게 먹는 모습은 너무도 처절했다."[15]

다시 100년이 지나 제2차 세계대전이 끝나갈 무렵, 슐레지엔 지방은 또 끔찍한 전투의 무대가 되었다. 1945년 초 나치 정권이 하이나우 지역의 주민들을 대피시켰고, 2월 10일에는 공산군이 진격해 들어왔다. 그 결과 집과 건물 중 60퍼센트가 파괴되었다.[16] 연초부터 곧장 베를린으로 향하던 소련군은 1월에 베를린에서 270킬로미터 떨어진 아우슈비츠 수용소를 해방했다. 브로츠와프*의 목사인 파울 페이케르트Paul Peikert는 1월 22일에 도시를 가로지르는 난민 행렬을 다음과 같이 묘사했다. "아이들이 동사하자 부모나 친척이 시신을 길에 눕혔다. [⋯] 내 하녀가 말하길, 길을 오가다가 [⋯] 어린아이 시신 여덟 구와 노인의 시신 한 구가 시궁창에 누워 있는 모습을 보았다고 한다. [⋯] 슐레지엔은 30년 전쟁 이후 이러한 비상사태를 경험한 적이 없다. 30년 전쟁 당시의 상황도 지금보다는 덜했다."[17]

1945년 3월 11일 브로츠와프는 필사적인 방어를 이어가고 있었다. 요새 사령관인 헤르만 니호프Hermann Niehoff는 해방을 약속했다. 이를 두고 페이케르트는 "우리 군은 언제나 그런 희망을 품고 있었다. 절망적이고 가망이 없는 상태로 포위되어 있을 때도, 스탈린그라드에서 포즈난, 그라우단츠, 그리고 지금 브로츠와프에 이를 때까지 말이다. 하지만 이제 우리는 더 이상 확신도, 희망을 믿을 용기도 없었다. 포위망을 풀고 도시를 해방한다고 해서 무슨 이득이 있겠는가? 해방된다고 해서 이미 부서진 도시가 재건되지는 않을 것이다. 러시아인이 더 일찍 도착할수록, 처음에는 우리 쪽 지배자들이 행한 파괴 행위가 더 이르게 종말을 맞이할 것이다. 모든 건물과 집기를 태워버린 불은 애초에 우리 쪽 지배자들이 놓은 것이다. 그것이 괴로운 점이다. 그들은 다시금 온 도시와 그 도시의 아름다움, 예술, 위대한 전

---

* 폴란드 서남부에 있으며 슐레지엔 지방의 교통, 공업, 문화 중심지. 독일어로는 브레슬라우라고 부른다.

통, 복지를 희생양으로 만들었다. 전쟁만 아니었다면 상황은 달랐으리라."[18]

수백 년 동안 유럽 전역에서 이와 비슷한 일들이 발생했다. 1945년에 전쟁이 끝나면서 점령지에도 평화가 찾아왔다. 이 또한 전쟁의 결과물이었다. 하이나우, 호엔프리데베르크, 랑엔빌라우 등은 다른 여러 도시와 마찬가지로 대규모 인구 이동의 출발점이자 목적지가 되었다. 1948년부터 세 도시의 이름은 각각 호이노프, 도브로미에르츠, 비엘라바로 바뀌었으며 제2차 세계대전 이후 폴란드 서부로 이동한 사람들의 고향이 되었다. 원래 살던 지역에서 추방된 사람들이었다. 마찬가지로 전쟁 이후 슐레지엔 지역에 살던 많은 독일인이 고향을 떠나야 했다.

정치 도구로서의 전쟁

계몽주의로 인해 인간상이 변하면서 전쟁이란 인간으로 구성된 조직이 어느 시대에든 사용 가능한 도구가 되었다는 사실을 우리는 한눈에 알 수 있다. 전쟁이 왜 일어나는지, 왜 아직도 많은 사람들이 전쟁을 자연스럽다 여기는지에 관한 근본 원칙은 사상의 지평이 넓어졌다고 해서 이 세상 밖으로 사라지지 않았다. 칸트는 저서 《영구 평화론》에서 "그 어떤 국가도 다른 국가의 헌법과 정부에 무력으로 간섭해서는 안 된다"고 썼다.[19] 하지만 이것은 이성을 추구하는 여러 사상 중 하나이자 당시 국가 간에 실용적인 정치를 하는 데 아주 이상적인 방법일 뿐이었다. 이에 따라 칸트는 저서 전체를 마치 구원과도 같은 **단꿈**처럼 서술했다. 그는 자신의 고찰이 시대에 맞지 않는 것으로 보여야 한다고 단호하게 생각했지만 이성을 지닌 사람들의 가능성을 변화시켰다.

칸트가 살던 시대에 세상을 둘러보고 역사를 되돌아보았다면 어떤 시대에든 전쟁을 일으키는 것은 말하자면 인간 행동의 기본 장비라는 사실을 알 수 있었을 것이다. 프로이센의 군인이자 군사 사상가였던 카를 폰 클라우제비츠Carl von Clausewitz가 많은 이들에게 영향을 미친 저서《전쟁론》에 언급한 것처럼, 전쟁은 "진정한 정치적 도구"로서, "다른 수단에 의한 지속적인 정치 교섭"으로 여겨졌다.[20] 인간의 자유와 존재 자체의 근본은 아니라고 하더라도 말이다.

자유주의 민족주의자 카를 폰 로테크Carl von Rotteck는 1840년《정치학 백과사전》에 기고한 글 "전쟁"에서 이렇게 설명했다. "보편적이고 영원한 평화에 대한 염원이 충족되기를 〔…〕 거의 기대할 수 없다. 만약 그런 일이 일어난다면 우리가 전쟁에서 잃은 것보다 더 막대한 비용을 치르게 될 것이 분명하다. 그것을 위한 비용 혹은 그것을 만들어내기 위한 수단은 **전 세계적 제국**의 건립일 것이며 〔…〕 따라서 개인 등 모든 국민의 **모든 자유**가 무너지고 〔…〕 이미 그런 외적인 재앙을 막았기 때문에, 전쟁은 헤아리기 어려울 정도로 유익한 것으로 보인다. 전쟁은 각 국가의 자립을 전제로 하며 또한 그것을 보존한다. 그리고 각 국가의 내부에서 그러한 자립을 가치 있게 만드는 힘과 용기에 영양분을 공급한다. 전쟁 이후에 나타나는 모든 고난과 끔찍함, 무자비함, 권리 무시, 황폐화, 미개화에도 불구하고 전쟁은 다른 유익함과 긍정적인 효력의 원천이다. 〔…〕 전쟁은 인간이 모든 힘을 동원해 근면하게 일하도록 촉구하고 모든 열정이 시동을 걸도록 하며 모든 덕이 있는 사람과 능력이 있는 사람들이 실력을 발휘할 장을 열어준다. 전쟁이 없다는 것은 너무 긴 평화에 잠겨 있다는 뜻이고, 그러면 국민들은 절름발이가 될 것이며 나약함과 노예근성, 비천한 관능적 쾌락에 빠져 가라앉을 것이다. 고인 물이 썩듯이 〔…〕 말이다. 어쨌든 **전쟁을 할 용기**는 자유와 권리를 보호하는 가장 필수적인 보호구이며 **전술**은 문명의 방벽과도 같은 산물이다."[21]

이 내용에 따르면 전쟁의 본질에서 앞서 언급한 공동체인 민족주의의 모든 측면을 볼 수 있는데, 이는 계몽주의 시대의 인간상이나 기본권의 가치를 인정하는 사고방식과는 모순된다. 연관 관계를 이해하지 않으려고 하는 의지(혹은 그러지 못하는 무능력), 그리고 그 결과를 곰곰이 생각하는 것은 오늘날까지도 정치적인 쟁점으로 남아 있다.

근대 국제 관계의 현상으로 보자면 유럽에서 전쟁은 무엇보다도 국가 간의 혹은 왕조 간의 갈등이었다. 그러다가 결국 자원을 둘러싼 경쟁, 권력을 공고히 하기 위한 과시, 더 많은 힘을 거머쥘 토대로 발전했다. 권력자들이 전쟁으로 손에 넣으려던 것은 토지, 국민, 돈 혹은 명성 등이었다. 당시의 관점에서 **평화**란 찰나의 순간 동안만 유지되는 힘의 균형이어서 언제든 무력 충돌로 인해 뒤집힐 수 있는 것이었다.

18세기 후반까지 유럽의 상황을 살필 때는 늘 **거대 권력**, 특히 프랑스와 영국, 러시아의 이해관계를 함께 생각해야 한다. 국가 지도

자라면 누구나 지리학적인 관계를 시야에 넣고 영토의 위치와 토지에 따른 자원을 계산했다. 해군력을 앞세워 세계적인 이익을 추구한 영국 입장에서 대륙의 여러 나라 중에 오로지 한 국가가 주도권을 쥐는 것은 어떻게 해서든 막아야 하는 일이었다. 한편 러시아는 계속해서 유럽에 영향력을 과시했으며 아시아 쪽으로 영토를 확장하는 데도 관심을 보였다. 프랑스는 유럽 대륙에서 패권을 쥐기 위해 지속적으로 시도했는데, 이는 영국이나 독일어권 국가의 거대 권력과 이해관계가 부딪치는 일이었다. 유럽 대륙에서는 18세기 중반부터 특히 프로이센과 오스트리아가 주도권을 두고 경쟁했으며 주변의 작은 동맹국들 또한 동맹 관계를 바꾸는 데 중요한 역할을 했다.

나폴레옹은 정복 전쟁을 벌인 끝에 19세기 초에 일시적이나마 유럽의 패권을 쥐는 데 성공했다. 나폴레옹의 지배가 무너진 이후 유럽에서는 권력 관계의 균형을 새롭게 잡아야 했다. 1815년 빈 회의에서 결정된 규정은 1914년 제1차 세계대전이 일어나기 전까지 거의 100년 동안 평화를 지켰다는 이유로 역사 기록 속에서 오랜 시간 동안 찬양받았다. 이것은 유럽 중심적인 시각이다. 우리는 시야를 넓혀야 한다. 19세기에 발생한 전쟁과 갈등을 목록으로 정리하면 대단히 길며, 그 배경 사건을 간략하게 다룬 역사조차도 방대한 양을 자랑할 것이기 때문이다.

그 기간 동안 유럽에서 발생한 전쟁이 그리 많지 않다는 것은 유럽 국가가 자신들의 갈등을 세계의 다른 지역에서, 특히 다른 국가를 정복하고 굴복시키면서 표출했다는 뜻이다. 독일의 역사가 위르

19세기에 발생한 전쟁 목록

1801년 오렌지 전쟁
1801~1805년 트리폴리전쟁(제1차 바르바리
전쟁)
1803~1805년 제2차 앵글로-마라타전쟁
1804~1813년 러시아-페르시아 전쟁
1806~1812년 제6차 러시아-튀르크 전쟁
1806~1807년 제4차 대프랑스동맹 전쟁
1808~1809년 러시아-스웨덴 전쟁
1808~1809년 덴마크-스웨덴 전쟁
1808~1814년 스페인독립전쟁
1810~1811년 자바 침공*
1810~1825년 남아메리카 독립 전쟁
1810~1816년 북페루 해방 원정**
1810~1818년 아르헨티나 독립 전쟁
1810~1818년 칠레 독립 전쟁
1810~1823년 베네수엘라 독립 전쟁
1812~1821년 페루 독립 전쟁
1820~1822년 페루 해방 원정
1822~1825년 브라질 독립 전쟁
1810~1821년 멕시코 독립 전쟁
1812~1814년 미국-영국 전쟁
1813~1815년 나폴레옹의 군사 지배에서 벗
어나기 위한 해방전쟁
1813~1814년 크리크 전쟁
1814~1816년 구르카전쟁
1815년 오스트리아-나폴리 전쟁
1815년 제2차 바르바리 전쟁
1817~1818년 제1차 세미놀 전쟁
1817~1818년 제3차 앵글로-마라타전쟁
1820~1847년 이탈리아 혁명 시도

1821~1832년 그리스독립전쟁
1823년 프랑스의 스페인 침공
1823~1826년 제1차 영국-미얀마 전쟁
1825~1830년 자바 전쟁
1826~1828년 아르헨티나-브라질 전쟁
1826~1828년 러시아-페르시아 전쟁
1826~1829년 베트남-라오스(비엔티안 왕국)
전쟁
1828~1829년 러시아-오스만 전쟁
1829~1835년 머스킷 전쟁
1830~1833년 벨기에 독립 전쟁
1831~1834년 베트남-캄보디아 전쟁
1832년 블랙호크 전쟁
1832~1834년 미겔 전쟁(포르투갈 내전 또는
두 형제의 전쟁)
1834~1839년 제1차 카를로스파 전쟁
1835~1842년 제2차 세미놀 전쟁
1835~1845년 브라질 독립 충돌
1835~1836년 텍사스 혁명
1836~1839년 페루-볼리비아 연합 전쟁
1838~1839년 프랑스-멕시코 전쟁
1839~1841년 동양의 위기
1839~1842년 제1차 앵글로-아프가니스탄
전쟁
1839~1842년 제1차 아편전쟁
1841년 페루-볼리비아 전쟁
1841~1845년 베트남-태국 전쟁
1845~1872년 뉴질랜드 전쟁
1843~1851년 우루과이 전쟁
1845~1846년 제1차 영국-시크전쟁

* 네덜란드령 동인도 자바섬을 영국이 수륙 협공한 사건이다.
** 스페인령 아메리카 독립 전쟁의 일환.

1846~1848년 미국-멕시코 전쟁
1847~1901년 유카탄 카스트 전쟁
1847년 스위스 내전
1847~1849년 제2차 카를로스파 전쟁
1848~1849년 오스트리아-사르데냐 전쟁(제
　2차 이탈리아 독립 전쟁)
1848~1849년 제2차 영국-시크전쟁
1848~1851년 슐레스비히-홀슈타인 전쟁
1848~1849년 오스트리아 혁명
1950~1864년 태평천국의 난
1852~1853년 제2차 영국-미얀마 전쟁
1853년 몬테네그로 전쟁
1853~1856년 크림전쟁
1853~1868년 염군의 난*
1855~1856년 아이티-산토도밍고 전쟁
1855~1858년 제3차 세미놀 전쟁
1856~1860년 제2차 아편전쟁
1857년 세포이 항쟁
1857~1861년 멕시코 내전
1859년 사르데냐 전쟁
1859~1860년 스페인-모로코 전쟁
1860~1912년 포르투갈령 티모르 반란
1861~1867년 프랑스의 멕시코 침공
1861~1865년 미국 남북전쟁
1863년 중앙아메리카 전쟁
1863년 에콰도르-콜롬비아 전쟁
1864년 독일-덴마크 전쟁
1864~1871년 스페인-남아메리카 전쟁
1865~1870년 파라과이와 우루과이, 브라질,
　아르헨티나 전쟁
1866년 프로이센-오스트리아 전쟁
1866~1869년 크레타 반란
1868년 영국의 에티오피아 침공
1868~1869년 보신 전쟁**
1868~1878년 10년 전쟁
1870~1871년 독일-프랑스 전쟁

1872~1876년 제3차 카를로스파 전쟁
1876~1878년 세르비아-오스만 전쟁
1877년 네즈 퍼스 전쟁
1877년 세이난 전쟁***
1877~1878년 러시아-오스만 전쟁
1878~1880년 제2차 앵글로-아프가니스탄
　전쟁
1878~1888년 나우루 내전
1879년 줄루 전쟁
1879~1880년 작은 전쟁****
1879~1884년 태평양전쟁
1880~1881년 제1차 보어전쟁
1882년 우라비 반란
1883~1899년 마흐디 전쟁
1884~1885년 중국-프랑스 전쟁(청-프랑스
　전쟁)
1885~1886년 세르비아-불가리아 전쟁
1885~1886년 제3차 영국-미얀마 전쟁
1885년 과테말라 전쟁
1888~1890년 아부시리 반란(노예 무역상
　반란)
1893년 프랑스-태국 전쟁
1893년 제1차 리프 전쟁
1894~1895년 제1차 일본-중국 전쟁(청일
　전쟁)
1895~1898년 쿠바 독립 전쟁
1896년 영국-잔지바르 전쟁
1896~1898년 필리핀 혁명
1897년 그리스-튀르키예 전쟁
1898년 미국-스페인 전쟁
1899년 사모아 위기
1899~1900년 의화단운동
1899~1902년 필리핀-미국 전쟁
1899~1902년 제2차 보어전쟁(남아프리카
　전쟁)
1899~1920년 소말릴란드***** 탁발승 봉기

겐 오스터함멜Jürgen Osterhammel은 19세기를 이야기하며 "유럽의 중심성"
을 언급했고, 그 "권력, 경제적인 능력, 문화 혁신 정신"이 전 세계에
영향을 미쳤다고 덧붙였다.[22]

강대국 러시아와 영국이 유럽이라는 중심에서 다른 곳으로 관심
을 돌린 것은 독일의 제국 통일에 아주 유의미한 사건이다. 1853년부
터 1856년까지 치러진 크림전쟁 중 영국과 프랑스 등의 연합군이 러
시아와 싸우면서 16만 5,000명가량이 사망했다. 연합군의 목적은 러
시아가 보스포루스해협의 지배권을 손에 넣지 못하도록, 그리고 지중
해와 지중해 너머까지 권력을 행사하지 못하도록 막는 것이었다.

전쟁이 끝나고 강대국들은 자신들의 이해관계에만 집중했으며,
권력의 범위를 식민지까지 넓히고 크림전쟁 같은 직접적인 대립과
갈등을 피하는 식으로 각자가 입은 상처를 보듬었다. 그 이후 러시아
는 시베리아와 중앙아시아로 세력을 확장하는 데 더욱 집중했고 영
국은 그 어떤 곳보다도 인도로 진출하는 데 온 힘을 기울였다(벤저민
디즈레일리Benjamin Disraeli는 1876년 빅토리아 여왕을 "인도의 황제"로 만들었
다). 아프가니스탄에서도 두 강대국 간의 알력 싸움이 이어졌다. 그
러나 아시아 지역에서 발생한 비슷한 갈등은 **지엽적**인 것으로 남았
는데, 갈등의 결과가 유럽 내 힘의 균형에 큰 영향을 미치지 않았기

*　　청나라 화북 지역에서 일어난 반란.
**　　일본에서 발생한 내전이다.
***　　일본 사쓰마번 사무라이의 무력 반란.
****　쿠바 반군과 스페인 간의 전쟁.
*****　아프리카 동부의 삼각형 모양 반도를 부르는 말. 적도와 아덴만 사이를 일컫는다.

때문이다.

독일 내에서 통일 전쟁이 한창일 때 러시아와 영국은 분위기를 살피며 더욱 신중하고 조심스럽게 행동했다. 크림전쟁에서 치른 비용과 그때 얻은 경험이 없었다면 그러지 못했을 것이다. 어쩔 수 없다면 전쟁이라도 일으켜서 모두가 바라는 **힘의 균형**을 맞추어야 한다는 생각은 여전히 결정적이었다. 그런데 독일제국이 건립되면서 세 차례의 전쟁을 거쳐 만들어진 힘의 균형이 위협을 받게 되었다. 첫 번째 전쟁은 1864년 프로이센과 오스트리아가 덴마크와 싸웠던 전쟁이고, 두 번째는 1866년 프로이센과 오스트리아 사이의, 이른바 독일 내전이며 마지막은 1870년에서 1871년 사이에 벌어진 독일어권 국가와 프랑스 간의 전쟁이다.

영국이나 러시아의 관점에서 프로이센 주도하의 강력한 독일 민족국가가 탄생하고 프랑스가 눈에 띄게 약해진 것은 독일이 유럽의 패권을 점차 장악하고 있다는 뜻이었다. 파리가 몇 개월 동안 이어진 독일군의 포위 작전에 결국 항복하고 며칠 후인 1871년 2월 9일, 당시 영국 야당의 당수이던 디즈레일리는 하원에서 "지난 세기 프랑스혁명보다 더 중대한 정치적 결과를 낳은 독일의 혁명"에 관해 연설했다. 그는 "씻겨 내려가지 않는 외교적 전통이란 없다"며 "새로운 영향력으로 새로운 세상이" 만들어졌고 "새로운, 그리고 알려지지 않은 대상이나 위험을 극복해야 하며 […] 힘의 균형은 완전히 무너졌다"고 말했다.[23]

1871년 전까지 비스마르크는 매우 호전적인 외교정책을 펼치는 듯 보였으나, 이후 목표를 수립해 평화를 유지하는 데 집중했다.[24] 비스마르크에 따르면 독일제국은 현재 **충족한** 상태다. 더 이상 영토를 확장하려 할수록 다른 강대국을 자극하는 꼴이며 통일 과정이 다시 위험에 처하게 된다. 비스마르크는 이 원칙에 따라 외교 및 동맹 정책을 전개했다. 다른 강대국들 또한 믿을 만하다고 받아들였는지, 비스마르크의 정책을 따랐다.

비스마르크는 외교적 평화를 반드시 유지해야 한다고 여겼는데, 그 생각은 시간이 지나면 지날수록 점점 **성장하는** 유럽 대륙의 경제력, 기술력, 군사력보다는 독일제국 내의 원동력과 충돌했다. 민족중심적이고 독일적인 시각에서 제국은 **절반 정도 패권을 지닌** 자리에 억지로 떠밀린 것이나 다름없었다.[25] 한편 프랑스나 영국, 러시아 같은 다른 강대국은 영토를 더욱 확장하고 그 결과 더 많은 자원을 얻었으며 잠재력을 쌓아올릴 수 있었다. 그러나 독일제국은 무엇을 손에 넣든 유럽의 균형을 무너뜨리고 이에 따라 주변 국가의 반응을 자극할 위험이 있었다. 당시 사람들은 그렇다고 독일이 성장하지 않는다면 언제가 되었든 상대적인 영향력은 물론 존재의 확실성이나 미래의 기회도 잃을 것이라고 생각했다.

국가 간에 혼란이 발생하는 원리는 다음과 같다. 우위를 선점할 기회를 놓친 국가는 당연히 자원을 **빼앗기게** 된다. 영토와 자원은 물론 지속 가능성과 특권을 둘러싼 강대국들의 경쟁 배경은 늘 이러한 생각(그리고 모든 국가에 당연하게도 **전쟁을 일으킬 권리**가 있다는 생각)이었다. 그것이 곧 제1차 세계대전의 근본 원인이 되었다.

이와 함께 당시에는 경제적, 산업적, 기술적, 인구통계학적 잠재력이 권력을 투영할 능력과 군사적 힘을 행사할 근본이 된다는 의식이 점점 커졌다. 국제정치 사회에서 한 국가가 갖는 위치(동시에 그 국가가 국제 경쟁에 참여할 희망이 있는지)를 결정하는 그 근본이 갖는 의미에 관해 당대 사람들은 심도 있게 논의했다. 사람들은 특히 경제력이 권력정치를 앞으로도 오래 유지하는 데 중점적인 역할을 한다는 사실을 깨달았다.[26]

독일 독자들에게 사랑받은 스웨덴의 헌법학자 루돌프 키엘렌 Rudolf Kjellén은 지정학이라는 개념의 **창시자**이자 《1914년의 관념들》이라는 책의 저자다. 그는 제1차 세계대전이 발발하기 전날 "오늘날의 강대국들"을 비교하며 "현대의 강대국을 만드는 기본 조건"은 무엇보다도 "경제적 굳건함"이라고 말했다.[27] 그것은 애초에 제국의 정치적, 군사적 엘리트들의 **능력**이었다. 그들은 순차적으로 영국, 프랑스, 러시아(먼 곳에 있던 일본과 연결된) 사이의 동맹 관계를 자극했고 자아상이나 동기, 정치적 신호를 파렴치할 정도로 완고하게 무시했다.

전쟁 전 20년 동안 **독일의 방송**은 자기확신을 선전했다. 예측 가능한 전략적 결과를 무시하는 것은 당황스러운 처사였다. 오늘날 누군가가 그것을 몽유병이라 치부하고 싶다면 1890년대부터 독일을 통치한 지배층의 사상을 공부하면 될 것이다. 다시 말해 제1차 세계대전이 무엇보다도 전쟁 직전 몇 개월 동안 있었던 외교적·군사적 행동 때문에 발생했다고 생각하고, 이를 탐구하고자 한다면 적어도 1895년부터 국제 관계가 어떻게 전개되었고 전 세계의 권력 지도가 어떻게 그려지고 있었는지를 알아보아야 한다.

제1차 세계대전과 그 결과

제1차 세계대전은 점차 변화하는 권력의 지도를 새로 그리고자 했던 강대국들 사이의 평범한 논의보다는 당시 사람들의 인식에서 시작되었다. 곧 드러난 바와 같이, 현대에 전쟁을 벌인다는 건 완전한 전쟁을 만든다는 뜻이었다. 즉 최전선과 전장만이 아니라 모든 국민과 경제가 총체적으로 전쟁에 휘말린다는 말이다.

1914년 8월, 사람들은 전장에서 민첩하고 효율적으로 싸우면 곧 승리를 손에 넣으리라 기대하면서 참전했다. 독일인들은 통일 전쟁 당시의 구심점이 되었던 몇몇 군사 결전을 떠올렸다. 바로 1864년의 뒤뵐 전투, 1866년 쾨니히그레츠 전투, 1870년 스당 전투였다. 전투 중뿐만 아니라 서둘러 원정길에 올랐을 때도, 8월에 전장으로 향한 사람들은 크리스마스쯤에는 다시 집으로 돌아갈 수 있으리라 생각했다.

전쟁의 논리는 아주 냉정하면서도 단순한 계산을 따랐다. 적에게 더 많은 손해를 입힐수록 우리보다 적이 잃는 것이 더 많다. 우리 편 병사가 한 명이라도 더 많아질수록 적군 병사 한 명의 목숨을 빼앗을 가능성이 더 높아지고, 그러면 시간이 지날수록 우세해질 수 있을 것이다. 전쟁이 진행되는 동안, 그리고 적이 나가떨어지길 고대하며 양측이 여러 차례 공세를 퍼붓는 동안, 희생자의 수가 기하급수적으로 증가하며 결국 결단을 내려야 하는 때가 왔다. 첫 두 달 동안 프랑스 측에서만 약 31만 3,000명의 병사가 목숨을 잃었다. 솜강에서만 1916년 7월 1일부터 10월 31일까지 11만 4,000명의 프랑스 병사가,

그리고 7월 1일부터 8월 31일까지 4만 7,000명가량의 영국 병사가 사망했다(부상자는 20만 3,000명이었다).[28] 1918년 3월 21일에 시작된 독일의 미하엘 작전은 4월 5일에 일시적으로 중단되었는데, 그 16일 동안 영국군 17만 7,739명, 프랑스군 7만 7,000명, 독일군 23만 9,800명이 목숨을 잃었다.[29]

전쟁은 1914년 8월 4일부터 1918년 11월 11일까지 1,560일 동안 지속되었다. 그동안 매일 평균적으로 독일인 1,025명, 프랑스인 888명, 영국인 577명이 사망했다.[30] 전쟁으로 사망한 사람을 모두 합하면 대략 1,000만 명에 달한다. 그중 약 200만 명이 독일제국민이었고 180만 명이 러시아인, 140만 명이 프랑스인, 145만 명이 오스트리아-헝가리인, 76만 명이 그레이트브리튼왕국민, 95만 명이 대영제국민이었다.[31] 그런데 마치 뒤통수를 맞은 듯 충격적인 폭력을 경험하고, 전쟁에 참여한 모든 이의 삶과 복지가 더욱 초라해진 결과를 보고도 사람들은 근본적인 결론을 내지 못했다. 전쟁이 시작되기 전 시대의 원칙과 전제가 아직도 지배적이었다. 강대국들 사이의 관계는 계속해서 제로섬게임의 이념을 따랐다.

지리를 보면 결국 하나의 영토는 오로지 **하나의** 국가에만 속할 수 있다는 몇 가지 증거가 있다. 어떤 나라가 이기면, 다른 나라는 그 땅을 떠나야 했다. 전쟁의 결과는 명백했다. 알자스-로렌 지방은 독일제국에서 다시 프랑스에 속하게 되었고, 중부 동쪽 유럽에서는 서프로이센, 포즈난, 포메라니아 일부 지역을 포함하는 폴란드 민족국가가 건립되었다. 독일제국은 7만 평방킬로미터 이상의 땅과 그곳에 사는 약 650만 명의 국민을 잃었다. 동프로이센은 일명 "폴란드 회랑"에 가로막혀 제국의 나머지 영토와 연결되지 못한 채였다.

전쟁을 겪은 사람들이 학습을 거쳐 더욱 이성적으로 변하고 심리적으로도 성숙하리라는 기대 또한 빗나갔다. 모든 패전국, 그중에서도 특히 독일은 전쟁의 원인은 물론이고 책임도 인지하려 하지 않았고 국가의 자아상에 결정적인 결론 또한 내리지 못했다. 1914년 이전 10년 동안의 독일 외교가 결국 피를 흘리며 끝난 이 모든 갈등에 매우 큰 책임을 진다는 것, 1918년 가을까지 이어진 전쟁 중 황제와 군대의 통치와 지휘가 자신들의 가능성과 힘을 있는 그대로 인정하고 투명하게 보여주는 방향이 아니라 무조건 사수해야 한다고만 외치며 희생양을 찾는 방향으로 나아갔던 것, 독일 지식인들이 주장했던 "1914년의 관념들"과 "독일의 자유라는 관념(구체적으로는 프로이센-독일이라는 관료주의 국가의 관념)"을 세계의 다른 나라가 그리 매력적이라 여기지 않았을 뿐만 아니라 오히려 거부하고 적대시한 것, 유럽 경제의 패권을 쥐겠다는 독일 기업인들의 야망이 소규모 국가에는 구미가 당기는 제안이 아니라 두렵고 저항해야 할 대상으로 비친 것. 독일인들은 이 모든 것을 이성적으로 분석하지도 않았고 어떤 가능한 결과가 있었을지 탐구하지도 않았다.

독일 민족주의의 대표자들은 패전의 치욕을 갚기 위해서는 경우에 따라 다시 전쟁을 일으켜야 한다는 생각에 사로잡혔다. 정치적으로 그리고 군사적으로 책임을 져야 하는 사람들은 전쟁의 원인을 투명하게 밝히는 데 별 관심이 없었다. 특히 두 책임자인 힌덴부르크와 루덴도르프는 후방의 배신행위 때문에 독일이 패망했다고 주장하는 것이 결국 거짓을 퍼뜨리는 일이라는 사실을 잘 알고 있었다. 그들은 책임을 인정하는 대신 패전의 잘못을 이전에 경쟁하던 민주주의 정치인들에게 덮어씌웠다. 이런 식으로 그들은 스스로를 분석하려고 하지 않았고 그럴 능력도 없었다. 이는 이미 빌헬름 2세 시대 정권에서 드러난 특징이기도 했다.

이런 모습은 14개조 평화 원칙에 독일이 보인 반응에도 그대로 반영된다. 14개조 평화 원칙이란 미국의 대통령 우드로 윌슨Woodrow Wilson이 1918년 1월 8일 미국 의회 상원과 하원 앞에서 발표한 선언이다. 윌슨의 선언은 "이상주의적이고 보편적인 정의를 약속"하는 데 기반을 두고 있었지만, "동맹 관계자들과의 상세한 협의 없이 구성"되었다.[32]

프랑스와 영국, 이탈리아의 지배층은 당시 자신들의 이익을 포기할 준비가 되지 않은 상태였다. 한편 독일 쪽은 오랜 시간 동안 미국이 군사와 무기뿐만 아니라 민주주의적인 자아상을 국제적인 무대에서까지 돋보이도록 도덕 수준을 급격하게 향상시키는 데 사용한 자원을 과소평가했다.[33]

패전국은 특히 과거의 평화와 현재의 모습을 비교하면서 국제 사회가 근본적으로 어떻게 변화했는지 뼈저리게 느꼈다. 1815년 나폴레옹이 물러난 후 빈 의회의 협상은 당연하게도 프랑스가 참여해 진행했다. 그때는 국제정치를 이끄는 국가들이 전후 질서를 확립하는 데 국가 이념과 권력의 균형이 주도적이어야 한다는 생각에 동의했다. 따라서 모든 이해관계를, 패전국의 이해관계까지도 심사숙고해 저울질해야 한다는 것이 규정이었다.

1919년에는 비슷한 뜻을 품은 정치인 집단도, 다양한 타협 방식이 필요하다는 보편적인 이해도 없었다. 가장 최근에 이루어진 안정성에 대한 관심, 독일, 볼셰비즘, 전쟁으로 인해 일반 시민과 경제 분야가 치러야 했던 비용에 대한 관심이 **모든** 사람들이 납득할 수 있고 그렇기 때문에 고통스러운 타협에 얽매여 있는 평화에 대한 관심보다 우세했다. 패전국들은 새로운 보편적인 안전장치 내지는 조정된 균형 상태를 추구하는 국제 정세의 관계자가 아니라 외교적으로 경원시되었고 다른 나라들이 철저하게 제어하고 벌해야 하는 대상이 되었다.

프랑스는 국제 정세를 안정적으로 유지하는 강대국으로서 새로운 독일의 위협에 대응할 안보 수단을 찾고 있었다. 영국은 볼셰비즘이 소련에서부터 더 넓은 영역으로 퍼지는 것을 원하지 않았을 뿐 아니라 프랑스 혹은 독일이 패권을 쥐는 것도 방해하려고 했다. 유럽의 다른 나라가 볼셰비키 혁명 확산을 두려워한 나머지, 결국 독일은 원래의 예상과 달리 1871년까지 독일을 구성하던 개별 국가로 나뉘지 않았다. 즉 독일은 계속해서 통일된 국가로 남았다. 하지만 경제적으로 그리고 지역적으로 쪼개져 있었고 패전과 죄책감, 평화 조건 때문에 충격을 받은 상태였다.

권력을 갈가리 찢긴 독일이 새로 구성된 국제사회에 대항해 싸우는 것은 예정된 수순이었다. 독일인들은 좌파든 우파든 할 것 없이 바로 그것이 중심 과제라고 생각했다. 한편 당시의 상황을 안정시킬 수 있었던 인물인 윌슨은 국제 연맹에 장기간 관여하고 참여하는 데 국회의 과반수 동의를 얻지 못했다. 미국은 (아직) 혼자서도 충분했다.

경제 호황은 비용뿐만 아니라 다른 경제단위와 **함께** 협력하는 과정이 있어야만 이룩할 수 있다는 깨달음, 그리고 민족을 기반으로 국가의 경계를 설정하는 것은 언제가 되었든 진보하는 추진력을 대립으로 이끌 수 있다는 생각은 먼 미래에 놓인 듯했다. 1920년대 국제정치는 유럽 내 강대국들의 정치처럼 1914년 이전에 지배적이었던 국가 간의 관계라는 일종의 도구상자를 갖고 있었다. 말하자면 국제 관계의 핵심은 혼란스러운 권력 경쟁이라고 생각하는 원칙, 군사를 동원하고 외교 경쟁을 거쳐 안정성을 확보하려는 노력, 동맹이란 기회주의적으로 보아야 하며 자국의 이기주의 원칙에만 도움이 되어야 한다는 생각 등이다.

이러한 권력 경쟁의 근본적인 매개변수는 모든 주요 관계국의 눈에 국제정치의 영원한 진실처럼 보였다. 게다가 1914년 전까지는 존재하지 않는 것이나 마찬가지였던 두 가지 도전 과제가 갑자기 나타나면서 권력 경쟁이 더욱 복잡해졌다. 소련의 공산주의와 역사의 법칙에 따라 세계 혁명을 일으키고 모든 전쟁을 끝낸다는 주장과 함께 이제는 민족사회주의 또한 대두되었다. 민족사회주의의 모든 역사에서 가장 중요한 요소는 **인종 전쟁**이었다.

히틀러는 저서 《나의 투쟁》에서 "민족적 세계관은 인종적인 근본 요소로 인류의 의미를 인식한다. 그것은 원칙적으로 국가를 목적을 이룰 수단으로만 보고 그 목적을 인간의 인종적 존재를 보존하는 것으로 본다"고 말했다. 따라서 정치는 "이 우주를 지배하는 영원한 의욕에 따라 더 나은 이들, 더 강한 이들의 승리를 진척시키고 더 열등하고 약한 이들이 종속되도록 할 의무가 있다."[34] 민족적 세계관은 "자연의 가장 내밀한 의지와 상응한다. 그것은 힘이 자유롭게 다시

승부하도록 하고, 이는 곧 끊임없는 상호 개선으로 이어져야 하며, 궁극적으로는 가장 뛰어난 인류가 이 지구를 소유함으로써 자유롭게 지배하게 된다."[35]

민족사회주의는 전쟁을 민족이 존속하는 데 꼭 필요한 요소라고 본 첫 번째 정치적 이데올로기다. 종교의 가르침은 항상 구원, 낙원 등 결론적으로는 평화로운 상태를 추구했다. 전쟁은 유토피아라는 꿈에 도달하겠다는 목적을 위한 수단이었다. 공산주의 또한 계급 없는 사회가 평화로운 결말이라고 예견하며 전쟁은 어쩌면 계급 간의 투쟁을 위해서는 피할 수 없는 수단일 수 있지만 언젠가는 시대에 뒤떨어진 것이 되리라 가르치기는 했다. 그러나 민족사회주의의 인종주의 가르침에서 전쟁은 본질적인 것이었다.

1945년까지 전쟁 때문에, 권력 간의 대난투 때문에 피해자가 된 수백만 명의 사람들에게는 전쟁이 미래의 구원과 계급 없는 사회에 도달하기 위한 일시적인 불행에 **불과할 뿐**이든, 아니면 인종적 우월성을 강제로 주장하기 위해 사용되는 것이든 상관없었다. 슬픔, 고통, 죽은 자들이 계속 현실에 존재했다. 이런 역사적 경험은 우리에게 오로지 현재를 그때와는 다른 인본주의적인 원칙으로 구상해야 한다는 가르침을 줄 뿐이다.

과잉 살상과 균형: 핵 교착상태

1945년 제2차 세계대전이 막을 내리면서 인류는 1918년에 제1차 세계대전이 끝났을 때보다 더 거대한 전환점을 맞이했다. 우선 인구통계학적으로 희생자의 수가 상상을 초월할 정도였다. 지리학적으로는 1918년까지 진행되었던 전쟁처럼 유럽 영토 중 수천 평방킬로미터 내에서가 아닌, 대륙 전체의 훨씬 넓은 영역에서 전투가 치러졌다. 기술적인 측면에서 보면 탱크와 공군이 전쟁 과정에서 가장 중요한 공격 도구로 쓰였고, 1945년에 투하된 원자폭탄에서 생겨난 버섯구름이 하늘을 뒤덮었다. 국가 간의 충돌이 군사적으로 섬멸전까지 발전했고 전쟁을 지배한 것은 정치적 목적이 아니라 이데올로기적 동기였다.

1945년 5월의 패전은 모든 독일인에게 정신적으로 큰 충격을 안겼고 일상생활에까지 영향을 미쳤다. 27년 전에 그들이 경험한 것과는 근본적으로 달랐기 때문이다. 독일인이 당황한 이유는 여러 가지였다. 우선 연합국이 1918년에 겪은 일 때문에 조건 없는 항복을 요구했다. 또한 승전한 강대국이 독일 영토를 완전히 점령하면서 이전에 자칭 지배자였던 독일에 권력의 역전이 무엇인지 똑똑히 보여주었다. 게다가 온 나라가 파괴되었고, 유럽 전역에 남은 폐허는 독일이 일으킨 전쟁을 계속해서 상기시키는 역할을 했다. 마지막으로 전후 시대에 전쟁을 일으킨 나라이자 민족을 말살한 나라로 알려지면서 도덕적 부담도 커졌다.

패전의 경제적 결과도 매우 명확했다. 모든 추종을 불허하는 방식으로 국가 재정이 파탄에 이르렀다. 사상적인 측면에서 민족사회주의와 파시즘은 미래 사회에 존재할 수 있는 것 중 가장 끔찍한 것으로 실추되었다. 세계적으로는 제2차 세계대전이 끝나면서 이미 1918년부터 시작되었던 변화가 추진력을 얻었다. 바로 유럽을 세계

중심에서부터 멀어지게 만드는 것이었다.

어쨌든 이번에야말로 학습효과를 제대로 보여주는 전환점이 도래한 것이다. 국제 관계에서 군사력과 전쟁을 일으킬 힘은 여전히 중요한 역할을 차지했다. 하지만 제2차 세계대전이 국제적인 이분법을 만들었다. 1945년 8월에 전쟁이 끝나면서 한쪽에서는 승전국과 그 동맹국 사이의 갈등이, 다른 한쪽에서는 독일과 그 동맹국 사이의 갈등이 발생했다. 공동의 적을 무찌르고 나자 연합국들 사이의 이념 대립이 수면 위로 드러나게 된 것이다. 투표의 자유와 언론의 자유를 주장하는 자유로운 의회 중심 민주주의는 서구 연합국을 대표하는 체제였는데, 이는 소련이 주장한 계급 없는 미래 사회와는 정반대였기 때문이다.

이렇게 의견이 명확하게 나뉜 가운데 전후 시대에 적대감이 빠르게 성장했다. 지리적으로는 유럽과 독일의 영토를 가르는 **철의 장막**이 펼쳐졌다. 정치적으로는 체제를 근본적으로 탐구하면서 양측이 모두 저마다의 우월성을 주장했다. 군사적으로는 미국이 핵을 독점하고 소련이 병력에서 우위를 차지하면서 유럽 대륙에서 균형을 잡았다. 그러나 양국이 핵을 가진 강대국으로서 대립하고 유럽 대륙에 영향력을 과시하려 하면서, 자멸하지 않고는 **열전**을 벌이는 것이 불가능해졌다. 이러한 판단 하에 경제라는 전장에서 냉전이 벌어지게 되었다.

소련 측이 기대한 결과는 분명했다. 역사가 정당하게 진행되고, 서구의 자본주의가 예측 가능한 시간 내에 무너지는 것이었다. 그러면 이미 동유럽 국가에서 자리를 잡기 시작한 사회주의 체제가 유럽 대륙의 더 넓은 영역을 차지할 수 있을 터였다. 그래서 **서쪽의** 시각에서 볼 때 유럽 내에서 점령당하지 않은 자유로운 일부를 의회민주주의, 법치주의, 시장경제가 든든한 기반이 될 수 있고, 그 기반이 있어야 상대편의 기대에 부응할 수 있다고 설득할 필요성이 생겼다. 그래야 점령당한 서독의 6,000만 인구가 혼란에 빠지지 않도록 할 수 있었다.

냉전으로 각 블록이 대립하면서 전쟁 후 몇 년 지나지 않아 독일의 방위비 문제가 논의되기 시작했다. 이는 반드시 논의해야만 하는 문제였다. 대부분의 유럽인에게 점령군의 통치와 독일이 유럽 전역을 착취하고 곳곳에서 섬멸전을 벌였다는 사실은 아직도 생생한 기억으로 남아 있었다. 프랑스가 보기에 독일은 자신들의 영토를 1870년, 1914년, 1940년에 전쟁으로 뒤덮은 나라였다. 벨기에는 1914년에 독일로부터 기습 공격을 당했고 1940년에 독일인들의 호전성 때문에 점령당했다. 그런 독일에 무기와 군사력을 다시 쥐여주다니, 매우 위험하고 순진한 생각이었다. 역시 전쟁을 경험했고, 눈앞에서 사람이 죽어가고 도덕이 붕괴되는 모습을 본 수많은 독일인에게도 독일이 다시 무장하는 것은 상상할 수 없는 선택지였다.

동쪽과 **서쪽**의 현실적인 권력 경쟁에는 나름의 법칙이 있었다. 권력과 대립 권력은 전에 없을 정도로 군사력과 경제력을 향상시켰다. 독일의 인구, 천연자원, 과학 등의 잠재력도 빼놓을 수 없다. **변두리**에서 발생한 군사 충돌, 즉 한국전쟁은 1950년 6월 25일 북한군이 남한을 기습하며 시작되어 3년 후인 1953년 7월 27일 휴전 상태로 끝났는데, 이 전쟁으로 인해 서독 사람들은 강대국 간의 갈등이 언제든 군사적인 힘으로 뒤집힐 수 있다는 것을 깨달았다. 그것을 막을 대비책이 없다면 말이다.

독일의 재무장은 외교, 군사, 역사, 경제 등 여러 차원의 문제였고 심리적 요소와도 깊은 연관이 있었다. 당시 수상인 아데나워는 독일 정치의 결정권자로서 1949년부터 1963년까지 이런 여러 차원을 서로 연결할 전략을 추구했다. 외교적 차원의 목표는 독일이라는 나라의 주권을 다시 되찾는 것이었다. 독일이 냉전을 막는 데 기여해야 한다면 연합국은 그 대가로 점령권을 포기해야 했다.

한편 독일이 NATO에 가입하면서 그 군사적인 효과는 두 배가 되었다. 국방군*으로 복무 중이던 여러 장교들의 소속이 독일연방의 연방군으로 바뀌었다. 그런데 새로운 병력은 서구 민주주의의 대서양을 횡단하는 구조와 밀접하게 연결되었다. 정신적, 군사적 조건화 측면에서 이는 다음을 뜻한다. 1945년 이전까지 갖고 있던 사상이 어떠했든, 이제 커리어를 쌓고 새롭게 인정받고 싶은 사람이라면 누구나 새로운 가치 체계 위에서 노력해야 한다.

경제적 측면에서는 드디어 정치적, 군사적, 정신적 목적이 연결되었다. 군사력을 강화하는 데 결정적인 자원은 여전히 중공업이었고, 무엇보다도 석탄과 강철이 중요했다. 프랑스가 제안한 바에 따라 독일은 유럽석탄철강공동체를 비롯해 다른 여러 유럽 내 공동체에 가입할 준비가 되어 있었다. 이런 모습과 함께 아데나워는 독일이 재

---

* 1935년부터 1945년까지 존재했던 나치 독일의 군대.

무장과 NATO 회원 가입을 통해 전반적인 정치 주권을 되찾기 위해서는 통제를 포기할 준비가 되어 있다는 신호를 보냈다.

아데나워에게 독자적인 군사력은 국가의 주권을 뜻했다. 또한 서구 사회의 결집은 중립과 거대 권력이라는 민족주의자들의 꿈을 문명화하는 데 중심이 되는 요소였다. 아데나워는 **동쪽과 서쪽 사이에서** 중립적인 독일이 존재하기란 불가능하다고 생각했다. 확실하게 서쪽 편에 서서 방어에 기여하든가, 소련에 붙어서 독일민주공화국(동독)이 그랬듯이 의존적인 신하가 되든가 둘 중 하나였다.

아데나워의 전제와 목적이 국가를 지속적으로 안정화하는 데 현실적으로 유효한 방법이었다는 점은 역사가 증명한다. 외교 차원에서 볼 때 독일은 수십 년 이상 믿음직한 동맹 관계자로서 NATO의 힘이 되고 있다. 독일 국내에서는 연방군이 새로이 맡게 된 국제적인 역할 덕분에 독일의 군대라는 개념이 역사적으로 재정립되었다. 짧게 설명하자면 예전에는 민족주의의 혹은 왕가의 목적에 따라 포탄을 막을 고기 방패로 쓰였던 신하이자 병사이던 자들이 이제는 군복을 입은 국민이 된 것이다. 장교들은 더 이상 국가 내의 작은 국가로 존재할 수 없었지만 사회 전체의 민주적, 시민적 발전에는 계속해서 기여했다. 독일의 상대적인 자유는 서쪽으로 가는 길을 받아들이면서 점차 발전했다.[36]

서둘러 통일하기를 바라는 대신 분단을 받아들이면서 서쪽과 연결되는 길이 이론의 여지가 없었던 것은 아니다. 슈마허가 이끄는 SPD와 일부 자유주의자들 그리고 보수주의자들은 서쪽으로 붙는 것에 반대했다. 그들이 상상하는 통일된 독일에 대한 **배신**이라고 생각했기 때문이다.[37] 반대로 아데나워는 권력과 실용주의를 이유로 계속해서 서쪽을 향했다. 우선 독일은 1918년과 1919년의 실수를 반복하지 않으려고 서구 점령군을 받아들였다. 모든 독일인이 패배라는 사실을 강렬하게 인식하고 있어야 했다. 6년 동안 치른 전쟁의 결과를 일상생활에서 뼈저리게 경험하고 있었으니 어려운 일은 아니었다. 둘째로 연합국은 자신들이 생각하기에 1945년 이전에 독일이 그렇게 행동했던 결정적인 원인이 특히 프로이센부터 이어진 군사적인 전통이었다고 보고, 그것을 없애고자 했다.

이러한 의도는 연합국의 명령으로 프로이센이 해체되면서 상징적으로 표출되었다. 게다가 프로이센 내에서 정치적으로 엘베강 동쪽 지역을 주름잡던 대지주들은 1945년이 되기 전에 독일 정치계에서 민주주의에 반대하는 흐름을 지지했던 탓에 명예가 실추되었으며 재산 등 권력의 물질적 근본을 모조리 잃었다. 셋째로 독일인이 개인성, 개인의 자유 추구, 여론의 대립과 이해의 조정이 가능한 열린사회에 익숙해지도록 하려면 서구적인 민주주의를 목표로 삼아야 했다 (그리고 그럴 수 있었다). 자유, 경쟁, 타협을 연습하면 수백만 명의 사람들이 또다시 맹목적으로 이데올로기적인 교조에 빠져 선동적인 지도자가 말하는 구원의 약속을 따를 위험을 물리칠 수 있었다.

아데나워의 서방 정책은 그가 **독일의 성격**으로 인식한다고 모든 사람들이 알고 있던 것을 아데나워 본인이 깊이 후회해 탄생한 것이다. 간단히 설명하자면 아데나워는 국가 통일을 위해 중립을 지키면 독일이 다시금 냉전 중인 블록들 사이에서 중부 유럽이 겪는 위기의 근원이 되고, 언제가 되었든 소련에 의존하게 될지도 모른다며 두

려워했다. 한편 연합국은 점령군으로서뿐만 아니라 자국의 이익을
위해서도 아데나워의 태도를 기쁘게 받아들였다. 서쪽과 동쪽의 갈
등이 불거진 가운데 독일의 경제 자원과 군사력이 꼭 필요했기 때문
이다.

세계적인 블록 갈등은 특이한 형태의 민족적 자유를 낳았다. 사
람들은 전쟁을 더 이상 정치의 도구나 외교를 속행하기 위한 수단 중
하나가 아닌, 스스로의 자유와 존재를 지키기 위한 정당한 태도로 바
라보기 시작했다. 독일과 서유럽 국가들이 안정성을 이룩할 수 있는
핵심은 미국 핵 권력의 신뢰성과 전투태세에 달려 있었다. 미국이 자
유로운 세상을 지키는 수호자로서 세계의 패권을 쥐고 있는 한, 그리
고 이를 위해 자국의 군사력을 동원할 준비가 되어 있는 한 서유럽
국가, 특히 독일은 자국의 방위력을 비교적 저렴한 비용을 들여 유지
할 수 있었다.

당연하지만 영국과 프랑스도 똑같이 핵무기 보유국이었다. 양
국의 무기는 소련이 가진 핵무기의 위력과 비교할 바가 못 되었다.
하지만 국가적 자부심을 드높이는 데는 유용했다. 경제적으로는 핵
무기를 개발 및 보유하지 못하는 독일에 이득이었다.

연합국과 독일 사회 내의 분위기 모두 독일의 핵 보유에 유보적
이었던 것과는 별개로 미국은 독일 내에 자국의 무기를 배치하는 데
의존하고 있었다. 철의 장막이 드리워진 경계선은 어쩌면 발발할지
도 모를 제3차 세계대전의 주요 격전지를 나타냈다.

여기에는 두 가지 효과가 있었다. 먼저 독일에는 존재와 안정성
을 보장하는 가장 중요한 요소였다. 만약 전쟁이 발발한다면 엄청난

양의 무기를 고려할 때 서로의 영토가 핵으로 초토화되는 방향으로 갈등이 고조되는 상황을 피할 수 없을 터였다. 그렇게까지 악화되지 않도록 막으려고 무슨 일이든 하리라는 것을 이미 양측이 알고 있었다. 소련과 미국이 벌이는 무력시위의 그늘에서 독일은 관습적으로 방위분담금을 내야 했다. 하지만 직접 핵보유국이 되었을 때 발생할 중차대한 결과 때문에 지불했어야 할 금액보다는 훨씬 적었다.

두 번째 효과는 현실정치적으로 명백했다. 두 초강대국이 상대방이 원하는 이익의 범위를 받아들이고 상대방의 블록 내부 개발에는 서로 군사적 개입을 자제했다. 이러한 무언의 합의는 1953년 동독에서, 1956년 헝가리에서 일어난 반란으로 그리고 1968년 소련이 간섭하던 체코슬로바키아에서 이른바 "프라하의 봄"이라고 불리는 반정부 시위로 확연히 드러났다.[38]

두 강대국이 서로가 유럽에 드리우는 영향권을 인정하고 받아들이면서 두 가지 변화가 일어났다. 우선 체제의 갈등이 **변두리로** 이동하기 시작했다. 19세기 유럽 내 강대국들의 갈등이 수십 년 동안 유럽 대륙이 아닌 다른 대륙의 식민지에서 벌어졌던 것과 마찬가지로, 초강대국들의 이해관계 또한 캄보디아나 앙골라 등에서 충돌했다. 미국이 베트남을 지배한 것처럼 직접 침투해, 혹은 간접적으로 정치 세력과 군사력을 지원하면서 강대국들의 냉전은 식민지 땅에서 열전으로 변했다. 유럽 대륙은 무엇보다도 핵무기로 인한 죽음의 위협을 기반으로 충분한 안정성과 선택지를 확보했다. 전쟁이 두 초강대국의 동반자살이나 마찬가지였기 때문에 오히려 외교의 자유를 얻어낼 수 있었던 것이다.

1966년 초 CDU 출신 수상이던 쿠르트 게오르크 키징거[Kurt Georg Kiesinger]와 SPD 출신 외무장관이던 브란트 사이에서 대연정이 이루어지며 독일의 외교정책은 서독과 동독 사이의 긴장을 완화하는 방향으로 나아갔다. 1969년부터 정치 노선을 제시하며 꾸려진 SPD-FDP 정부는 수상 브란트와 외무장관 발터 셸[Walter Scheel]을 중심으로 "가까워지며 변화하기" 정책을 내세우며 긴장을 완화하고 개방적으로 변하기에 나섰다.

민족주의적인 시각에서 이른바 동유럽 블록에 대한 이 호의적 태도는 부드러운 양보나 다름없었다. 이를 비판하는 주장에 따르면 이전에 독일 영역이었던 오데르강과 나이세강 동쪽을 반환하라는 요구와 같은 확고한 입장이 버려질 것이다. 현실정치적으로 보면 이러한 비판은 환상에 불과하다. 그 영토는 다시 한번 전쟁을 일으키지 않는 한 돌려받을 수 없다. 그런 식으로 갈등을 증폭시키는 것은 자살행위이며 동쪽 경계를 복구하려는 시도는 1920년대와는 달리 정치적, 도덕적으로 금기시되던 일이었다.

사실을 받아들인다는 것은 다음과 같다. 1945년 이전의 국경(참고로 여기서 1937년이라 함은 일반적으로 민족사회주의가 오스트리아, 수데테란트 지역으로 퍼지고 폴란드를 침략하기 전 마지막 해이다)을* 가진 독일 민족국가는 전쟁이 벌어지든 아니든 존재하지 않는다.

두 강대국의 변두리 식민지인 아시아와 아프리카 지역에서는 냉전이 뜨겁다 못해 불타오르는 지역 갈등, 대리 정치의 갈등으로 치달

---

* 수데테란트 지역은 수데티산맥과 보헤미아 서쪽 경계에 있는 독일 민족 거주 지역이다.

을 수 있었다. 한편 유럽 대륙 중심부에서 실제 전투가 벌어진다니 상상할 수 없는 일이었으며, 최소한의 군사작전이 전개되는 것 또한 예측할 수 없었다. 게다가 핵전쟁이 가능할지도 모른다는 우려가 일상 곳곳에 스며들어 있었다. 핵폭탄이 폭발했을 때 어떻게 행동해야 하는지에 관한 대처 교육과 훈련이 시행되었고 학교나 공공장소에 지하 대피소를 지었으며 1983년에는 핵 공격을 다룬 할리우드 영화 〈그날 이후〉가 제작되었을 정도로, 상상할 수 없는 것에 대한 예상이 널리 퍼졌다.

서구의 정치 지도자들과 인구의 대다수는 외교적으로 눈높이를 맞추어 발언할 수 있으려면 소련 및 그 동맹국에 대항할 군사력이 꼭 필요하다고 생각했다. 자국이 보유한 핵무기가 이미 상대방을 세 번, 네 번 혹은 스무 번 이상 폭발시켜 산산조각 낼 정도로("과잉 살상"하기) 충분함에도, 상대방이 기술 발전을 이루면 곧바로 그와 동등한 수준으로 대항해야 했다. 이것은 외교 심리의 논리였다. 양국 모두 상대방이 아직 반응할 의욕과 능력을 갖추고 있는지를 확인하려고 서로를 감시했다. 돈이 없어서든 아니면 정치권의 반대 때문이든, 도덕적인 이념("더 이상의 무기는 없다") 때문이든, 도발에 반응하지 않는 태도는 정치 기반이 약하거나 제대로 된 전략을 세우지 못하는 무능함으로 비치기 십상이었다.

이러한 관점에서 20배 이상의 과잉 살상이 일어날 수 있는 핵전쟁을 계속 준비하고 사안에 따라서는 핵무장을 하는 것은 오히려 핵전쟁을 막는 데 꼭 필요하고 논리적인 방법이었다. 이러한 논리의 중심에는 무기 정책을 둘러싼 갈등이 있었다. 1970년대 후반부터 냉전이 끝날 때까지 유럽 외 국가 간의 관계와 유럽 내의 권력 관계, 그리고 거의 모든 서양 국가의 공개 담론에서 아주 중요한 역할을 한, 이른바 "NATO의 이중 결정Double-Track Decision"이다.

이는 지미 카터Jimmy Carter 미국 대통령의 생각은 무시한 채 독일 수상이던 슈미트가 제안하고 NATO가 시행한 것으로, 대략 다음과 같은 규칙을 따른다. 소련이 새로운 무기 체제로 위협을 가하기 시작했기 때문에(중거리 핵미사일 SS-20) NATO는 그에 맞는 수준의 무기로 대응하고자 했다.[39] 또한 위협에 대응해 균형을 맞추기 위해서는 유럽에 퍼싱 2 미사일과 순항 미사일(크루즈 미사일)을 배치해야 했다. 이것이 바로 "NATO의 이중 결정"인데, 소련 측에 군비 확장 대안으로 SS-20을 다시 제거하기 위해 협상에 응하라고 제안했기 때문에 그런 이름이 붙었다.

유럽 전체 사회가, 특히 독일이 NATO의 이중 결정을 둘러싼 논의에 주목했다. 수백만 인파가 거리로 나서 이른바 평화운동을 벌였다. 정치 상황과 의회 제도에 발맞추어 새로운 정당이 설립되었고, 특히 녹색당이 눈에 띄었다. 이러한 정치적 움직임은 독일 인구 중 절대다수가 외교정책상의 군사적 도구를 근본적으로 불신하고 있었다는 사실을 보여준다.

독일 사회의 일부는 1945년까지 독일을 물들이고 있던 군국주의의 전통에서 빠져나왔다. 그 자체가 국제사회의 정치적 요소인 전쟁의 본질을 전략적으로 생각하기를 철저히 거부한 결과였다. 이는 존중할 만한 이상주의를 보여준다. 하지만 현실 정치에서 보면 대개 순진한 생각이었다. 전쟁을 일으킬 가능성은 계속해서 존재할 뿐만 아니라 실제 현실이기 때문이다. 전쟁을 하나의 선택지로 보고 그에 대비하는 것이 꼭 필요했다.

개방적이고 민주적이며 의회주의를 따르는 국가는 자신들의 자유를 위협하는 모든 상대에게 끊임없이 군사력을 과시했다. 예나 지금이나 마찬가지다. 이념이 다른 적으로부터 실질적인 위협을 받는 와중에 그들의 권력 의지를 진지하게 받아들이는 대신 이상적인 방식으로 그 위협을 평화롭고 타협을 중시하는 자세로 개념화하는 것은 자국의 외교정책을 안정화하고 내부의 자유를 지키는 기반이다.

현실 정치의 관점에서 당시의 상황은 아주 명확했다. 양측 모두 의심과 저항의 신호를 자본주의 부르주아사회가 역사적으로 붕괴하는 과정의 징후로 받아들였고, 그것이 붕괴하기를 기다려야 했다. 또한 서구 사회가 멸망할 때 마지막으로나마 저항하기 위해서는 당연하게도 계속 군사력을 유지해야 했다.

다들 알다시피 상황은 달라졌다. 냉전은 언제나 복지 체제의 경쟁이기도 했다. 양측 모두 계속해서 더 생산적인 모습, 더 혁신적인 기술, 사회적으로 더 진보한 모습을 보이려고 했다. 누가 군사적 안정성, 정치적 자유, 사회적 창의성, 사회적 돌봄, 개인의 소비를 창출할 능력이 있는지, 그리고 **자국의** 사람들에게 적어도 평화롭고 충만한 삶의 한 선택지로서 개방적인 세상을 줄 수 있는지를 현실로 증명해야 했다.

치열한 경쟁이 40년가량 이어진 후 1980년대에 소련 및 소련과 연관이 있는 국가 등 계획경제를 따르던 지역은 자본주의 시장경제를 따르던 국가와 비견될 만큼, 특히 군사 기술과 장비 측면에서 생산력과 창의력을 발전시켰다.

서구의 개방적인 사회에서는 이외의 다른 모든 분야, 예를 들어 정치 참여나 자기계발의 자유, 사회적 계층 이동, 돌봄, 상품 소비, 특히 투표의 자유 등이 대다수 사람들에게 훨씬 더 매력적인 조직의 형태였다. 마르크스-볼셰비즘 사회가 만들어지고 70년이 지나 역사의 판단은 냉정했다. 세계 역사는 그 어떤 기존의 법칙도 따르지 않았다. 혁명은 일어나지 않았고 계획경제는 역사적으로 실존했던 모든 인간상과 모순되었으며 체제끼리 비교했을 때 매력적이지 않았다.

이때도 독일 역사에서 생생한 예시를 볼 수 있다. 서독과 동독이 1949년부터 각자 보여준, 각국의 국민들이 만족스럽고 자율적인 삶을 살도록 하는 경제, 사회, 정치, 법치 상태 등의 조직 형태는 모든 측면에서 비교되었다. 변화에 대한 소망과 갈망은 계속해서 서구 사회를 압도했다. 이는 진부한 이야기가 아니라 현실적이고 역사적인 비교의 결과다. 동독은 1949년으로부터 40년 후 경제적 자원을 완전히 상실했고 더 이상 국민의 소비 욕구를 채워줄 능력이 없었다. 개인과 정치의 자유는 말할 것도 없었다. 동독은 그저 소련의 의지에 따라 존재하고 있을 뿐이었다. 소련이 동독을 유지할 의지를 상실한다면 동독은 사라질 것이었다.

패권을 거머쥔 거대 권력이 자유의지로, 전쟁 없이 자신의 절대 권력을 포기하다니! 이는 여태까지 세계사 중 선례를 찾을 수 없는 사건이었다. 미하일 고르바초프Michail Gorbatschow와 에두아르드 셰바르드나제Eduard Shevardnadze의 통치하에 소련은 1989년과 1990년에 병사들을 막사에, 탱크를 차고에 대기시켰을 뿐 아무런 행동에도 나서지 않았다.

소련의 군사력은 어느 때고 동독 영토를 완전히 제어할 수 있었고 앞으로 수십 년은 더 지배할 수 있었을 것이다. 경제적 비용이 얼마나 들든 상관없이 소련은 지배 영토 전체를 군사력 확보에 온전히 집중시킬 수 있었을 테다. 1953년의 동독처럼, 1956년의 헝가리처럼, 1968년의 체코슬로바키아처럼, 혹은 1980년대 초 보이치에흐 야루젤스키Wojciech Jaruzelski 장군 아래서 모스크바 노선의 전시 국제법을 따른 폴란드처럼 누구도 간섭하지 않았을 것이다.

무력 갈등이 없는 통일이라는 선택지는 양측 독일에 예상치 못한 선물이었다. 영국과 프랑스 입장에서는 놀라우면서도 사실상 탐탁지 않은 전개였다. 조지 부시George H. W. Bush가 대통령으로, 제임스 베이커James Baker가 외무장관으로 있던 미국은 헬무트 콜Helmut Kohl과 한스 디트리히 겐셔Hans-Dietrich Genscher가 이끄는 독일 정부의 통일 노선을 지지했다. 한편 프랑스의 프랑수아 미테랑François Mitterrand과 영국의 마거릿 대처Margaret Thatcher는 독일 통일국가라는 선택지를 회의적으로 바라보았다.

1990년 3월 24일 대처는 이른바 독일통 여섯 명을 수상 관저로 초대해 앞으로 기대되는 서독과 동독의 결합을 역사적으로 분석해달라고 부탁했다.[40] 대처의 비서관 찰스 파월Charles Powell은 제시된 내용을 바탕으로 대처의 개인적인 평가와 기대에 초점을 맞춘 회의록을 작성했다.

1945년 이후 수십 년이 지난 독일의 현실은 직접 전쟁을 경험하기도 한 대처에게 매우 인상적이었다. 대처는 독일인들이 변했는지

물었다. 이 회의록에 따르면 전문가들의 (비꼬는 것이 아닌) 권유는 "명백했다. 우리는 독일인들에게 친절해야 했다." 하지만 "낙관주의 자들조차도 약간의 불쾌감을 나타냈다. 그 대상은 현재나 가까운 미래가 아니라 아직 우리가 통찰할 수 없는 미래의 길에 놓일 수 있는 것들이었다."[41]

영국이 그러한 전개 과정을 막을 가능성은 제한적이었다. 특히 영국이 지난 수십 년 동안 공식적으로 표현해온, 분열을 극복해야 한다는 요구에 대처가 도저히 반대할 수 없었기 때문이다. 동서 독일과 네 강대국 사이의 협상 과정에서 소련이 스스로 나서서 독일의 통일을 인정하고 심지어는 여태까지라면 상상하지조차 못했을, 통일 독일의 NATO 가입을 받아들이는 것보다 그 요구에 반대하는 것이 더 기괴하게 보였으리라.[42]

모든 개연성에 반해 1990년에 통일이 가능했던 이유는 역사적으로 전례 없이 소련의 지도자 고르바초프가 패권과 권력을 포기했기 때문이므로 근본적으로는 그에게 감사해야 한다. 국제정치에서 대단히 결정적이었던 순간에 국가 지도자의 그러한 성향과 인간적 태도가 어떤 의미를 갖는지 가늠하려면 만약 당시의 권력자가 고르바초프가 아니라 푸틴이었다면, 부시가 아니라 트럼프였다면 독일 정치에 어떤 일이 발생했을지 상상해보면 된다.

냉전이 끝난 이후

냉전이 이어진 수십 년 동안 통치 구역의 범위가 이

례적일 정도로 명확하게 구분되었는데, 그 결과 서유럽이 급속하게 발전하기 시작했다. 서방 국가 사이에서 민간의 경쟁이 지속되던 한편으로는 소련의 거대한 위협도 계속 존재했다. 그런 위협 때문에 사람들은 내적으로는 타협할 준비를, 외적으로는 공동체를 보호할 준비를 게을리하지 않았다.

블록 간 갈등의 그림자 속에서 각국은 역사적으로 새로운 형태의 국제 관계를 맺기 시작했다. 이전까지 수 세기 동안은 당연하게도 전쟁이 발발할 확률이 매우 높았다면, 이제는 전쟁을 일으키는 대신 분쟁이 발생했을 때 힘의 균형을 유지하기 위해 양측이 모두 받아들일 수 있는 규범을 마련해 국가적으로 그리고 경제적으로 경쟁하기 시작한 것이다.

1990년까지 수십 년 동안 유럽 정치 현황을 살펴보면, 전쟁으로 얻는 것보다 더 많은 것을 얻을 수 있는 경쟁을 통한 복지 증대의 새로운 잠재력을 깨달을 수 있다. 게다가 전쟁을 하지 않으면 희생자가 발생하거나 삶의 터전이 초토화되지도 않는다. 냉전은 의도한 바는 아니었으나 유럽에서 국제적인 규범을 학습하고 연습하는 실험실이 되었다. 이때쯤 생겨난 "역사의 끝"이라는 슬로건은 당시에는 비현실적이었고, 지금 와서 생각하면 순진해 보이는 방식으로 그 경험을 계속 이어나갔다.

사실은 분석 결과가 옳았다. 국가적 에너지와 권력욕을 모두가 동의한 법률과 경제와 정치의 규칙에 따라 유지해야 하며, 경쟁의 야심을 문명화해야 하고, 군사력은 자국민의 생활을 지키는 데만 제한해 사용해야 한다는 사실을 이해한 국가와 사회는 세계적인 체제 경쟁에서 이익을 볼 수 있다. 세계적인 체제 경쟁은 냉전이 끝난 이후에도 이어졌다. 소련과 함께 세계의 이데올로기 강대국이 물러나기는 했지만 지구상의 나머지 지역에서는 마찬가지로 이데올로기를 중요시하거나 종교적인 지배 체제를 갖춘 지도자들이 자신들의 정치적인 정당성을 주장하며 여전히 권력을 쥐고 있었다. 세계의 혁명만 중단되었을 뿐, 지속적인 논의는 중단되지 않았다.

냉전이 종결되며 많은 국가가 군사적, 경제적, 심리적 부담을 떨쳐냈다. 군대의 규모와 군비 지출이 줄어들고 중부 유럽의 핵 갈등이 눈에 띄게 사그라졌다. 독일은 연방 방위군의 규모를 37만 명으로 줄여야 했고 소련은 120억 마르크의 철수 비용을 지원받아 독일에 있던 소련군을 철수했다.

냉전 종결의 전환점을 완전하게 파악하려면 이해관계자들의 태도가 근본적으로 바뀐 데 주목해야 한다. 1990년 이전 소련은 현상 유지 중인 권력이었고 독일은 변화하는 권력이었다. 소련은 패권 제국을 통치하며 역사적 유물론의 **법칙**에 익숙했다. 소련은 이룬 것을 지키면서 자본주의 세상이 무너지기를 기다렸다. 반대로 독일은 변화를 추구했다. 분단을 끝내고 소련의 지배를 받던 여러 국가의 자치권을 확보하고자 했다. 말하자면 정치체제의 경계선을 수정하고자 했다. 독일은 통일을 이룩하며 역사상 처음으로 모든 인접국과 명확한 경계선을 사이에 두고 존재하게 되었다. 인접한 9개국 중 어떤 나라도 독일에 영토권을 요구하지 않았다. 또한 독일 내에서도 인접국과의 국경선을 문제 삼는 정치적 분위기가 존재하지 않았다. 이는 오늘날까지도 이어진다.

소련의 주요 계승국인 러시아는 반대 노선을 걸으며 푸틴의 지배하에 변화를 꾀하게 되었다. 1990년 이전 계속해서 외교와 계약을 따랐던 독일과 달리 오늘날 러시아는 여전히 군사력을 동원해 국경을 바꾸고자 한다. 크림반도를 점령하고 우크라이나 동부를 침략한 것은 그저 수많은 예시 중 두 가지일 뿐이다.

외교를 위한 현실적인 선택지로서 전쟁이 다시금 활용되면서 통일 독일은 1990년 가을부터 도전 과제에 직면했다. 같은 해 8월 이라크의 독재자 사담 후세인Saddam Hussein이 쿠웨이트를 침략하는 바람에 1991년 2월 빼앗긴 땅을 탈환하고 쿠웨이트 정부를 다시 세우기 위해 군사적 개입이 필요해진 것이다. 당시 독일은 정치적으로도 군사적으로도 군대를 파견할 준비가 되지 않은 상태였다. 게다가 지원할 수 있는 금액 또한 179억 마르크로 제한했다.[43]

하지만 미국이 이끄는 병력이 이라크를 공격했음에도 정권 교체를 이루지는 못했다. 사담 후세인이 계속해서 권력을 누렸다. 도덕적으로는 의문이 남지만, 현실 정치에서는 당연한 결과였다. 연합군은 후세인의 영토 확장 의지를 얼마든 제어할 수 있음을 과시했다. 동시에 후세인의 지배권은, 중립적으로 분석하자면 안정성의 요인이었다. 덧붙이자면 리비아의 무아마르 카다피Muammar al-Gaddafi와 시리아의 하페즈 알아사드Hafiz al-Assad도 마찬가지였다(더불어 아랍 지역뿐만 아니라 세계의 수많은 독재자도 마찬가지다).

군사개입과 영토 점령으로 타국의 통치권을 손에 넣는다는 식민지배 방식을 원하지 않았던 사람들(그들 자신에게 위협이 가해지지 않는

한 불가능한 일이었다)은 한눈에 보기에도 악독한 두 개의 선택지 중 하
나를 골라야 했다. 국가 내부의 안정성을 강화하려는 독재자를 받아
들여 국민 전체의 이익에는 결코 득이 되지 않는 강압적인 정권이 들
어서는 모습을 지켜보든가, 아니면 그런 권력자를 제거해 국내에서
주기적으로 사회적·문화적 갈등을 둘러싸고 피비린내 나는 전쟁이
벌어지는 모습을 지켜보든가. 이라크의 역사는 2003년에 그 선례를
남겼다.

　　예전에 유고슬라비아였던 지역에서 통치권을 둘러싼 내전이 발
생하자 독일이 군사개입을 해야 하는지를 두고 또다시 의문이 제기되
었다. 많은 사람들이 내전이 발생하기 전 독일로 피난했다. 세르비아
정권의 작전은 도덕적 압박을 강화했다. 콜 정권하에서 16년을 보내
고 권력을 거머쥔 SPD와 녹색당 연합이 1998년 9월 27일 게르하르
트 슈뢰더Gerhard Schröder와 요슈카 피셔Joschka Fischer 정권하에서 제2차 세계
대전 이후 처음으로 독일 군대를 전쟁에 파견한 것은 역사의 기묘한
우연이었다. 당시 세르비아에 군을 파견한 것처럼, 1945년 이전에도
같은 지역으로 국방군을 보낸 적이 있기 때문이다.

　　다만 이번에는 독일 폭격기가 150대가량 투입되었다. 영토를
직접 방어하기 위해서뿐만 아니라 국제연합군의 정치적 목표를 실현
하기 위해서였다. 거기에는 물론 독일이 이익을 얻는 것 또한 포함되
었다. 독일의 참여는 새로운 외교적 성숙함과 자주성을 보여주는 행
보였는데, 독일 사회 대부분은 이를 아직 낯설게 여겼다. 전쟁 전개
를 두고 국가 스스로, 특히 여당이 확신을 가지는 과정은(1999년 5월
13일 특별당대회에서 전쟁 개입을 지지하는 연설을 하던 외무장관 피셔가

물감이 든 주머니를 맞았다) 수십 년 동안 외교 수단으로 군사력을 활용하던 모든 행동에 대한 태도 변화를 보여준다.

이처럼 이성적이고 신중한 고찰이, 이 경우에는 전쟁 개입에 관한 고찰이 점점 성숙해가는 과정을 거쳐 슈뢰더-피셔 정권은 2003년에 계속해서 이라크 전쟁에 관여하기를 거부했다. 당시 미국 대통령인 조지 W. 부시George W. Bush가 마치 선교사처럼 열정적으로 이라크 전쟁을 선전하고 있었다. 미국 국내외 외교 분석가의 대다수는 사담 후세인과의 전쟁이 얼마나 비정상적인 억지인지, 미국이 얼마나 이 전쟁을 정당화하길 원하는지 알고 있었다.

유럽인들은, 특히 독일인들은 끝까지 미국이 이라크를 충분히 압박하기를 바랐지만 그러면서도 결국에는 전쟁을 일으키지 않기를 바랐다. 후세인의 독재하에서는 이라크에서부터 사방으로 흩어진 민족 종교 집단을 하나로 결집시킬 능력이 있는 구조가 존재하지 않는다는 건 이미 누구나 알고 있었다. 그리고 그것은 전 세계와 미국 내 싱크탱크에서 손에 넣을 수 있는 지식이었다. 9월 11일 테러 이후 미국은 민족주의적인 상징 정치가 전략의 결과를 저울질하는 것보다 더 중요하다는 듯이 굴었다.

이는 새로우면서도 우려스러운 경험이었다. 후세인 정권과 9월 11일 테러를 일으킨 집단의 배후 사이에 직접적인 연결고리가 있는지 명확하지 않았기 때문이다. 후세인이 대량 살상 무기를 사용할 것이라는 주장 또한 이라크가 이미 10년 전부터 전 세계의 집중적인 감시 대상이 되었다는 점, 특히 미국의 인공위성으로 감시를 받고 있었다는 점에서 미루어 그다지 설득력이 없었고 결국 틀린 주장이라는 점이

추후 밝혀졌다. 수많은 유럽의 정치 지도자들이 반드시 전쟁을 일으
키겠다는 미국의 상징 정치와 거리를 둔 것은 미국 외교 정치의 합리
성에 대한 근본적인 신뢰를 망치는 전환점이 되었다.

이러한 경향은 버락 오바마Barack Obama 정부에서도 이어졌다. 오바
마는 전임 대통령처럼 전쟁을 일으키지는 않았지만 전략적으로 태평
양 쪽에 큰 관심을 보였다. 그래서 유럽은 미국이 중심이 된 상황에
서 설 자리를 잃었다. 그 배경에는 최소 2002년부터 NATO 내에서
진행된 국가의 방위 분담에 관한 논쟁이 있다. 그때부터 "GDP의 2퍼
센트를 방위비로 쓴다"는 논의가 진행되었다. 이 내용은 2006년
NATO 내부 문건에 기재되었고, 오바마 정부의 국방장관인 로버트
게이츠Robert Gates는 2011년 6월 브뤼셀에서 열린 NATO 회담에서 관련
논의를 재촉했다. 2014년 웨일스에서 열린 NATO 정상회의부터는
그 내용이 최고 수준의 목표로서 공식적으로 기재되었다.[44]

트럼프 정부가 독일에서 급진적이고 비외교적인 목소리로 그
의무 조항을 공개적으로 논의한 일은 냉전 종결 30년 후 유럽 사회의
보편적인 현상을 그대로 반영한 것이었다. NATO의 안보를 위한 파
트너십이 유럽의 통일 과정에서 어떤 실존적인 기능을 하는지에 관
한 역사의식은 분명하게 줄어들고 있었다.

1990년에는 학습 효과와 복지의 결과가 유럽의 관료주의에 관
한 불만, 혹은 세계적인 경쟁과 비교해 비용이 너무 많이 든다는 불
평 속에서도 분명하게 드러났다. 오늘날 이러한 의식은 감소했고 역
사란 너무 먼 과거의 이야기라는 생각이나 역사적인 경험을 전혀 모
르는 데서 발생한 불안정한 독단성이 그 자리를 차지했다. 이처럼 역

사를 잊으면 앞으로 유럽 국가의 평화를 지키는 데 실질적인 위협이 될 것이다. 법치국가나 시장경제, 타협할 능력 같은 이미 검증된 규칙이 더 이상 모든 이해관계자에게 받아들여지지 않고 국가주의적인 이기주의가 고개를 들 때, 국가 간의 갈등은 더욱 첨예해질 것이다. 모든 국수주의 정책에는 스스로의 정당성을 강화하는 힘이 내재하기 때문이다.

이미 우리가 잘 알고 있는 유럽의 역사를 떠나서도 국가 혹은 지배자 간의 전쟁과 무력 사용은 일상적인 일이었다. 어떤 동기 때문에 갈등이 불거졌든, 종교든 권력 추구든 탐욕이든 명예욕이든, 관계자들은 모두 자신의 운명 혹은 자신이 속한 집단, 왕조, 국가의 미래를 지키기 위해서는 마땅히 그렇게 행동해야 한다고 생각했다. 즉 자신이 처한 상황을 개선하려면 상대방을 희생해서 자원을 확대해야 했다. 이러한 사고방식이 20세기를 지배했고 두 차례 발생한 세계대전의 동기가 되었다.

사람들은 두 차례 세계대전 중 수백만 명이 희생되고 수많은 도시와 재산이 파괴되는 과정을 경험했다. 이때 서로 무력으로 상대방의 자원을 빼앗기보다 국가 간의 관계를 평화롭게 유지하는 편이 자원을 적게 낭비한다는 사실을 깨달았다. 이에 따라 1945년 이후 국가 간의 영원한 무정부 상태라는 확고부동한 규칙을 무시하는 실험이 촉진되었다. 그 결과, 제로섬게임의 원리는 틀렸다고 증명되었다. 그리고 다양한 측면에서 복지가 향상되었다. 그럼에도 경쟁은 여전히 역사에 늘 존재하는 것으로 생생하게 남아 진보와 기술, 경제, 학문,

사회정치 면에서 발전의 영약이 되고 있다. 그리고 신뢰할 수 있는 규율과 평화로운 규칙에 따라 진행하기만 한다면 경쟁이 가장 생산적인 방식이라는 믿음이 커졌다.

물론 국가가 살아남으려면 반드시 군대를 무장해 준비시켜야 한다. 하지만 무장의 강도는 새로운 계산을 따른다. 과거에는 무장하는 것이 자원을 획득하고 잠재적인 적으로부터 자원을 빼앗아 자국의 우세함을 지키는 데 필요한, 결코 저항할 수 없는 흐름이었다면 오늘날의 경쟁은 복지를 증대하는 민간 프로젝트에 가능한 한 많은 에너지와 창의력을 집중하고 군사력에는 꼭 필요한 만큼만 투자하는 방향으로 나아가고 있다. 이에 관한 조정은 아직 진행 중이다. 전체 인구가 얼마나 성숙한지 그리고 그 인접국이 얼마나 타협적인 자세를 보이는지에 달린 일이기 때문이다. 그래서 권위주의 국가는 GDP 중 상당 비율을 방위비에 투자하고 있다.

그런 국가는 말하자면 스스로를 갉아먹는 식의 논리를 따른다. 경제 발전을 최대한 자유롭게 촉진하고, 그렇게 창의적이고 복지를 중시하는 과정에서 나온 군수품을 국가의 안녕과 국민의 안전을 지키는 데 필요한 만큼만 만들어 사용하는 편이 훨씬 효율적이다. 국익이란 오늘날 곧 **합리적인 이익**이라는 뜻이다. 우리가 이러한 깨달음을 얻은 과정의 역사적 예시가 바로 유럽이다. 그 땅 위에서 경쟁이 마음껏 이루어지고, 기술과 경제와 사회가 구성되었다. 결코 배제할 수 없는 국가 간의, 사회체제 간의 정치적 갈등이 무력 갈등으로 확대될 위험이 있다면, 준비에 필요한 첨단 기술이 더 효율적으로 사용될 수 있는 곳이 어디인지를 알 수 있을 것이다.

이것은 또한 유럽 국가가 항공모함을 과시하듯이 출격시키지 않는 이유이기도 하다. 유럽인들은 자국민의 삶의 질을 개선하기 위해 유럽 내에서만 자원을 사용하길 선호한다.

7장

공정한 시장을 둘러싼 원
: 경제와 사회

"맞다. 계급 간 전쟁은 있다. 그런데 전쟁을 벌이고
이기는 건 내가 속한 부유한 계급이다."

워런 버핏Warren Buffett[1]

2019년 4월 24일 '미키 마우스'의 창시자인 월트 디즈니Walt Disney의 손
녀 애비게일 디즈니Abigail Disney가 디즈니라는 콘체른*의 소득 현황에 관
한 글을 〈워싱턴 포스트〉에 기고했다.[2] 애비게일 디즈니는 현재 콘체
른을 이끄는 로버트 앨런 아이거Robert Allen Iger가 2018년에 벌어들인 소
득 6,500만 달러가 일반 사원의 소득보다 대략 1,424배 많다고 비판
하며 이는 "적나라한 상스러움"이라고 말했다.[3] 디즈니에 따르면 이
회사는 최저 시급으로 7.25달러를 지급한다. 최고 관리자는 수백만
달러를 벌고 있으며 자사주 매입에 수십억 달러를 투자하고 있는 상
황에서 언급할 가치도 없는 수준이다. 애비게일 디즈니는 디즈니의

---

* 법적으로는 독립되어 있으나 실질적으로는 하나의 기업처럼 결합해 있는 거대한 기업 집단을
말한다.

성공에 기여한, 특히 20만 명 이상의 모든 디즈니 직원이 이익을 공정하게 배분받아야 한다고 말했다.

애비게일 디즈니의 통렬한 비판은 개방적인 민주주의 사회에서 아주 중요한 도전 과제를 건드렸다. 경제 참여는 21세기 정치 질서의 정당성과 지속성에 중요한 요소가 되었다. 200년 전 보편적인 참정권이 그랬던 것과 마찬가지로.

사회란 말하자면 가능한 모든 사람들을 위해 봉사하도록 집행 유예 중인 질서 체제다. 가장 중요한 것은 늘 정치조직, 사회적 자유, 경제 호황이 최적의 균형을 이루는 일이다. 그 중심에는 그렇다면 과연 어떤 형태의 경제적 질서가 최대한 많은 시민이 경제적 번영에 관여하고, 돈을 벌고 재산을 소유할 개인의 자유와 사회적 안전을 위해 되도록 균등한 기회를 얻도록 만들 수 있느냐는 의문이 있다.

지구상에서는 예전부터 각기 다른 사회적 질서 체제가 서로 경쟁했다. 하지만 냉전 시대와는 반대로 오늘날 우리는 상대방을 군사력으로 파괴하겠다고 협박하는 대신 어떤 경제조직과 사회조직이 사람들의 요구 사항에 더 잘 들어맞는지를 두고 싸운다.

이때 우리는 각기 다른 경제체제가 어떻게 전개되었는지 역사적 경험을 돌이켜볼 수 있을 뿐만 아니라, 다양한 경제 질서의 결과와 전 세계 사람들이 현재 어떻게 살고 있는지를 자세히 살피고 평가할 수 있다.[4]

냉전 후 30년 동안 국제적인 체제 경쟁의 양상이 달라졌다. 1990년까지는 민주주의-시장경제 체제와 사회주의-계획경제 체제가 서로 경쟁했다. 곧 소련이 해체되면서 시장경제가 원칙으로서 널리 받아들여지게 되었다. "동쪽 대 서쪽"이라는 표어 아래 벌어진 이 념적 대립은 1990년까지 **짧은 20세기**를 구성했고 삶의 양식이라는 분야에서 새로운 경쟁을 만들어냈다. 또한 정치 질서 측면에서도 새 로운 갈등이 생겼다.

종교 지도자 혹은 독재적인 지도자가 다스리는 국가의 대다수 또한 경쟁과 시장경제와 이에 따른 국제적인 경제활동의 원칙에 개 방적인 모습을 보였다. 다만 정치적인 관점에서 그에 상응하는 자유 는 철두철미하게 배제했다. 특히 중국은 지난 30년 동안 세계 경제를 주름잡는 국가로 성장했지만 자국만의 이념적 야망과 권위주의적인 독점 정당이 이끄는 정치체제를 따르고 있다. 세계적으로 보면(추후 에 숫자로 살펴보겠다) 적어도 새천년으로 전환되던 시기에 민주주의 국가들과 중국식 시장경제 모델 사이의 경쟁이 1989년 이전까지 수 십 년 동안 이어진 체제 경쟁을 대체했다.

경제적인 경쟁을 이어갈 능력은 그 사회의 사람들이 창의력을 발휘하고 혁신을 일으킬 수 있는지 여부에 달렸다. 또한 사람들이 그 런 힘을 펼칠 수 있는지 여부는 각 개인이 갖는 기회 및 삶의 전망과 밀접한 연관이 있다. 정치적 자유, 사회적 안정성, 경제 참여는 기본 적인 것들이다. 그리고 참여를 경쟁력의 구성 요소로 보는 부의 분배 도 마찬가지다. 이 모든 것, 즉 부의 분배의 상호작용, 소득 계층, 조 세 정의, 정치적 공동 의사 결정, 사회참여는 개방적인 사회가 국제 경쟁에서 살아남고 앞으로의 역할을 하는 데 핵심이 된다.

수천 년 전에는 인류의 대부분이 사는 데 꼭 필요한 것만 가졌

부는 획득해야만 하는 것이다. 모든 인간은 부를 얻을 권리와 기회를 가져야 한다. 경제 참여와 공정한 부의 분배는 자유로운 사회와 독재적인 사회 사이의 국제적인 체제 경쟁에서 매우 중요한 요소다. 인플레이션으로 얻은 부는 성과가 아니라 사회의 이동성, 창의성, 행동 의지를 망치는 것이다. 자유로운 사회는 모든 사람이 공정하게 부와 자산을 얻는 활동에 참여할 수 있는지 항상 관찰해야 한다. 그러면 사람들은 계속 경쟁할 것이다.

다. 그때 사람들은 자급자족하며 살았다. 자기 자신과 가족을 먹여
살리기 위해 농사일을 했다. 그때는 시장에 내다 팔기 위해서, 이익
을 얻기 위해서, 혹은 미래를 위해 투자하려고 일하지 않았다. 그저
살아남으려고 일했다. 심지어 많은 사람들이 스스로의 삶을 꾸리지
도 못했다. 어떤 사람들은 노예였기 때문에 당시 견해에 따르면 타인
의 소유물이었다.

　이 책에서 이미 살펴본 역사의 다른 수많은 측면과 마찬가지로
오늘날 우리가 당연하다고 생각하는, 경제적 주체로서 자유롭게 움
직이는 인간이라는 개념은 비교적 새롭다. 이러한 깨달음 역시 계몽
주의의 산물이다. 애덤 스미스Adam Smith는 1776년에 저서 《국부론》에
서 "거래하고 서로 물건을 교환하는 것은 인간의 자연스러운 성향이
다"라고 말했다.[5] 그는 또한 사람에게는 원래부터 주어진 "다양한 재
능"이 있다고 보았다. 즉 모든 사람이 자신의 재능을 살려 무언가를
만들거나 행하고 그 결과를 시장에서 교환하면, 그 자체로 일반적인
이익을 촉진하게 된다. "모든 재능이 얻은 수익금이 이른바 공동의
기금으로 통합되기 때문"이다.[6] 칸트가 저서 《계몽이란 무엇인가》로
철학적·정치적 전환점을 만들었고 제임스 와트James Watt가 증기기관을
발명해 충적세*에서 인류세**로 넘어가는 전환점을 상징적으로 그
려냈던 것처럼,[7] 스미스 또한 경제적 자율이라는 개념으로 전환점을
만들었다.

＊　약 1만 년 전부터 현재까지의 지질시대.
＊＊　인류로 인한 지구온난화, 생태계 파괴 등이 이루어지는 시기를 이르는 표현.

자율적인 경제활동, 자유, 재산에 대한 권리란 수백 년에 걸쳐 인간이라는 존재의 개념이 서서히 변하면서 힘들게 투쟁해 얻어낸 결과다. 시장과 경쟁, 거래, 가격 형성은 인간 사이의 관계에서 역사적으로 검증된 메커니즘이다.

하지만 인간은 경제적인 존재일 뿐만 아니라 사회적이고 정치적인 존재이기도 하다. 그리고 본능과 감정, 지식의 한계에서 영향을 받는다. 인간은 항상 완벽한 결과물을 생산할 수 없을뿐더러 계속해서 완벽하게 이성적인 상태로 시장에서 활동할 수 없다. 결국 모든 세대가 새롭게 재능을 펼칠 수 있는 구조를 만들고 안전하게 지키는 것이 경제 및 사회 공동체가 마주한 본질적인 도전 과제다.

두 번째 도전 과제도 뒤따른다. 모두가 자신의 재능을 마음껏 펼친다고 치자. 그렇다면 인간이 생산한 결과물로 이루어진 공동 기금을 모두가 참여한 만큼 공평하게 이익을 얻도록 나누면서 동시에 모두가 부를 축적하고 경제력을 손에 넣도록, 그러면서도 자유로운 재능 발휘의 원칙이 지속적으로 보장되도록 하려면 어떻게 해야 하는가?

모두에게 공평하게 기회가 주어지는 상태를 보장하면 이상적으로 모두가 경쟁에 참여할 개방성을 얻고, 거기서부터 모든 개인의 기본권이 성공적으로 관철되면서 공동선을 이룰 수 있다.

한 사회를 **정당하다**거나 **적절하다**고 판단하는 기준은 역사와 문화에 따라 차이가 있다. 국가 혹은 사회 차원에서 보장하는 건강보험이 있는가? 그렇다면 누가 그 비용을 지불해야 하는가? 계약 당사자인가? 납세자인가? 세금 부담은 어떻게 분배되어야 하는가? 사람마다? 아니면 능력에 따라서? 재산에 따라서? 노인복지는 누가 책임지는가? 각 개인이 알아서 자신의 노후를 감당해야 하는가? 사회란 연합 공동체인가? 아니면 서로 연결되지 않은 개인, 가족, 단체가 모인 집단일 뿐인가? 정부의 원칙이 모든 국민을 얼마나 구속해야 하는가? 세금은 어느 정도까지 사회를 위해 사용되어야 하는가?

현대 사회에서 이러한 의문은 점점 더 늘어나고 있다. 그리고 세계 곳곳에서 저마다 다른 답이 도출된다. 어쨌든 그런 답변은 모두 역사적인 본보기가 있고 점차 성장한 문화적, 정신적 태도를 반영한다. 자유로운 시장만으로는 건강보험이나 사회보장 체계, 연금 체계 등이 저절로 만들어지지 않는다. 그래서 여러 사회가 끊임없이 이상적인 공정함을 추구하는 것이다. 물론 이상적인 공정함은 늘 새롭게 다루어져야 한다. 예를 들어 독일과 미국을 비교해보자. 두 국가는 경제체제가 매우 유사하지만 앞서 언급된 질문에 대해서는 각기 다른 답을 내릴 것이다.[8] 앞선 질문은 역사적으로 만들어진 것이며, 우리는 그것을 상기하고 현재를 위한 깨달음을 얻어야 한다.

국가와 국민: 다시 돌아보기

19세기까지만 해도 개인을 위한 정부나 국가의 도움은 제한적이었다. 정부나 국가의 도움이 존재한다고 하더라도, 사실 그것은 개인의 자발적인 구제 조치 덕분에 가능했다. 최초의 국가 지원 사회보험은 독일의 수상 비스마르크가 1883년에 도입한 건강보험이었다. 그다음 해에는 상해보험이, 1889년에는 연금보험이 도입되었다.

오늘날 복지 체제에 비하면 범위가 매우 제한적이었지만, 당시로서는 대단히 혁신적인 발걸음이었다. 물론 근본적인 동기는 막 성장하기 시작한 사회민주주의의 인기를 떨어뜨리는 것이었다. 동시에 **위에서부터** 만들어진 조직은 독일어권 지역의 수많은 **신하들**에게 아주 오래전부터 익숙했던(그리고 대개의 경우 예측되었던) 온정주의를 보여주었다. 16세기와 17세기의 종교 갈등은 이미 언급한 것과 같은 결과를 불러왔다. 영주가 영토 내에 사는 시민들이 소속될 종교를 결정하고, 또다시 벌어질 종교전쟁의 치명적인 결과를 책임져야 했다. 이 것은 국가와 정부가 개인의 안전을 돌볼 테니 개인은 국가와 정부가 만든 규칙을 따라야 한다는 신호다. 개인의 능력을 마음껏 펼치고 싶다는 소망은 정치에 참여하고 싶다는 요구만큼이나 달갑지 않은 것이었다. 정부의 권위와 보호 조항은 **독일의 자유라는 개념**을 구성하는 데 필수 요소였다. 독일제국의 사회보장 제도도 그 전통을 따른다.

1885년, 법적으로 보장된 건강보험에 가입한 사람은 약 470만 명이었다. 이는 인구의 10퍼센트에 해당했다. 제1차 세계대전이 발발하기 전날까지는 인구의 3분의 1 이상인 2,300만 명이, 1925년에는 독일제국 인구의 절반이 건강보험에 가입했다. 1990년부터 건강보험 가입자는 인구의 85퍼센트 정도다. 연금보험과 상해보험 가입자의 수도 비슷하게 증가해왔다. 1927년부터 보장되기 시작한 실업보험 가입자도 마찬가지다.

여기에는 국가와 사회가 그린 구체적인 그림이 반영된다. 국가의 도움으로 조직되어 (거의) 모든 인구가 기여해야 하는 연합 공동체다. 그 이면에는 이미 언급한 국민이라는 개념이 있다. 국민은 보호받으면서 동시에 의무를 이행해야 한다.

앵글로색슨계 국가, 특히 미국에서는 완전히 다른 견해가 지배적이었다. 미국에서는 개인이라는 개념이 더 우세하다. 즉 자신의 운명을 스스로 책임지고 타인과 경쟁해 알아서 돈을 벌고 의료비는 물론 노후 자금까지도 직접 준비해야 한다. 이러한 개인주의 문화는 흡연자인 직장 동료의 의료비나 무모한 행동을 하는 젊은이의 수술비를 나서서 부담하길 원하는 사람은 없으니 스스로 처한 위험은 알아서 돌보아야 한다는 생각에서 탄생했다. 즉 개인 책임의 원칙이 연대라는 개념보다 더 우선시된다.

개인이 더 높은 가치를 지닌다는 믿음은 거의 종교적인 믿음과 비슷하다. 특히 아무에게도 의존하지 않고 스스로를 돌볼 수 있을 만큼 경제적으로 성공한 사람들이 개인의 가치를 선전한다. 이데올로기와 결합하면 인간의 연합 공동체인 사회를 거부하는 태도가 더욱 굳건해진다. 이데올로기적 인간상의 근본적인 견해에 따르면 **사회**라는 것은 애초에 존재하지 않는다. 이에 관해서는 추후에 다시 설명하겠다.

사회보장 보험이 추구하는 연대의 원칙은 전통적으로 경제력의 차이가 극단적인 사회에 깊이 뿌리내리고 있다. 독일제국의 국민 중 대다수는 1880년대에 도입된 사회보장 보험 덕분에 삶의 부담을 크게 덜 수 있었다.

반면 미국인들은 대다수의 이민자를 아직 개발 중인 거대한 땅에 사회적으로 통합되도록 하는 국가 구조를 매우 낯설게 여겼다. 노동으로 출세할 수 있고 자유롭게 성공할 수 있다는 말은 수백만 명의 이민자들에게 현실적인 약속이었다. 막대한 자원을 품은 땅이 아직도 개발되고 있었고 수십 년 동안 계속 확장될 가능성이 있었기 때문이다.

유럽 대륙의 국가들은 또 다른 동기가 있었다. 강대국은 전쟁 시 싸울 수 있는 인원을 동원하기 위해 어느 정도 예측 가능성에 의존해야 했다. 즉 국민에게 병역의무를 지우면 그 인원을 언제가 되었든 병력으로 투입할 수 있을 것이었다. 사회적인 성과는 국가와의 연결성을 더 강하게 만들 수 있었다. 미국에서는 아무런 의미가 없는 일이었다. 영국에도 상비군이 없었다. 영국이 유럽 대륙으로 투입할 원정군을 꾸리기 위해 상비군을 모집하기 시작한 것은 제1차 세계대전이 발발하기 몇 년 전이었다. 이는 독일제국과 겨룬 체제 경쟁의 결과이기도 하다. 독일제국은 이미 전쟁으로 검증된 군대는 물론 새로운 함대를 보유했으며 경제조직과 과학 연구소를 갖춘 주요 위협이었다.

전쟁 자금 조달 문제는 국가 지배층과 국민의 태도에 큰 영향을 미쳤다. 국민들이 자국의 정치적 과정과 더 강력하게 결속할수록 국가로부터 경제적인 도움을 받을 가능성이 높았다. 지배층이 더 권위적으로, 더 이기적으로 움직일수록 국민들에게 직접적인 부담을 줄 가능성은 더 낮았다. 지배층으로서는 권위를 잃는 것이 가장 두렵다. 즉 공동체 사회에 더 큰 부담을 지우지 않으면서 강력한 지도자가 모든 것을 제대로 다스릴 때에야 지배층이 자신들의 권위를 정당하게 주장할 수 있다. 공동 자금 조달로 국민들을 쥐어짜면 다시 공동 결정을 요구하는 목소리가 높아질 수 있다.

1860년대 미국 남북전쟁 당시 남부의 상황과 제1차 세계대전 당시 독일제국의 상황은 어이없을 정도로 비슷하다. 미국 남부와 독일제국은 민주주의적인 공동 결정권을 되도록 멀리했고, 전쟁으로 인한 희생은 앞으로 전쟁에 승리해서 얻을 더 나은 시간 이후로 미루어 후세에 전가할 수 있을 것이라고 생각했다.[9] 미국 남부의 과두정치가들은* 노예제도를 계속 유지하고자 했고, 독일제국의 지배층은 군주 정체의 권력을 지키고자 했다. 미국 남부와 독일제국의 일반 시민들은 국가에 돈을 내야 했는데, 세금이 아니라(세금을 걷을 경우 공동 결정 요구라는 위험이 따른다) 안전하며 이자까지 받을 수 있는 투자금 명목이었다. 전쟁에서 이기면 돈이 더 불어나서 돌아올 터였다. 지배층은 국민들이 지는 부담을 적은 상태로 유지하고 전쟁에 이겨서 더 나은 상업 활동의 토대를 만들기 위해 애썼다. 독일이 세금 대신 부채로 전쟁을 진행한 탓에, 수많은 투자자가 패전 후 인플레이션으로 인해 서서히 몰락했다.

미국 남북전쟁은 조금 달랐다. 북부는 세금으로 자금을 모았다. 모든 참여자가 갈등으로 인한 비용을 잘 인식하고 있었다. 1864년 세입법이 제정되며 소득세율이 도입되었다. 소득세는 600달러 소득에 대해 5퍼센트의 세금을 떼는 법이었다. 당시 600달러는 현재 18만 달러에 해당한다(약 150만 달러 이상부터 7.5퍼센트의 세금이 부과되며, 300만 달러는 10퍼센트다).[10] 전쟁에 필요한 자금을 조달하는 과정에 더

---

* 과두정치는 소수의 사람이나 집단이 사회의 권력을 독점하는 체제를 말한다.

많은 시민이 참여하도록 만들어야 했다. 시민들은 자신들이 낸 세금이 낭비되지 않도록, 잘 알지도 못하는 승자에게 모든 돈을 갖다 바치지 않도록 전쟁에서 이기는 데 더 큰 관심을 가졌다. 즉 시민들의 경제적 참여가 오히려 지배층의 정당성을 지키고 감시한 셈이다.

제1차 세계대전 이전과 도중에 영국의 상황도 비슷했다. 세기말부터 특히 독일제국이 함대를 꾸리면서 발생한 군비경쟁이 치열해지면서 더 많은 국가 재정이 필요해졌다. 19세기에 차지하게 된 세계 강대국의 위치를 지키려면 함대를(이는 전제정치 지도자들에게 당연한 일이었다) 어떤 상대와 대전하더라도 이길 수 있도록 현대화해야 했다. 그러려면 여태까지 세금으로 거둔 돈보다 훨씬 많은 재정이 필요했다. 1909년 재무장관인 데이비드 로이드 조지David Lloyd George는 소위 "국민 예산"을 도입해 군비와 신중하게 사용되던 사회 지출 비용을 더 넓은 범위의 사회계층, 특히 부유한 귀족계급에까지 확대해 부과하고자 했다.[11] 그 후로 2년 동안 정부는 여태까지 소수 귀족계급이 누리던 특권에 반대하고 다수 인구의 편을 들었다. 국가는 특권층에 특히 부동산 판매, 상속, 터무니없이 높은 소득 등 인플레이션으로 얻은 불로소득의 일부에 대한 권리를 주장했다. 토지를 소유한 계급의 대표자들은 사회에 기여하라는 이런 요구에 격렬하게 저항했다. 그러나 그들은 주도권 싸움에서 지고 말았고, 그 결과 정치적으로뿐만 아니라 재정적으로도 그들이 여태까지 누리던 영향력의 일부를 잃었다.

제1차 세계대전은 이런 식으로 토지를 소유한 수많은 가문의 재정 능력과 권력 상태를 바꾸는 분수령이 되었지만,[12] 궁극적으로는 권력 체제와 사회 전체의 생존을 보장했다.

　영국의 귀족계급이 특권을 지키려던 싸움에서 패배하고 사회에 속한 한 집단으로서 전쟁의 결과 때문에 회복하지 못하고 있을 때, 미국의 재벌들은 19세기 말쯤 정치 실세로 성장했다. 1870년대에는 소득세가 다시 폐지되었다. 이민, 산업화, 경제성장 등이 이루어지며 미국의 국부 또한 기하급수적으로 증가했다. 시장구조는 카르텔에 유리했고 불평등을 부추겼다. 통계학자인 조지 K. 홈스George K. Holmes의 분석에 따르면 1890년에는 "부유한 10퍼센트가 전체 자산의 71퍼센트 이상을 소유하고 있었다."[13]

　이를 독일제국과 비교하기란 복잡하다. 독일제국의 영토는 1871년에야 명확하게 구분되었기 때문이다. 통일된 독일이 탄생하기 전까지 존재하던 각 지역 및 왕국의 소득세는 저마다 달랐다. 프로이센에서는 1851년부터 농민들이 소득세를 냈다(1874년부터는 모든 주민들이 일정 수준 이상의 소득을 얻으면 소득세를 냈다). 브레멘은 1864년부터, 헤센 대공국은 1869년부터, 작센은 1874년부터, 함부르크는 1881년부터, 바덴은 1884년부터, 뷔르템베르크는 1905년부터, 바이에른은 1912년부터 소득세를 도입했다.[14] 제3제국 때까지는 고소득 계층만 의무적으로 소득세를 내야 했고, 오직 그들만이 관련 정보를 알 수 있었다. 제2차 세계대전 이후부터는 "하위 50퍼센트"도 정보에 접근할 수 있었다.[15]

　1923년부터 시작된 초인플레이션을 거치면서 이전까지는 특히 상위 소득 집단이 이익을 보던 이자소득을 책임진 대규모 자본이 무너졌다.[16] 기업이 얻는 이익 또한 전쟁 전과 비교해 줄어들었다. 최근 계산에 따르면 "상위 1퍼센트 집단의 소득 점유율이 1918년 20퍼센트에서 1925년 11퍼센트로 떨어졌으며, 1933년까지 그 수준으로 유지되었다."[17] 민족사회주의 시기에는 가장 부유한 1퍼센트가 괄목할 만큼 성장했다. 최상위 소득 계층의 점유율은 1933년 11퍼센트에서 1938년 17퍼센트로 다시 늘었다.[18]

이로써 나치 독재 정권이 부유한 인구 집단에 얼마나 많은 혜택을 주었는지를 알 수 있다. 이는 특히 1933년부터 지속적으로 확대되어 GDP의 상당 부분을 차지한 군비 확장 때문이다. 1939년 전쟁이 시작될 때까지 민족사회주의자들은 대략 600에서 650억 마르크를 군비로 지출했다. 비교를 위해 덧붙이자면 1934년 4월 1일부터 1939년 3월 31일까지 모은 전체 세수가 624억 마르크였다. 즉 전쟁에 대비해 군수품을 생산하고 정권과 밀접한 관계를 맺고 있던 사람들만이 불공평할 정도로 어마어마한 돈을 벌게 된 셈이다. **일반인**은 완전 고용되어 일하고 있었음에도 가능한 많은 재정 자원을 군비 지출로 돌리기 위해 강제로 소비를 자제할 수밖에 없었다.

히틀러 정권이 이데올로기 목표를 위해 경제적 합리성을 희생하고 특히 나치 체제를 순종적으로 따른 기업에 의존했다는 사실은 잘 알려져 있다. 돈은 중요하지 않았으며 이익은 (공식적인 프로파간다와는 달리) 그에 상응해 높아질 수 있었다.[19] 이러한 계산은 이데올로기적인 동기를 기반으로 한다. 모든 비용은 패배한 나라의 국민들이 지불해야 한다. 이때 비용이란 전쟁 중은 물론이고 그 이후에 드는 것까지 포함한다. 따라서 "외국의 경제를 최대한으로 활용해"[20] 자신들에게 이득이 되도록 하는 것이 독일 정치의 목표였다. 그래서 독일인들은 사람들을 착취하고 파괴하는 기계를 활용해 1939년 9월부터 1945년 초까지 유럽 대륙을 지배했다. 이데올로기를 중심으로 한 전쟁의 목표는 **최후의 승리** 이후 패권을 쥐기 위해 미리 준비하는 것이었다. 따라서 독일인들이 전진할 때마다 주변 지역은 초토화되었고 이후 유럽 전역이 자신들의 땅을 되찾고 해방하기 위해 싸워야 했다.

특히 최후의 승리를 광적으로 믿던 독일인들은 작은 마을까지 침략해 유린과 파괴를 일삼았는데, 정작 자신들은 전쟁의 물질적인 결과로 큰 손해를 입지 않아도 되었다. 물론 독일 영토 또한 파괴되거나 다른 나라에 빼앗겼지만, 서구 연합국은 살아남은 사람들의 삶을 안전하게 만드는 데 책임을 느꼈다. 독일 사람들이 느끼는 재정적, 경제적 결과는 저마다 천차만별이었다. 1948년 화폐개혁이 일어나면서 투자로 얻는 자본 수익이 한 세대 만에 벌써 두 번째로 곤두박질쳤다. 그러나 기업 자산과 부동산은 "거의 피해를 입지 않았다."[21] 이른바 부담 조정*이 있었음에도 유형자산을 소유한 사람들은 애초부터 유리했다. 이후 전체 수입 대비 상위 1퍼센트가 벌어들이는 수입의 비율이 1980년대까지 "11에서 13퍼센트 사이"로 고정되어 움직이지 않았다.[22]

제2차 세계대전은 언뜻 보기에는 냉소적이지만 부정할 수 없는 결과를 낳았다. 우선 집, 공장, 공공시설물이 파괴되었으니 전부 다시 짓거나 수리해야 했다. 그만큼 수요가 폭발적으로 증가했다. 이처럼 엄청난 성장이 이루어진 결과 독일은 1950년대에 경제 발전의 기적

---

* 전쟁 중 재산을 잃고 고국을 떠난 독일인들에게 보상하는 법안.

을 이룩했다. 독일의 GDP는 1950년부터 1956년 사이에 두 배가량 늘었고, 1960년까지는 거의 세 배 늘었다. 1969년에 정권이 바뀌기 전까지 20년 동안 경제가 무려 여섯 배나 성장했다.[23] 경제적인 성공을 이루자 독일인들이 새로운 정치체제를 판단하기 쉬워졌다. 바이마르공화국에서와 달리 민주주의와 의회중심주의가 패전이나 위기와 동일시되지 않고 오히려 경제적 성장과 개인의 자유(동독에서는 매일 이에 반대하는 시위가 벌어졌다), 민주주의적인 검증으로 대표되기 시작했다.

두 번째로 중요한 요소는 수백만 명의 남성들이 전쟁에서 사망해 젊은 세대가 경제적 확장과 함께 급격하게 성장할 수 있었던 일이다. 젊은 세대는 형식적인 자격을 갖출 의무가 비교적 적었다. 1930년부터 1945년 사이에 태어난 이들은 1970년대 초까지 경제성장을 가속했다. 경제, 행정, 학문 등 많은 분야에서 새로운 일자리가 생겼고 이것 역시 그 이후 어떤 세대도 다시 경험하지 못한 출세의 기회가 되었다.

1948년부터 1974년 사이의 경제 발전은 과장을 조금 보태자면 "황금시대"라고 불리는 수준이었다.[24] 독일뿐만 아니라 모든 유럽 국가, 그리고 미국에 살던 수많은 사람이 경제가 실로 천정부지로 치솟듯이 성장하리라고 생각했다. 1944년 7월, 전쟁 막바지에 프랭클린 루스벨트Franklin Roosevelt 대통령 이하 미국 정부는 브레턴우즈에서 "세계 경제를 위한 제도적인 테두리"[25]를 만들었고, 이것은 1973년 3월까지 유효했다.

경기가 잠시 주춤한 적은 있었지만 독일에서는 부가 폭발적으로 증가하던 25년 동안 모든 인구 집단이 이익을 얻었다. 완전 고용이 이어지면서 임금이 지속적으로 인상되었고 사회 초년생은 안정적으로 경력을 쌓을 수 있었으며 은퇴자는 국민 친화적으로 혜택을 늘린 연금보험으로 짭짤한 수입을 얻었다.

사회복지 국가는 국고가 풍부해야 성장한다. 그런데 영원할 줄로만 믿고 있었던 경제 호황이 1973년쯤 끝을 맞이했다. 브레턴우즈 협정으로 마련되었던 통화제도가 무너졌고, 같은 해 10월 발발한 욤키푸르 전쟁*으로 오일쇼크가 발생했다. 그로 인한 경제적인 결과로 당시 사람들은 자신들이 수십 년 동안 경험했던 **붐**이 사그라지리라는 사실을 알았다. 급속하게 변화하는 산업사회에서 노동자는 몇 년 동안은 임금 인상을 목표로 열심히 일할 수 있었으나 실직, 구조조정, 점차 진행되는 세계화 등에 따라 앞으로도 끊임없이 성장해야 하는 사회복지 국가에서 자원 배분을 두고 새로운 투쟁을 벌여야 했다.

그로 인해 탄생한 것들은 그때까지 듣도 보도 못한 높이에 도달했다. 사회복지 국가의 능력을 이해하는 데 중요한 판단 기준이 GDP 대비 사회복지 지출이다. GDP, 즉 국경 내에서 만들어진 모든 물건과 서비스의 가치 중 사회복지 비용으로 지출된 것이 어느 정도의 비율을 차지하는지를 살펴야 한다. 독일의 경우 1960년 사회복지 비용이 284억 유로였다.[26] GDP 대비 비율은 18.3퍼센트 수준이다.[27] 1970년 사회복지 비용은 730억 유로까지 상승했고, GDP 대비 비율 또한

---

* 1973년 아랍-이스라엘 전쟁 또는 라마단 전쟁이라고도 불리며, 이집트와 시리아를 주축으로 한 아랍 연합군과 이스라엘이 벌인 전쟁.

20.2퍼센트로 늘었다. 1980년에는 사회복지 비용이 2,027억 유로,
GDP 대비 비율은 25.7퍼센트로, GDP의 4분의 1을 넘었다.

사회가 해결해야 할 과제는 끊임없이 늘어나고 실업률은 상승
하며, 인플레이션은 심해지는데 경제성장은 둔화하고, 경제 호황의
끝이 다가오고, 경제 부문에서 전능한 힘을 가진 원동력이자 복지를
책임져야 하는 존재로서 국가가 갖는 부담 또한 점점 무거워진다.
1970년대 경제와 사회 부문에서 위기의식이 널리 퍼진 가운데 이러
한 여러 증상이 한꺼번에 발생하며 급진적인 변화가 필요하다는 목
소리가 커졌다. 국가의 간섭을 더 줄이고, 개인의 책임을 늘려야 하
며 시장에서 더 자유롭고 더 개방적인 경쟁이 이루어져야 한다고 주
장하는 사람들이 늘었다. 돌이켜보면 1970년대 후반의 전환점은 신
자유주의로 가는 길을 여는 신호탄처럼 보였다. 어쨌든 그 이후에도
많은 일이 일어났다.

신자유주의적 변화와 그 결과

"신자유주의"는 그 몇 년 전부터 정치적 투쟁의 구호
로 쓰였다. 하지만 이 책에서는 1980년대 이후 시대를 특징짓는 특정
한 세계상과 인간상을 나타내는 일반적인 개념으로 쓰겠다. 신자유주
의의 선구자이자 정치적 개척자로는 경제학자인 프리드리히 하이에
크Friedrich Hayek나 밀턴 프리드먼Milton Friedman 및 이들을 중심으로 한 이른
바 시카고학파, 몽페를렝 협회 등이 언급된다. 비슷한 뜻을 품은 경
제학자들이 모여 구성한 이 단체들은 제2차 세계대전 말부터 1980년

대까지 뜨거운 논의를 이어갔고, 그 결과 국가의 역할 변화에 관한
일종의 설명서가 만들어졌다. 이들은 공산주의적 계획경제(냉전 시대
에는 어쨌든 당연한 것이었다)뿐만 아니라 세계대전 이후 국가가 유럽
및 북미의 사회 정치나 경제 정치에 점점 더 깊고 넓게 개입하는 것
에 반대하는 의견을 피력했다. 새롭다는 뜻의 "네오neo"는 이전까지
존재하던 자유주의의 개혁과 경계 설정을 의미한다.* 신자유주의를
추구하는 경제학자들에게 이전까지의 자유주의는 전쟁 시기의 경제
위기 속에서 실패한 것처럼 보였기 때문이다.

　신자유주의자들이 모두 같은 의견이었던 것은 아니지만, 어쨌
든 그들의 사고방식과 이데올로기 신념은 인간의 경제적 본성으로
잘 설명된다. 자유주의의 요지는 무엇보다도 존 메이너드 케인스John
Maynard Keynes에 반하는 것이다. 케인스는 그 이름이 국가와 동의어로 쓰
일 정도로 국가가 시장에 개입하고, 심지어는 시장의 균형을 맞추거
나 시장을 통제할 수 있다고 믿었다.

　많은 정치인이 케인스의 이름을 언급했고 세계 경제 위기가 닥
친 상황에서도 예외는 아니었다. 1945년 이후 경제활동이 침체되었
을 때도 대부분 새로 생긴 부채로 자금을 조달해 정부 재정으로 투자
하는 것을 정당화하기 위해 케인스를 언급하는 사람들이 있었다. 당
시 논쟁의 중점은 자유주의자들이 선전하듯이 사람들에 대한 규제와
제어를 줄이고 그들이 자유롭게 자신의 운명을 결정하도록 하는 대
신 국가가 개입해 경제를 활성화시키고 경제활동을 조율할 수 있으

＊　신자유주의는 영어로 "Neoliberalism"이다.

리라는 것이었다.[28] 간섭주의와 경제를 통제하고 조종한다는 전지전
능한 환상에 가까운 믿음에 대한 비판은 1970년대 초 이후 광범위한
대중의 위기감을 마주했다. 1973년 오일쇼크가 발생하자 경기가 침
체하고 동시에 인플레이션이 발생해서 케인스 학설은 힘을 잃고 끝
을 맞이한 것처럼 보였다. 이후 발생한 국가 부채는 거의 죄악 취급
을 받았다. 물론 그 범위가 오늘날에 비하면 귀여운 수준이지만.

시대의 위기감은 변화 욕구를 가속화했다. 드디어 신자유주의
지지자들이 자신들의 이념을 직접 실행할 정치인들과 의회에서 다수
의석을 차지한 정당을 찾았다.

영국에서는 이러한 세계상을 대표하며 확고한 신념을 가진 정
치인으로서 1979년 대처가 권력을 잡았다. 이 섬나라는 이미 전 세계
에 내부 갈등뿐 아니라 개혁이 불가능한 모습까지 보여주었다. "불만
의 겨울Winter of Discontent"* 동안에는 전국적으로 파업이 일어났고 사람들
은 낡은 공장의 업무 부담과 낮은 생산성, 급격한 인플레이션과 높은
실업률 등으로 고통을 겪었다.[29] 수백만 영국인들은 더 이상 나빠질
수 없는 최악의 상황에 봉착했다고 느꼈고 급진적인 개혁이 시급히
필요하다고 생각했다.

대처는 1979년에 신자유주의를 주장해서가 아니라 경제와 사회
에 새로운 추진력을 가하기 위해 당선되었다. 그다음 해에 대처와 비
슷한 이념을 공유하는 로널드 레이건Ronald Reagan이 미국 대통령이 되었

---

* 1978년에서 1979년. 영국 내 노동조합들이 임금인상률 상한제에 반발하는 의미로 총파업
을 시행한 사건.

다. 두 사람 모두 자신의 아이디어를 현실로 만들기 위해 시간을 한
시도 허투루 쓰지 않았다. 레이건은 1981년 1월 20일 취임 연설에서
"정부는 우리가 처한 문제를 해결하는 해답이 아니다. 정부가 문제
다"라고 말했다.[30] 대처는 1986년에 철저한 개인주의를 주장하며 여
성지 〈우먼스 오운〉과 인터뷰를 했고, 이 내용은 나중에 유명해졌다.
"사회라는 건 존재하지 않는다."[31] 1986년의 현실과는 꽤나 동떨어진
순진한 사상이었다. 영국에는 **사회**라는 것이 존재했다. 어쨌든 대처
의 인간상을 순진하다고 비웃는 것은 잘못된 일이었을 테다. 대처가
수상으로서 영국 사회를 형성하는 사고방식과 제도 등을 알게 된 데
에는 조력자 수천 명의 도움이 있었기 때문이었으니 말이다.[32]

대처는 현실에 관심이 없었다. 수많은 연설과 인터뷰를 보면 알
수 있듯이 대처는 반론의 여지를 주지 않고 근본적인 의문에 무모하
게 덤벼들었다. 자신이 직접 겪은 삶에서부터 이데올로기의 정당성
을 이끌어냈기 때문이다. 대처는 사회에 관해 언급할수록 사람들이
개인의 무책임이라는 안락한 장소로 도피하도록 조장하고 동시에 근
면한 사람들을 무력화할 것이라 생각했다. 대처에 따르면 국가는 한
발짝 뒤로 물러나 있고, 각 개인이 가족과 자신의 삶을 알아서 챙겨
야 한다. 이는 대처가 식료품 상인이자 지역 정치인이던 아버지로부
터 배운, 헌신적이고 자신의 일은 스스로 책임지는 이상적인 인간상
에 해당한다.[33]

개인의 재산이 개인의 책임을 촉진한다는 대처의 견해를 뒷받
침하는 역사적 증거가 많다.[34] 재산을 소유한 자는 사용 가능한 재산
의 외적인 부분만을 이용하는 것이 아니다. 그 사람은 영원히 재산을

소유하는 데 대한 내적인 책임을 져야 하며 그가 몸담고 있는 공동체를 위한 성과를 내야 한다.

이에 따라 대처는 수십 년 전부터 논의되던, 사회 구축 프로그램의 일환으로 지어진 공공주택의 사유화를 적극적으로 주장했다.[35] 대처는 1979년 선거 유세 기간 동안 "구입할 권리"를 자세하게 선전하며 가격 인하 계획까지 구체적으로 발표했다. 수많은 세입자들이 사유화를 구미가 당기는 제안이라 생각했고 대처 집권 기간 동안 주택 소유율이 가구의 70퍼센트 이상으로 증가했다.[36] 이는 대처 개인의 성과였을 뿐만 아니라 재산을 소유하는 데 성공한 사람들이 책임감이라는 정체성을 확립하는 데 큰 영향을 미치는 사건이었다.

이제 많은 사람들이 사유재산의 가치와 국가의 역할, 과제, 한계에 눈을 돌리기 시작했다. 그러나 대처의 이데올로기에 따른 조치는 더 나아가서 심지어 그 자신을 무너뜨리기에 이르렀다.

어떤 사회든 모든 것을 온전히 스스로 책임질 능력이 없는 사람들이 있다. 만성적인 질병이 있거나, 능력이 부족하거나,[37] 임금이 적은 직업군에서 일하거나, 실업자여서 주택자금 대출을 받지 못하는 사람들이다. 이런 사람들에게 "구입할 권리"란 그저 허상뿐인 약속이었다. 자신의 힘으로는 목표에 도달할 수 없는 사람들과 그 자식들에게 제몫을 가질 수 있는 길을 열어주는 것, 그것이 풀어야 할 숙제였다.

대처의 세계상과 인간상은 이러한 문제와 도전 과제를 계속해서 무시했다. 결의성의 부재, 불충분한 노력과 원칙, 가족 간 연대 의식의 부재를 만든 원인은 국가 혹은 **사회**가 책임질 수 없는 것이며 오로지 각 개인만이 책임질 수 있다고 생각했다. 즉 국가는 아무런 책임도 지지 않았다. 그저 모든 개인을 똑같이 대하는 식으로만 개입할 뿐, 나머지 경우에는 방관하기만 하면 되었다.

이렇게 이데올로기가 극단으로 치달으면서 대처가 수상의 자리에서 물러날 때가 다가왔다. 대처는 지방세를 수입이나 재산과는 관계없이 오로지 **머릿수에 따라** 부과하는 방식으로 모든 개인을 똑같이 대할 수 있다고 생각했다. 말하자면 버스 운전사가 백만장자인 기업가와 같은 세금을 내야 했다는 뜻이다. 그것이 아무런 문제가 없는 일이라면, 버스 운전사가 백만장자가 될 길도 열려 있어야 했다.

1980년대부터 신자유주의라는 이름으로 승승장구했고 지금도 우리 사회에 영향을 미치고 있는 이데올로기의 문제점이 바로 거기에 있었다. 변화의 추진력이나 변화의 결과로 개인이 가질 수 있는 삶의 기회는 대개 무시되었다. 그러다 보니 개인은 도저히 대응할 수 없는 격변이 발생할 수 있었다. 그렇기 때문에 국가, 사회, 공동체의 연대로 이루어진 질서 구조가 반드시 필요하다.

공로가 없는 승자, 잘못이 없는 패자

영국의 예시를 보면 일목요연하게 알 수 있다. 영국은 여러 거대한 국민경제에서 지난 40년 동안 아주 비슷하게 벌어진 발전 과정의 현실적인 상징이자 본보기다. 그러니 조금 더 자세히 알아보도록 하자. 마거릿 대처가 1990년 11월 자리에서 물러나야 했을 시기에, 영국인 100명 중 70명은 자기 소유의 집에 살고 있었다. 그 중 15명은 대처의 정치체제 덕분에 집을 소유할 수 있었다. 그들이 집을 구매할 당시에 이미 주택 가격이 엄청나게 인하된 상태였으니 (평균적으로 40퍼센트 이상) 아무런 노력을 하지 않고도 두둑한 수익을 얻을 수 있었다. 어떤 사람은 1만 2,000파운드만 내고도 2만 파운드 가치의 주택을(1980년대 초반에는 비싼 가격이었다) 살 수 있었다. 이 사람이 주택 구입에 필요한 모든 비용을 대출로 마련했다고 치자(전액 대출이 가능하긴 했지만 꼭 필요하지는 않았다). 그러면 주택 가격의 60퍼센트가 담보로 잡힌다. 구매자는 매매 계약서에 서명하는 것만으로 자산을 8,000파운드 늘릴 수 있다. 동시에 그 사람의 사회적 지위도 올라간다. 그는 전체 인구 중 대략 3분의 2 이상을 차지하는 주택 소유자 대열에 들 수 있다. 다음 선거에서 그는 자신의 지위를 확고하게 지켜줄 정당에 투표할 가능성이 높다. 구입할 수 있었던 사람은 분명히 승자였다.

그러다가 1990년대 중반부터 집값이 급격하게 상승했다. 영국은 19세기부터 법적으로 모든 부동산 매매 가격을 데이터베이스(토지 등기소)에 저장해두었기 때문에 그 숫자를 정확히 알 수 있다. 1997년부터 2007년 사이에 집값은 평균적으로 세 배나 뛰었다.

앞서 대처 시대에 집을 샀던 사람의 예시로 다시 돌아가자. 그가 1985년에 주택을 구입했다고 하자. 1997년까지는 집값이 오르지 않았다. 그러다가 원래 2만 파운드였던 집값이 2007년에는 6만 파운드가 되었다(기억하겠지만 그는 1만 2,000파운드로 집을 샀다). 대략 20년 만에 그의 자산이 다섯 배가 되었다. 그는 승자였고, 자신의 능력과 현명함 덕분에 이 모든 일을 이루었다고 생각했다.

이러한 일이 영국 전역에서 발생했다. 만약 1997년에 전체 인구 중 3분의 2에 해당하는 사람들이 10년 동안 부동산을 소유하고 있었다면 그들의 부동산 자산은 세 배로 늘었다. 반면 1997년에 부동산 자산이 0이었던 나머지 3분의 1의 자산 또한 2007년에 세 배로 늘어 결국 계속 0이었다.[38] 이는 대처가 그토록 중요시하던 개인에게 단순하면서도 가혹한 일이었다. 어떤 사람들은 아무것도 하지 않아도 승자였고, 어떤 사람들은 아무 잘못도 하지 않았는데 패자였다. 이러한 결과가 그때그때의 생활양식과 가족 및 자녀의 희망에 미친 영향은 매우 거대했다. 사람들에게는 직접적인 책임이 없었는데도 말이다.

여기서 우리는 신자유주의라는 개념과 직접 연관이 있는 두 가지 측면을 논의해야 한다. 집값 상승은 어떻게 이루어졌는가? 그리고 그러한 발전 과정이 사회에 어떤 영향을 미치는가?

사람들이 집을 활발하게 매매할 때 쓴 돈은 서로에게 공급되는 각기 다른 출처에서 나왔다. 우선 더 크고 비싼 집을 사서 **재산의 사다리**를 더 높이 올라가고자 하는 사람이 계속 늘어났다. 어떻게 직접 노력하지 않고 사유화만으로 두둑한 재산을 챙길 수 있는지 조심스럽게 지켜보는 사람도 많았다. 대출을 받을 수 있었던 사람은 돈을 빌려서라도 첫 번째 단을 올랐다. 이미 재산이 있던 사람(대처 집권이 시작되던 시기에는 인구의 약 절반 정도였다)은 벌써 유리했다.

1985년에 집을 산 사람의 사례로 돌아가자. 그가 할부금을 단 한 푼도 갚지 않고 이자만 내고 있었다고 치자(물론 그럴 가능성은 현저히 낮다). 그는 2007년에 4만 8,000파운드의 재산을 보유하고 있었다(주택 가격 6만 파운드에서 원래 대출 받은 돈을 제외한 것). 그 돈으로 처음 대출 받은 돈의 대부분을 상환할 가능성이 높다. 그런데 만약 그가 2,000파운드 정도만 상환한 다음 1만 파운드는 대출한 상태로 있다고 치자. 그는 현재의 집값을 기준으로 새로운 담보대출을 받을 수 있고, 그 돈으로 더 큰 집을 살 수 있다. 당시 집값의 80~90퍼센트를 대출 받는 일은 보편적이고 통상적이었다. 지금 집을 팔아도 5만 파운드가 남는다. 그는 다른 집을 살 25만 파운드를 신용 대출로 받을 수 있다.

승리자가 되었던 경험을 바탕으로 그는 자신의 한계까지 도전하기로 했다. 그는 25만 파운드에 산 집의 집값이 몇 년 후 불어나서 더 높은 값에 집을 팔거나 아니면 더 많은 돈을 대출 받길 바란다. 집값 상승에 대한 기대와 지난 40년간 이루어진 인플레이션이라는 현실이 인플레이션 그 자체를 더욱 가속했다.

하지만 붐이 붐을 낳는다는 말만으로는 설명이 충분하지 않다. 그 이후 영국에, 특히 런던에 중대한 영향을 미친 두 가지 요소가 등장한다. 하나는 1980년대 중반부터 금융 경제에 개혁이 일어난 것이다. 어떤 이의 말을 빌리자면 "신사적 자본주의의 죽음"이었다. 이러한 **빅뱅**과 금융시장의 해방 이후, 런던은 유럽 금융시장의 중심이 되었고 수십만 은행가들을 끌어모았다.

2008년 금융 위기가 닥칠 때까지 약 20년 간 매해 연초 상여금 시즌은 런던 부동산 시장으로 수백만 파운드가 흘러들어가는 신호탄이었다. 보너스를 **돌과 모르타르**에 투자하는 것은 안전한 선택이었다. 투자한 모든 사람이 매년 집값 상승을 기대할 수 있었기 때문이다. 인플레이션 덕분에 동기를 얻은 사람이 더 많은 돈을 대출 받아 더 많은 투자를 감행했고, 그 결과 집값 인플레이션은 더욱 촉진되었다.

그리고 영국과 런던을 특별한 역할을 하도록 각성시키는 세 번째 요소가 등장한다. 영국의 민주주의와 법치주의는 런던 사회를 국제적이고 개방적인 곳으로 만드는 견고한 체제로 여겨졌다. 여러 사람과 문화가 섞인 런던이라는 도시는 안전한 투자를 원하는 전 세계 억만장자와 조만장자에게 아주 매력적이었다. 런던의 부동산 업자는 인기 있는 지역에 부동산을 구입하려는 고객에게 자금을 어떻게 조달했는지 묻지 않는다. 행정 당국 또한 부동산을 구입한 사람이 건물을 직접 사용하는지, 아니면 빈 곳으로 두고 집값이 상승하길 기다리는지 신경 쓰지 않는다.

여기서도 지난 40년 동안의 유행을 정확히 알 수 있다. 아프리카 권력자의 자녀부터 러시아의 과두정치가, 아랍 지역의 샤이크,* 아시아의 거물까지 많은 이들이 예나 지금이나 런던 부동산에 수백만 파운드를 투자하고 있다. 그들이 가끔 런던을 찾을 때 묵으려고 부동산을 구입했든, 아니면 그저 돈을 한 국가에 묶어두기 위해 구입했든, 영국은 위기가 닥쳤을 때도 자국 영토에 충분한 돈을 투자한 사람들을 안전하게 지켰다. 구입(인플레이션과 함께) 또한 유익한 투자가 될 수 있다는 점이 증명되었다.

이 모든 일들이 오늘날 우리 사회에 미친 영향은 무엇인가? 빈부격차는 고착화되었고 사회적 계층 이동 가능성은 줄어들었다. 부동산 인플레이션은 사회의 특정 계층이 불로소득으로 엄청난 재산을 쌓을 수 있도록 했는데, 이는 업적주의 원칙에 반하는 현상이자 메리

---

* 수장, 지식인 등을 뜻하는 아랍어.

토크라시*의 이상에 반대되는 것이었다. 다른 영향은 더 심각했다. 이익만을 추구하고 이윤을 극대화하려는 기업이 늘면서 교육 체제와 대학도 바뀌게 되었다. 우리 사회는 점진적인 분열과 더욱 커지는 적대감이라는 결과를 경험하고 있다.

이 책에 언급한 내용은 영국만이 아니라 다른 거대한 국민경제에도 해당한다. 우리는 여러 예시를 비교할 수 있다. 능력이 비슷하더라도 인플레이션으로 이득을 본 사람들은 땀 흘려 일하지 않아도 과도한 소득을 얻으며 사회적 지위를 높일 수 있다. 또한 그렇게 얻은 재산을 현금, 부동산 그리고 무엇보다도 국제적으로 교육받을 수 있는 기회라는 형태로 후손에 전달한다. 이런 모든 것이 그 과정을 더욱 가속화한다.

영국에서 흔히 "퍼블릭 스쿨"이라고 불리는, 높은 교육비를 자랑하는 사립학교 시장은 수백 년 전부터 유명하다. 이튼 스쿨, 럭비 스쿨, 윈체스터 스쿨 등은 국적을 막론하고 자식에게 최적의 출발점에서 인생을 시작할 기회를 주고자 하는 부유한 부모들이 자녀를 입학시키기를 갈망하는 학교다. 이런 학교는 어마어마한 교육비(1년에 5만 파운드)가 드는 엘리트 양성 기관으로서 평생 동안 이어지는 인맥과 동급생 및 그 부모 사이의 국제적인 연결망을 만들어주며, 이는 나중에 유용하게 쓰인다. 이러한 특권이 그들 각자의 능력으로 이루어낸 것이라면 비난받을 일은 아니다. 하지만 바로 그 지점이 여러

---

* 능력주의 혹은 능력주의 사회를 의미하는 말.

이유에서 의문시되어야 한다. 이런 학교의 교육비는 사회적인 금지 조치나 마찬가지다. 즉 그 금액을 감당할 수 있는 사람들만이 교육을 받을 수 있으며, 재력이 없는 사람은 능력이 아무리 뛰어나더라도 그런 교육에 접근할 기회가 제한되기 때문이다. 기묘하게도 이런 사립학교는 비영리단체로 지정되기 때문에 막대한 세금 혜택을 받는다. 모든 납세자가 낸 세금으로 꾸려진 보조금이 특권층 교육기관에 쓰이고 있는 셈이다.

영국 이야기를 이어가보자. 앞서 언급한 국제적으로 유명한 사립 중·고등학교 외에도 영국에는 비슷한 조건과 약속을 제시하는 거대한 시장이 있다. 사립학교 학생들이 공립학교 학생들보다 원하는 대학에 더 많이 합격하도록 만들 수 있다는 시장이다. 이 시장 또한 수백 년 전부터 여러 계급으로 나뉘어 있었다. 가장 높은 곳에 선 곳이 옥스퍼드와 케임브리지다. 그 뒤로 수십 군데의 이름난 대학이 줄을 선다. 몇몇 대학은 런던에 있고, 나머지는 영국 전역에 흩어져 있으며 매년 전 세계 최고 대학 순위에 이름을 올린다. 이런 학교에서 졸업장을 따면, 세계 시장에서 그것을 인정하는 사람들이 늘어나고 있기 때문에, 더 많은 돈을 벌 수 있는 직업을 가질 가능성이 높아진다.[39]

지금까지 집값 상승과 교육의 화폐화 그리고 대학 졸업 기회의 화폐화가 어떤 연관성이 있는지 살펴보았고 사회적 지위를 지키거나 높이는 데 사용될 근로소득의 전망을 알아보았다.

물론 대학은 어떤 학생들을 입학시킬지 자율적으로 결정한다. 하지만 어쨌든 영리를 추구하는 기업으로서 근본적으로는 등록금과 기부금으로 운영되기 때문에 여러 이해관계가 얽혀 있을 수밖에 없다. 그래서 대학은 되도록 똑똑한 학생들, 향후 기업가나 경영자, 정치인(혹은 학자)으로서 성공한 사회 지배층이 될 수 있을 것 같은 학생들을 원하고, 그 결과 대학의 명성과 특히 수입을 높이고자 한다. 성공한 졸업생들이 나중에 모교에 어마어마한 돈을 기부하기 때문이다.

특히나 옥스퍼드나 케임브리지처럼 기부금을 내서 자신의 명성을 더욱 드높일 수 있는 대학의 경우 졸업생의 기부가 줄을 잇는다. 성공한 학자들은 특허나 공적 자금, 기업으로 받은 지원금 등으로 대학의 살림살이에 보탬이 된다. 그러니 대학 지원자가 부유한 부모를 배경으로 두고 있는 것은 흠이 아니다. 이는 학생 본인에게만 이익인 것도 아니다. 유복한 학생은 아무런 어려움 없이 등록금을 전액 지불할 수 있으며 생계를 이어가기 위해 틈틈이 일해야 할 필요도 없으니 말이다. 부유한 부모는 자녀를 도우려고 다방면에서 지원을 아끼지 않는다.

그렇지만 옥스퍼드나 케임브리지처럼 수많은 학생들이 선망하는 대학이 부모의 재산만 보고 지원자를 합격시켰다가는 상상도 못할 질타를 받을 것이다. 그래서 지원자의 성적을 바탕으로 합격 여부를 결정해야 한다. 그런데 지난 수십 년 치의 대학 입학 통계자료를 보면 옥스퍼드나 케임브리지 합격자 중 대다수는 사립 고등학교 출신이라는 점을 알 수 있다. 가장 선호도가 높은 대학의 합격자 중 대부분이 영국 및 전 세계의 아주 부유한 집안 출신이라는 것이 과연 우연일까?

단순하게 생각해보자. 대학이 정말로 성적만으로 합격자를 선별한다고 치자. 그런 학생들은 어디 출신일까? 답은 간단하다. 결국 자원이 많은 학교일수록 학생들이 얻을 수 있는 기회도 많다. 공립학교는 정치인들의 의지에 따라 달라지는 세금을 두고 서로 싸워야 한다. 정치권이 개인과 가족이 국가 공동체의 가장 기본적인 단위를 구성한다고 생각한다면, 그런 사회에서는 부모와 가족이 자녀의 교육 과정을 선택하고 그 비용을 지불해야 한다. 이런 이데올로기 속에서 사립학교는 "사회 같은 것은 존재하지 않는다"는 생각의 자연스러운 결과다. 그 이후 어떤 일이 발생하는지는 보지 않아도 알 수 있다.

경쟁은 태어난 직후부터 시작된다. 모든 비용을 감당할 수 있는 부모는 가능한 한 집중적인 영유아 돌봄을 받도록 하기 위해 자녀를 사립 유치원에 보낸다. 그런 어린이에게 사립학교에 가는 것은 최대한 많은 지원을 받을 첫 번째 선택이다. 사립학교는 학생들이 비슷한 재능을 가졌지만 공립학교에 다니는 다른 아이들보다 더 좋은 성적을 받도록 보장한다. 사립학교는 학생 한 명당 교사의 수가 공립학교보다 훨씬 많다. 게다가 사립학교는 학생들이 더 높은 성적을 목표로 하도록 다양한 지원과 도움을 아끼지 않는다. 여기에 특권층만의 양육 효과가 더해진다. 바로 학생들이 특별하고 경제적으로 매우 유복한 엘리트층에 속해 있다고 스스로 인식하는 것이다. 더 나은 성적과 개인에 집중된 교육과정을 거친 특권층 학생들은 이름난 대학에 입학할 가능성이 높다. 또한 그런 유명한 학교를 졸업한 후에는 평균적으로 더 많은 임금을 받는 일자리를 찾을 가능성이 높다.

그러면서 집값 인플레이션이 본격화된다. 어떤 가정이든 자녀가 최고의 교육을 받고 최고의 환경에서 자라기를 원한다. 영국 같은 계급사회에서는 부유한 사람들이 자녀에게 돈이 많이 드는 교육을 시킬 기회를 더 많이 갖는다. 그 예시가 데이비드 캐머런David Cameron과 보리스 존슨Boris Johnson이다. 1980년대까지만 해도 서구의 대부분 국가에서는 나라가 수입이나 부모와 상관없이 모든 계층 사람의 재능을 이끌어내야 한다는 인식이 강했다. 따라서 대학교가 여러 군데 설립되었고 전문대학 또한 확장되었다. 고등교육을 받는 학생의 수는 1960년대에 비해 크게 늘었다. 대학을 졸업해 사회적 지위를 높이는 것이 계층의 사다리를 오르는 기회가 되었다.[40]

신자유주의와 함께 사회계층은 여태까지와는 다른, 새로운 방식으로 분리되기 시작했다. 고등교육기관이 비즈니스 모델로 바뀌면서 학교에 주어진 과제가 학생을 교육하고 그들의 학문적 재능을 촉진하는 것이 아니라 대학 졸업장이 있는 사람을 세계 시장에 더 많이 배출하는 것으로 바뀌었다. 각 대학에는 가격표가 붙었다. 대학은 전세계 고객에게 학위를 팔아 이익을 꾀하는 기업으로 변모했다. 특히 중국과 인도에서 중산층이 증가하면서 영국으로 자녀를 유학시키는 것이 일류 교육법이 되었다. 자녀들은 유학하며 국제적인 경험을 쌓았다. 그들이 나중에 조국의 경제 시장으로 돌아오면 국가에도 이득이었다.

외국인 유학생은 영국의 대학에서 공부하기 위해 비싼 등록금을 내기 때문에 대학 입장에서는 자국민 학생만큼이나 매력적인 고객이었다. 한편 자국민 학생도 점점 높아지는 등록금 때문에 고민이 깊어졌다. 새천년 전환기에 등록금은 1년에 1,000파운드 수준이었는데, 곧 3,000파운드로 올랐고 얼마 지나지 않아 무려 9,000파운드까지 치솟았다. 그 말인즉, 사립 유치원과 사립학교의 높은 등록금에 더해 더욱 비싼 대학 등록금도 내야 했다는 뜻이다. 결국 가장 좋은 자리를 차지하기 위한 경쟁은 더 철저하게 준비되어 있는 사람에게 유리하다. 말하자면 언제든 가장 최적의 효과를 얻기 위해 비용을 지불할 재정적 뒷받침이 있는 사람에게 유리하다.

개인이 사회계층의 사다리를 오를 기회를 얻기 위해서는 결국 능력보다는 경제력과 사회적 환경이 중요하다. 그리고 부동산 붐이 승자와 패자를 더욱 철저하게 갈라놓았다. 1980년대 이후 인플레이션으로 이득을 본 사람들은 사다리를 더욱 높이 오르기 위해 수십 년 동안 어마어마한 돈을 투자할 수 있었다. 그들은 자신이 성공한 이유가 개인의 능력 덕분이었다고 생각했다.

대처가 주장한 신자유주의의 진정한 사고의 오류가 바로 여기에 있다. 사람들이 재능과 근면함을 기반으로 일할 수 있는 기회가 점점 더 줄어들고 있는데, 이는 사실 공개적인 경쟁이 있는 자유로운 시장에도 해당한다. 현실적으로는 애초에 시장에 접근하기 위해 아주 어릴 때부터 점점 더 높아지는 재정적 허들을 뛰어넘어야 한다. 그동안 직접 돈을 벌지 않고도 인플레이션으로 인한 소득이라는 우연한 기회를 얻은 사람은 승승장구한다.

우연히 인플레이션으로 이득을 본 사람과 아무런 잘못도 없이 패자가 된 사람 사이의 간극이 점점 더 벌어지는 것은 영국만의 현상이 아니다. **중간 계급**이 부동산 인플레이션으로 큰 이익을 본 미국과 아시아의 많은 국가에서도 같은 일이 일어나고 있다. 독일에서는 지역별로 차이가 있다. 1970년에 킬이나 에센, 자르브뤼켄, 뮌헨 등지에 같은 돈을 들여 집을 짓고 50년 후에 팔았다고 치자. 그 사람이 얻은 이익은 지역에 따라 크게 차이 날 것이다. 대부분 지역에서는 기껏해야 수십만 유로에 집을 팔았겠지만, 뮌헨에서라면 수백만 유로에 팔았을 것이다. 이때 발생하는 수백만, 수십만 유로의 차이는 개인의 능력과 노력의 산물이 아니다. 그런데 사회 전반에서 특정한 현상이 두드러지고 있다. 이러한 발전 과정에서 이익을 본 사람들이(영국에서는 대략 인구의 3분의 2 정도나) 그것이 자신의 능력 덕분이라고 말하며 사회복지의 규모를 축소해야 한다고 주장하는 것이다. 왜냐하면 그들은 자신의 삶이 **누구나 그렇게 될 수 있다**는 증거라고 보기 때문이다.

인플레이션 시기에 불로소득을 얻지 못하는 바람에 아무런 이득을 보지 못한 인구의 3분의 1은 수십 년 동안 사회적 계층 이동 가능성에서 점점 멀어졌다. 사립 유치원에 다닐 돈이 없고, 사립학교 교육을 받을 기회가 없고, 따라서 학교 성적이 그리 좋지 않고, 결국 사회적 명망이 있는 유명한 학교에서 고등교육을 받을 기회가 줄고, 자연히 높은 임금을 받을 일자리를 가질 기회 또한 줄어든다.

신자유주의적 해방의 결과는 동일한 수준으로 재능이 있고 근면한 사람들에게 동일한 기회를 주는 게 아니라 오히려 영원한 불평등을 촉진하는 것이었다. 이를 해결하는 것이 정치가 안정되고 경제가 창의적으로 돌아가길 원하는 모든 사회의 가장 큰 도전 과제다.

새로운 체제 경쟁

1990년의 전환점은 소련의 계획 모델이 패배했다는 뜻만이 아니다. 비슷한 시기에 자유화된 세계시장의 정신에 따라 많은 분야에서 표준화가 이루어졌다. 독재 정권마저도 경쟁에서 안정적인 위치를 확보하려면 자유화된 시장에 뛰어들어야 했다.[41] 이러한 세계적인 경쟁이 1990년 이후 수십 년 동안 어떻게 발전했고, 그것이 현재에 의미하는 바는 무엇인가?

냉전이 끝난 후 경제력의 원천에 따라 국가 모델과 경제 모델이 세 가지 범주로 나뉘었다. 첫째로 민주주의 전통을 따르는 생산국이 있다. 시장경제가 갖추어져 있고 혁신을 추진하는 힘이 강력한 나라다. 이런 국가로는 유럽 국가, 북미, 일본 등이 있다. 둘째로 전통적으로 천연자원이 많으나 혁신 추진력은 약한 곳이 있다. 바로 러시아와 석유 보유국이다. 세 번째 범주는 부분적으로 권위적인 정치체제를 갖춘 생산국이다. 역시 혁신 추진력이 높아 빠르게 발전했다. 이런 국가로는 한국, 대만, 싱가포르, 인도(부분적으로 권위적인 정치체제라는 측면에서) 등과 독재 정권이 이끌지만 세계적으로 매우 중요한 국민경제 사회인 중국 등이 있다.

냉전 동안 "서구"라고 불린 국가 내에서는 시장경제라는 모델이 견고하게 유지되었고 계속 추진력을 높였다. 승자의 이데올로기로서 등장한 신자유주의 시대정신에 자극을 받은 많은 국가에서 1990년대는 속박에서 벗어난 자본주의의 시대로 불렸다. 사유화의 붐이 일었고 국가의 개입은 **축소**되었으며 자본시장이 팽창했고 계속해서 새

로운 증권 거래 도구가 고안되어 현실 경제와는 멀리 떨어진 주가와
자본가치 같은 것들이 생겼다.

　이것은 새천년 전환기에 소위 새로운 시장이라 불렸던 독일의
투자 버블을 잘 보여준다. 직원이 열댓 명 정도인 몇몇 회사의 시가
총액이 갑자기 수억 유로 수준으로 성장했다. 붐이 일자 원래는 경제
에 무지하고 무관심하던 많은 독일인이 주식 투자에 관심을 가졌다.[42]
앵글로색슨계 국가, 특히 미국은 국가가 제공하는 연금보험이 없었
기 때문에 노후를 대비해 오랜 시간 동안 유가증권을 보관해두는 방
법이 이미 수십 년 전부터 유행했다. 그러나 독일인의 대다수는 정신
적으로 아직까지 관료주의 국가의 전통에 매달려 있었기 때문에 복
지에 관한 약속과 저금 통장을 믿었다.

　단기간에 어마어마한 이익을 보고 기쁨을 누리던 신규 투자자
들은 터무니없는 손실을 마주하고 환각에서 깨어났다. 그리고는 전
체 체제를 문제 삼기 시작했다. 그 배경을 탐구하는 대신(손해를 보는
것은 배당금을 받는 것만큼이나 당연한 일이다) 실망한 그들은 주식 투자
와 기업 참여에 등을 돌렸다. 이후 전체 인구 중 유가증권을 보유한
사람의 비중은 겨우 두 자릿수가 되는 수준에서 정체 중이다.[43]

　신자유주의의 해방과 직접적인 연관이 있는 또 다른 현상은 화
폐유통 속도가 급격하게 빨라진 것이다. 1980년에 주식 보유 기간은
대략 10년이었는데, 1999년에는 그 기간이 1년으로 줄었고, 2000년
에는 심지어 8개월 이하로 줄었다. 이처럼 정신없이 주식거래가 이루
어지는 배경에는 자산을 빨리 현금화하고 싶다는 잘못된 생각(그리고
욕망)이 있다. 이러한 시대정신은 신자유주의의 여파와 냉전의 종식,

세계시장의 해방 등이 결합되며 나타난 새로운 현상이었다.

총체적으로 보면 1990년 이후 세계시장이 해방되면서 전통적으로 민주주의를 따르던 생산국이 이득을 보았다. 그런데 그렇게 얻은 이익이 사람들에게 각기 다르게 분배되면서 국내의 갈등이 심화되었다.

천연자원이 중심인 국가는 달랐다. 해체되기 전까지 소련은 천연자원이 풍부한 나라였다. 다만 경제체제 때문에 살아남는 데 꼭 필요한 유일한 분야에 첨단 기술을 집중했다. 바로 군 기술이다(독일 총리이던 슈미트는 이를 두고 "미사일이 있는 오트볼타"라고 말했다).* 전통이 없고 법적 안정성이 부족하며 오래된 노멘클라투라** 사이에 연줄이 존재했기 때문에 소련이 해체된 이후 계획경제 기반에서 현대적인 생산 경제가 구축되기가 어려웠다. 게다가 소련 해체 이후 생긴 거의 모든 후속 국가에서 교활한 기술관료주의자들과 간부들이 천연자원과 산업 분야에서 나오는 자산을 독차지했다. 인구 중 대다수는 소외되었다.

정치권력과 밀접한 관계를 유지하고 있던 남성들, 혹은 본인이 정치가였던 남성들이 이전 국영기업을 처분할 권한을 가졌다. 국영기업은 천연자원이나 다른 원재료에 접근할 수 있었다. 이들은 국제기업가들 사이에 과두정치가라는 새로운 현상을 불러일으켰다. 과두정치가는 민주주의 법치국가에서는 앞으로 절대 불가능할 정도로 어

---

* 오트볼타는 아프리카 서부에 있는 공화국인 부르키나파소의 이전 이름이다.
** 소련 시절 공산당의 당원 혹은 특권 계급을 뜻하는 말.

마어마한 부를 축적하며 급격하게 성장했는데, 놀라운 것은 그뿐만이 아니다. 그들이 자신의 재정적인 권력을 과시한 모습 또한 인상적이다. 러시아의 광산, 제철소, 정제소 등에서 각 지역의 천연자원 덕분에 모인 엄청난 이익이 유럽 대도시의 부동산 시장, 그중에서도 런던으로 흘러들었다.[44]

이러한 범주에는 석유가 풍부한 아랍 국가도 포함된다. 이 지역의 샤이히들은 전통적인 과두정치가의 모습을 보여준다. 한편 예전부터 앞서 언급한 첫 번째 범주에 속하는 영국은 북해의 석유로 이익을 얻을 수 있었다. 1975년 11월부터 스코틀랜드 연안에서 석유가 솟았고, 그 결과물은 곧 정부의 수입원이 되었다. 석유로 번 돈은 매년 수십억 파운드의 지속적인 수입이 되었고 이는 GDP의 대략 5퍼센트 이상을 차지하는 수준이었다.[45] 석유 수익은 1999년에 정점에 달했다. 하지만 이후에도 영국 정부는 매년 수십억 파운드 이상을 벌고 있다. 석유 채굴 산업은 임금, 물류, 기계공학[46] 등 다른 부문에도 긍정적인 효과를 가져왔다. 이 모든 것은 자연의 선물이었을 뿐 국가가 노력해 얻은 것이 아니다.[47]

세 번째 범주에 속한 국가 중에는 중국에 집중하도록 하자. 그래야 하는 이유는 두 가지다. 대만, 한국, 인도처럼 역사 중 독재 정권이 존재했지만 민주주의적이고 시장경제 중심인 경쟁 사회로 발전한 국가는 민주주의적이고 의회 중심적인 국가와 그 경제체제 내에서는 일반적이듯이 법치국가적이고 무역 정치의 규범을 따른다.

한편 중국은 혼합된 체제를 선택했다. 공산당과 끈끈하게 결속하며 독재정치를 펼치길 원하는 정치 지도자가 시장경제 부문의 자유화를 장려하는 형태다. 자유주의적인 시장을 오랜 시간 유지하던 완고함이 무너지면서 이와 병행해 중국은 예전부터 민주주의를 따른 생산국들 사이에서 세계 2위까지 경제력을 키웠다. 동시에 권위주의적인 지배가 미래를 위한 우월한 체제를 발전시켰다고 주장한다.[48] 단도직입적으로 표현하자면 이러한 체제 경쟁이 결국 냉전 시대의 경쟁을 대체한 셈이다. 우리는 분명한 역사의식을 갖고 이러한 경쟁에 맞서야 한다.

공산주의 정당이 압도적인 지배권을 가진 상황에서 개방적인 시장을 유지한다니 정치적 조현병이 아닌가 싶다. 하지만 시장의 문을 전 세계로 개방하는 것은 값싼 노동력으로 세계 경쟁에 맞서는 데 안성맞춤이었다. 동시에 수십억 명 이상의 소비자가 있는 시장으로서 매력적일 수 있었다. 유럽의 수많은 기업이 중국과 직접 관계를 맺는 것은 경제적으로 꼭 필요한 일이자 어마어마한 유혹이라고 생각하기 시작했다. 그리고 많은 회사가 중국이라는 시장에 입성하는 대가로 지식과 기술을 공유하기에 나섰다. 이는 첨단기술이나 공학뿐만 아니라 과학 연구 분야에도 해당하는 일이었다.

중국 지배층이 자국의 **모델**을 내세워 의식적으로 체제 경쟁에 나선 것은 자명한 결과였다. 그들은 다른 어떤 곳보다도 첫 번째 범주에 속하는 국가에 도전장을 내밀었다. 첫 번째 범주에 속하는 국가의 복지 상태는 과학 연구와 혁신 기술로 만들어낸 생산품, 개방적인 사회, 의회 중심 민주주의, 자유로운 언론, 개개인의 인권을 보호하는 경향에 기반을 두고 있었다. 이러한 원칙은 무시할 수 없는 문제였다.

이런 국가는 어떻게 체재 경쟁에서 살아남을 수 있을까? 창의력을 유지하면서 동시에 자유를 지키려면 어떤 변화가 필요할까?

질문에 답하기 위해 역사적 관점에서 두 가지 요소를 자세히 살펴봐야 한다. 하나는 세계 경제력의 발전이다. 다른 하나는 1980년대 이후 수입 및 재정 상태의 변화다. 민주주의를 따르고 생산력이 있는 국가의 잠재적 창의력을 지키고 과거에 성공적이었던 추진력을 얻어 다시금 새로운 체제 경쟁에서 우위를 점하도록 동기를 부여하려면 바로 이 두 가지 부문에서 개혁이 반드시 필요하기 때문이다. 이런 개혁은 또한 장기적으로 오늘날까지도 아직 인권의 자유를 온전히 누리지 못하는 사람들에게 도움이 될 것이다.

냉전 종식은 곧 세계적으로 기술, 서비스, 소비재, 의료 돌봄 등이 성장한 새로운 시대의 시작이었다.[49] 세계의 거의 모든 국가가 전반적인 성장으로 이익을 얻었다. 냉전 종식 이후 30년 동안 가장 중요하다고 꼽는 경제적 현상이 바로 시장경제 체제 내에서 중국이 대두된 일이었다. 민주주의적인 생산국의 생산력과 혁신적인 힘이 강해진 것도 빼놓을 수 없다.

글로벌 GDP를 보면 이러한 발전 과정을 숫자로 한눈에 알 수 있다.[50] 글로벌 GDP는 1970년에 대략 10억 미국 달러였는데, 20년 후에는 두 배가 되었다. 1990년대 초반에는 중국과 러시아가 글로벌 GDP에서 차지하는 비중이 동일한 수준이었다. 유럽 국가는 대략 30퍼센트, 미국은 25퍼센트 이하, 나머지 국가가 43퍼센트를 차지했다.

그 이후 25년 동안 중국이 차지하는 비중이 13퍼센트로 늘어났다. 미국은 21퍼센트 이상, 유럽의 28개국은 23퍼센트 이상, 나머지 국가가 1990년대 초반과 비슷하게 42퍼센트를 차지했다.

모든 국가와 사람이 잠재적 이익을 볼 수 있을 만큼 전반적인 성장이 이루어졌다는 사실은 정말 놀랍다. 글로벌 GDP는 2017년까지 800억 달러 이상 증가했다. 그사이 중국이 가장 급격하게 성장한 한편, 세계적인 발전은 민주주의적인 시장경제 국가의 적응력과 능력도 확인하는 과정이었다. 유럽과 북미는 세계 인구 중 **겨우** 8분의 1 수준을 차지했지만 두 지역을 합치면 글로벌 GDP의 절반 정도였다.

경제 대국을 1위부터 15위까지 살펴보면 또 다른 놀라움이 펼쳐진다. 전체 국가뿐만 아니라, 미국의 각 주를 독립적인 공동체로 보면 더욱 기막히다. 미국은 2018년에도 여전히 가장 거대한 국민경제를 자랑하는 국가였다. 뒤이어 중국이 미국의 3분의 2 수준의 국민경제로 2위를 차지했다(인구는 중국이 미국보다 네 배가량 많다). 3위와 4위는 일본과 독일이다. 그리고 5위는 미국의 주 중 하나인 캘리포니아다. 캘리포니아의 경제력이 영국보다 앞선다. 텍사스는 캐나다보다 앞선 11위, 뉴욕은 한국 및 러시아보다 앞선 13위다.

이제 미국 각 주의 경제력에만 주목할 것이 아니라 전체를 보자. 지구상에서 국민경제의 규모가 가장 큰 다섯 국가, 즉 미국·중국·일본·독일·인도의 GNP가 글로벌 GNP의 절반 이상이다.[51] 민주주의적인 생산국이 실질적인 글로벌 경제력과 생산력을 형성하는 셈이다.

러시아는 중국보다 뒤처져 중간 정도의 경제력을 유지하고 있다. 물론 군사력만큼은 세계 최고 수준이다. 하지만 러시아가 바로 그 최고 수준의 군사력을 사용하려 하기 때문에 외교적인 야망이 내부적으로 국민들의 욕구를 채워줄 능력보다 앞서며, 결국 러시아 국민들의 생활수준은 다른 나라를 따라잡지 못하고 계속해서 하락하는 양상을 보인다. 이러한 결과가 나타나는 두 가지 지표가 이민과 자본 도피다. 천연자원으로 얻은 수익과 독재적인 정권이 합쳐지면서 가까운 미래까지는 국가를 안정적으로 유지할 수 있을 테지만 글로벌 경쟁에서는 더욱 뒤처질 가능성이 있다.

중국이 성공의 역사를 써내려가는 모습을 목격한 민주주의국가들은 1990년 이전처럼 경제, 재정, 사회적 탄력성을 보호할 필요가 있었다. 또한 자국민이 국가의 정치-경제 모델과 민주주의-사회참여의 동력이 세계 시장에서 경쟁력이 있다고 계속 믿도록 해야 했다.

곤란한 상황에 직면한 시장경제 민주주의 내에서는 중국에서부터 시작된 세계적인 체제 경쟁이 점점 심화하는 상황과 소득과 부의 분배에 관한 의문이 결합하고 있다. 21세기에는 경제적 참여를 통한 정치적 정당성이 생존의 문제가 된다.

중국의 도전

중국의 국가기관과 공산당은 지난 30년 이상 폭발적인 성장에서부터 여러 명제를 도출했다. 독재적인 정권이 성공을 보장했을 뿐만 아니라 지난 수십 년 동안의 발전이 중국 경제 법규의 우월함을 증명했다는 것이다. 이 두 가지가 그 국가에 사는 모든 사람과 그들의 생활양식에 적용되는 특별한 문화를 뒷받침한다. 지난 수십 년 동안 중국이 성공을 거두었다는 건, 보편적인 인권은 중국의 체제에 아무런 효력을 미치지 않으며 오히려 중국 내 정치와 문화에 대한 간섭으로 보아야 한다는 증거다. 중국 고유의 모델은 계속해서 확고한 지위를 차지할 것이다. 생존 가능성이 증명되었기 때문이다. 이러한 **성공 모델**을 지키려면 개인의 자유, 민주주의적인 참여, 의견의 자유, 권력 배분 같은 개념은 퇴치되어야 한다.

이러한 자아상과 권력 욕구의 조합은 무엇을 의미하는가? 여기서 우리는 글로벌 시장에서 경쟁해야 하므로 한 정당이 권력을 쥐는 것이 정당하다는 이데올로기를 볼 수 있다. 이런 종류의 경쟁이 역사적으로 새롭지는 않다. 19세기까지 유럽 여러 왕조가 각축을 벌였던 것처럼 1914년 이전까지는 강대국들이 민족주의로 무장한 채 경쟁을 벌였고, 1990년까지는 냉전 시대 동안 세계적인 세력 다툼이 일어났다. 다만 독재 정권이 시장경제를 좌지우지해야 하며 그것이 서구의 시장경제보다 우월하다는 생각은 새롭다.

이는 개방적인 사회에 대한 직접적인 도전이었다. 이러한 경쟁이 얼마나 근본적으로 변했는지를 우리는 2019년부터 2020년 사이에 발생한 코로나19 위기를 경험하면서 알게 되었다. 연구 결과 코로나19 바이러스는 2019년 가을께 중국의 후베이성에서 처음으로 인간에게 전염되었다. 거기서부터 바이러스가 퍼지기 시작했고 곧 전 세계 거의 모든 국가로 번져 팬데믹이 시작되었다. 유럽과 북미 관계 당국은 개방적인 삶과 경제를 몇 개월 동안 대폭 축소하는 조치를 취했다. 민주주의국가에서는 정권이 진보적인 학습 과정을 거쳐 팬데믹에 대처했다. 의회와 연방 제도가 중심인 국가의 국민은 정부의 조치를 이해하고 그중 대부분이 일정 범위 내에서는 대폭 축소된 자유를 받아들였다(미국이나 브라질 같은 특별한 예시에 관해서는 추후 다시 알아보겠다).

중국은(그리고 짧은 기간 동안 러시아는) 유럽, 특히 이탈리아와 다른 감염률이 높은 국가의 위기를 이용해 자신들이 더 **우월하며** 다른 나라를 원조할 수 있는 권력이라고 인정받고자 했다. 그래서 중국은 마치 과시하듯이 유럽으로 의료품을 지원했다. 이는 일종의 공식 발표였다. "보십시오. 우리는 공산당 덕분에 국내 상황을 제어할 수 있을 뿐만 아니라 아무런 어려움 없이 전 세계를 지원할 수 있습니다. 특히 민주주의적이고 의회 중심적인 정권이 권력을 쥔 자유롭고 개방적인 사회는 우리보다 효율적이지 못하다는 점을 스스로 증명한 것이죠!"[52]

중국 지배층은 자신들이 일부러 거부한 의회 중심 민주주의 모델을 적으로 간주하는 실용적인 권력정치와 인도주의적인 프로파간다 전략을 펼쳤다. 그리고 자신들의 권력을 지키기 위한 독재적인 원칙과 세계적인 체제 경쟁에 집중했다. 그들의 태도는 노골적이었다. 나중에 "9호 문건"으로 알려진 "이데올로기 상태에 대한 성명서"를 2013년 4월 22일 발표하고 방향성이자 당의 지침으로서 각 지역 정당 조직에 보내 이데올로기의 배경을 상세히 전달했다. 그 성명서에서 민주주의와 인권의 보편성은 철저히 무시되었고 공산당과 정치 지도자들의 서구 사회형태에 대한 이데올로기적 적대심만이 언급되었다.[53]

독재적인 체제가 대단히 **효율적**이라는 주장에 관한 논쟁은 잊을 만하면 되풀이된다. 특히 위기가 닥치면 민주주의국가에서도 그러한 주장이 반향을 얻는다. 역사적으로 유럽에서 양 대전 사이에 파시스트 정권이 수립되거나 독일에서 민족사회주의가 성공을 거둔 것이 가장 두드러지는 예시다.

오늘날에도 독재적이고 포퓰리즘적인 구원을 약속하는 사람들이 오랜 시간 동안 민주주의를 추구했던 국가에서 인기를 얻기도 한다(두말할 것 없이 트럼프를 예로 들 수 있다). 대중이 그들에게 공감하는 이유는 복잡한 현대화 과정에서 간단한 해답을 찾고 싶다는 열망이 크기 때문이다. 세계화된 경제와 국경 없는 경쟁은 어마어마한 부와 이익을 만들어냈다. 그러나 동시에 전 세계적으로 육체노동의 가치가 하향 평준화되었으며 한때 서구 시민 경제 사회에서 안전한 삶을 보장하던 생활양식이 손상되었다. 이런 과정은 냉전 종식 이후 점점 빨라졌으며 특히 위기 상황에 더욱 거침없어졌다. 그래서 코로나19 위기 동안 발생한 불경기의 여파는 시장에서 더 적은 임금을 받으며 사회적으로도 덜 보장받고 개인적으로 저축해둔 돈도 부족하며 다양한 방면에서 실존적인 고통에 직면한 노동자들에게 훨씬 거세게 다가왔다. 이러한 고용 형태는 아마도 신자유주의적 경제가 낳은 가장 중요한 결과일 것이다. 더 적은 임금을 받는 수많은 사람들이 서비스업, 자영업, 프리랜서 등의 업종에 종사하며 어떤 노동자들은 정해진 계약도 없이 이른바 "제로아워 계약"[54]을 해서 일한다. 이 모든 사람들이 지난 40년 동안 이어진 시장 유연화의 산물이다.

그 결과는 명백하다. 위협적인 경제력과 시장 지배력을 등에 업은 독재 정권의 이데올로기를 중심으로 한 적대감과 여러 문제를 적절하게 처리하지 못해 민주주의적이고 사회적인 시장경제 내부의 회

복력이 점점 줄어드는 상황 등, 이 모든 것에서 민주주의 사회 전반
에 내재된 저항력을 복구해야 한다는 필요성이 생긴다. 다시 말해 우
리가 체제 경쟁에 뛰어들어 민주주의와 시장경제 체제에서 기술 발
전과 더 많은 부를 추구하며 이룩한 것들을 지켜야 한다는 뜻이다.[55]
이때 결정적인 열쇠는 정해진 틀 안에서 시장경제라는 수단을 활용
해 경제 참여를 의도적으로 강화하는 것이다.

수입은 어떻게 분배되는가

지금까지 많은 기업 경영자의 소득이 평범한 노동자
의 소득보다 월등히 높고 소득과 부의 불평등이 점점 더 극심해진다
는 점을 살펴보았다. 미국에서는 지난 40년 동안 저소득층의 임금 인
상률은 점점 줄어든 반면 고소득층의 임금 인상률은 천정부지로 치
솟았다. 이러한 발전 과정은 역사적으로 미국뿐만 아니라 많은 국가
의 경제가 뿌리를 내리고 탄탄하게 성장해온 현실적이고 이상적인
동등한 기회를 박살낸다.

전 세계적인 분업화가 이루어지면서 사람들이 동등한 기회를
가질 가능성은 점점 줄어들고 있다. 시장경제가 세계화되면서 국내
시장에서 이루어지던 일자리 경쟁이 국제적인 경쟁으로 발전했다.
독일 루르 지방의 철강 노동자는 이제 같은 독일 내의 자를란트나 로
트링겐의 노동자뿐만 아니라 중국, 러시아, 인도의 노동자와 경쟁해
야 한다. 튀링겐 지역의 방직공은 베스트팔렌 지역의 노동자뿐만 아
니라 베트남, 중국, 방글라데시의 노동자와 경쟁해야 한다. 그 결과

엄청난 갈등이 발생했다. 공급이 폭발적으로 증가하면서 생산품의 가격이 낮아졌고, 이에 따라 **예전** 산업국가의 노동자가 일자리를 잃었다.

한편으로는 전 세계 복지와 부의 수준이 급격하게 성장했지만 다른 한편으로는 수 세대에 걸쳐 이어져 내려온 전통적인 인생 계획이 값싼 노동력 때문에 무너졌고, 지금 우리는 이런 다양한 변화가 조합된 결과를 보고 있다. 이에 따라 요 근래 포퓰리즘적인 구원을 약속하는 정치인들이 시장경제 체제 민주주의 사회에서 다수의 표를 얻어 당선되고 있다.[56]

미국에서는 대학 졸업장이 계속해서 프레카리아트*로 살 위험과 지속적인 신분 상승의 기회를 가르는 경계선이다. 통계에 따르면 대학 졸업장이 있는 사람은 원래 신분 계급에서 탈출구를 찾을 수 있다.[57] 우리는 영국을 예시로 재정을 기반으로 한 선별 과정을 알아보았는데, 다른 나라의 상황도 별반 다르지 않다. 어마어마한 돈이 드는 유아기부터 고등교육 기관에 입학하기까지의 모든 교육과정이 결국 사회적 배제의 씁쓸한 결과이며 수입과 자산에 따라 점점 더 강화된다. 고소득자와 저소득자의 격차가 점점 벌어지면 사람들이 동등한 기회를 얻을 수 없고, 장기적으로 보면 재능만으로도 시장에서 신분을 상승할 기회를 얻을 수 있던 사회가 무너지게 된다.

독일의 학교 및 교육과정은 조금 다르다. 우선 수업료를 도입하려던 계획이 실패했다. 하지만 독일에서는 부모의 재력에 따라 자녀

---

* 불안정한 환경에서 경제적 활동을 하는 비정규직, 파견직, 실업자 등을 총칭하는 표현.

가 어릴 때부터 더 나은 교육을 받을 수 있는 사교육 산업이 매우 발달했다. 이 또한 수입 및 자산 증대와 직접적인 연관이 있다.

소득 집단을 둘로 나누면 1960년대에는 하위 집단이 국민소득의 30퍼센트를 차지했지만 오늘날에는 겨우 17퍼센트밖에 차지하지 못한다는 사실을 알 수 있다.[58] 이는 지속적인 경향이었다. 1960년대 말까지는 하위 소득 집단이 국민소득의 대략 3분의 1을 벌었다. 독일이 통일을 이루고 얼마 후까지는 하위 소득 집단이 국민소득의 4분의 1에 조금 못 미치는 돈을 벌었다. 2000년대에 들어서고부터는 그 비율이 점점 낮아졌다. 반면 상위 10퍼센트 소득 집단이 벌어들이는 돈은 더 늘어났다. 이들은 1990년대 중반 국민소득의 40퍼센트가량을 벌었다.[59]

이제 우리는 아주 혼란스러운 사실을 마주하게 된다. 독일이(그리고 대부분의 소위 서양 국가가) 얻은 부는 제2차 세계대전 이후 지속적으로 증가했다. 독일의 사회복지 비용 또한 냉전이 종식된 이후부터 매년 수십억 유로 이상 증가했다. 1990년에 독일이 사회복지에 사용한 비용은 3,143억 유로로, 경제 성과의 24.1퍼센트에 해당한다. 사회복지 비용이 전체 경제 성과에서 차지하는 비율 또한 매년 증가해서, 2000년대 이후로는 거의 30퍼센트를 차지한다.[60]

2018년 사회복지 비용은 9,960억 유로였다. 우리는 거의 1조 유로, 혹은 GDP의 30퍼센트를 **재분배한다**. 그럼에도 목표에는 도달하지 못하고 있다. 여기서 목표란 인구를 절반으로 나누어 하위 소득 계층이 뒤처지지 않으면서 실질적인 국민소득 증가에 기여하도록 하는 것이다.[61] 그 결과는 기괴하다. 오늘날 사용 가능한 재산, 주거 공

소득 집단에 따른 소득 증가(1980년부터 2014년까지 34년 이상의 결과)

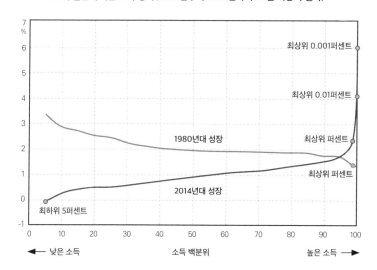

모든 사회 집단이 소득을 공평하게 나누어 갖도록 만드는 일은 지속적인 도전 과제다. 지난 40년 동안 세계화와 자유화가 진행되면서 어마어마한 부가 새로 생겨났다. 그 천문학적인 소득은 특정한 집단에만 일방적으로 분배되며 다른 집단은 차별 대우를 받는다. 1980년에는 하위 및 중위 소득 집단의 소득이 가장 크게 증가했다. 그런데 이러한 경향은 1990년대 이후 최상위 집단에만 집중된다. 그래서 가장 부유한 0.001퍼센트가 가장 월등한 성장세를 보이고, 최하위 5퍼센트는 심지어 소득이 줄어들고 있다.

간의 넓이, 사회 안전망 등은 역사상 최고 수준이다. 동시에 중산층
이 사라지고 있다. 하위 집단은 점점 더 가난해지고, 상위 집단은 점
점 더 부유해진다.

이러한 전반적인 상태를 심리적으로 받아들이기 위해서는 분배
의 정도가 중요하다. 1950년대 이후 독일 역사에서 이를 아주 잘 관
찰할 수 있다. 수 세대 동안 사람들은 평균 급여만 받아도 주택을 구
입하고 노후를 준비할 수 있었다. 그런데 부동산 시장에서 인플레이
션이 발생하고 임금 격차가 커지면서, 그리고 중산층의 세금 부담이
늘어나면서 불공평하다고 느끼는 사람들이 늘어났다. 그런 상황은
지금까지도 이어지고 있다.

독일 펀드

사회 위기와 계급사회의 재탄생이 논의되기 시작한
데에는 명백한 원인과 현실적인 근거가 있다. 그때까지 사람들은 여
러 문제를 해결할 답이 세금을 걷고 사회복지 사업을 하는, 이른바
"재분배 기계"인 사회복지 국가라고 생각했다. 신자유주의의 효과와
지난 30년간의 경험을 얻은 사람들은 이런 식으로는 효율적으로 굴
러가는 사회 전체에서 어떤 보상도 받지 못하리라는 점을 깨달았다.
따라서 정치 참여의 역사를 다시 돌아볼 필요가 있었다. 모든
시민이 사회의 일에 공평하게 참여하는 것에 관한 문제의 해답은
GDP의 3분의 1을 국가라는 거대한 재분배 기계가 모으고, 관리하

고, 분배하는 방식이 아닌 새로운 방식이어야 했다. 이전 방식이 거의 효과가 없었기 때문이다. 자유로운 경제체제가 역동적으로 돌아가고 최대한 많은 사람들이 그 결과물로 혜택을 볼 수 있도록 하는 조치가 필요하다.

확실한 점은, 기업에서 가장 많은 연봉을 받는 사람들과 평균 연봉을 받는 사람들 사이의 소득 격차가 점점 더 벌어진다면 사회적인 결속과 공정한 보상을 받는다는 **느낌**에 실질적인 영향을 주는 결과가 발생한다는 것이다. 이미 앞에서 디즈니의 예시를 보지 않았는가. 이익이 불충분한 게 아니라 분배 구조가 잘못되었다.

디즈니의 수장인 아이거가 일반 직원보다 50배 이상 높은 연봉을 받는다면 그의 연봉은 230만 달러여야 한다. 100배 이상 높으면 460만 달러일 것이다. 기억하겠지만, 아이거의 실제 연봉은 6,500만 달러 정도다. 아이거에게 일반 직원보다 100배 이상 많은 연봉을 주고도 남은 6,000만 달러를 모든 직원들에게 나누어줄 수 있을 것이다. 이런 규칙을 적용하더라도 가난해지는 CEO는 없다.[62] 미국 노동자 중 하위 소득 계층이 1년에 버는 돈이 평균 1만 8,500달러라는 점을 감안하면 그 효과가 엄청나리라는 점을 예측할 수 있다.

새로운 형태의 소득분배 아이디어는 여전히 벽에 부딪치고 있다. 자유로운 경쟁이 있어야 보편적인 부가 보장된다고 주장하는 사람들이 강력한 로비를 이어가고 있기 때문이다. 그러나 지난 40년 동안 현실에서 낙수효과가 실제로 증명된 적은 없었다. 앞선 예시를 살펴보면 오히려 그런 **낙수**를 간단하게 정리할 방법이 있다는 것을 알 수 있다. 사용 가능한 총액이 다른 방식으로 분배되어야 한다는 것이다.[63] 회사를 노련하게 운영했고 시장에서 성공을 거두었다면 응당 보상받아야 한다. 다만 과도한 보상을 받아서 전체 경제체제의 정당성을 훼손해서는 안 된다.

해법 중 하나는 시장경제의 원칙에 따른 경제 참여다. 그리고 아주 간단한 선택지가 바로 펀드인데, 납부된 세금을 활용하듯이 회사의 주식에 투자해 사회 전체에 이익이 되도록 하는 것이다. 이것을 독일 펀드라고 하자. 기관은 노르웨이의 국부 펀드를 본보기로 삼을 수 있다. 노르웨이는 석유 생산 흑자로 생긴 자금을 미래 세대를 위해 전 세계에 투자하고 있다. 또 다른 예시로는 독일에서도 잘 알려진 블랙록Black Rock과 같은 세계적인 자산 운용사가 있다. 이 두 방식 모두 근본적으로는 수십 년 동안 안정적인 수익을 얻을 목적으로 설계된 기업 공모 자금 같은 거대 자본을 위한 것이다. 펀드나 자산 운용사가 기업 경영에 적극적으로 개입하는 일은 매우 드물다. 중요한 것은 기업을 안정적으로, 오랫동안 운영해 확실한 이익을 얻는 일이다.[64]

독일 펀드는 정당정치적인 영향이나 예산 문제로부터 자유로워야 했다. 이 원리를 설명하려면 구체적인 예시를 하나 들어야 한다. 매우 큰 숫자가 나올 테니 집중하도록 하자. 수입 혹은 자산이 1억 유로 이상이라면 매해 0.5퍼센트를 독일 펀드에 내야 한다.[65] 10억 유로부터는 1퍼센트, 100억 유로부터는 2퍼센트다. 그리고 그 돈을 내는 사람은 항상 정해져 있다. 그렇다고 펀드가 많은 재산을 소유한 사람의 돈을 몰수하는 제도가 될 수도 없고 그래서도 안 된다.

어느 사회든 기업가가 얼마나 막대한 재산을 축적하고 평생 동안 사용할 수 있을지에 관심이 많다. 2019년 여름, 사회민주당의 저명한 의원이 BMW 소유자 일가의 재산을 집산화해야 한다고 주장한 일을 바탕으로 독일 펀드를 살펴보자. 2019년 당시에는 약 6억 5,800만 주의 BMW 주식이 유통되고 있었다.[66] 그중 46.8퍼센트가 주자네 클라텐Susanne Klatten과 슈테판 크반트Stefan Quandt 남매 소유다. 쉽게 계산할 수 있도록 대략적으로 말하자면 3억 주 정도다. 총 배당금은 2015년에 26억 유로, 2018년에 23억 유로였다. 그중 46.8퍼센트가 이 대주주들에게 떨어졌으니, 각각 대략 10억 유로 혹은 그 이상이었다.

10억 유로라고 치고, 가상 세율을 50퍼센트로 잡아서 그중 5억 유로가 국가에 납부되더라도 대주주들에게는 여전히 5억 유로가 남는다. 펀드 세율이 1퍼센트라면 2015년을 기준으로 300만 주가 독일 펀드에 투입되었을 것이다. 독일 전체 인구를 8,300만 명이라고 치자. 그러면 모든 사람이 독일 펀드의 8,300만분의 1을 자기 몫으로 갖게 된다. 2015년에 독일 펀드에 BMW 주식 300만 주가 투입되었다고 치자. 같은 조건하에서 2016년에는 297만 주가 독일 펀드에 투입되었을 것이다(2억 9,700만 주에 대한 펀드 세율에 해당한다). 거기에다가 그 전해에 투입된 300만 주에 대한 배당금이 발생한다. 2017년에는 또다시 294만 주가 새로 투입되고, 그 전에 2년 동안 투입되던 597만 주에 대한 배당금이 발생한다.

2018년과 2019년까지 가면 어떤 일이 일어날지 그 원리를 깨달았을 것이다. 수년에 걸쳐 국부 펀드에 기업의 주식과 배당금이 투입된다. 이때 국가가 이를 통제하는 방식으로 개입하지 않는 것이 중요하다. 그리고 국가가 받은 지분을 분할할 상한선을 정해야 한다. 우리가 앞서 살핀 예시에서는 국가는 2030년까지 기업의 지분 6.5퍼센트를 주식의 형태로 받게 될 것이다. 그래도 상속인들에게는 40퍼센트 이상이 남는다. 이 펀드 모델에 따르면 그들은 배당금으로 120억 유로 이상을 받는다.[67] 국부 펀드는 대략 8억 8,000만 유로를 배당받게 될 것이다.

국부 펀드의 주식 6.5퍼센트는 세계 최대 자산 운용사인 블랙록이 다수의 독일 기업에 보유하고 있는 지분과 일치한다. 이때 예를 들어 국가가 법적으로 기업의 지분 10퍼센트 이상을 소유하지 못하도록 하고, 그 이상은 다시 시장에 내놓아야 한다는 유연한 상한선을 설정한다면 자유 기업의 모든 형태가 온전하게 보장될 것이다. 그리고 모든 시민 혹은 가구가 그 주식을 우선적으로 받도록 해야 하는지, 그래서 모든 사람이 기업의 주식을 받도록 할 수 있을지 검토해야 한다. 상속자들 또한 배당금으로 시장에서 기업의 주식을 살 수 있을 것이다. 주식의 90퍼센트 이상이 국부 펀드에 속하지 않기 때문이다.

이런 식으로 기업가 정신과 보편적인 이익이 지속적인 균형을 이룰 수 있다. 배당금은 정부의 수익으로 활용될 수 있고, 다시 특정한 목적에 따라 기업 장려금이나 연고 자금으로 쓰일 수 있다. 이때 지속적으로 동기를 부여해 기업가가 자발적으로 참여하도록 하고, 자산 공유가 일반적인 문화로 자리 잡아 모든 국민을 장려하는 것이 중요하다. 자녀 수당과 국민 연금을 받는 사람은 독일 펀드에서 자신이 받을 몫과 그 배당금을 걱정하지 않아도 된다.

이러한 모델은 "거의 몰수에 가까운 최고 세율"에 의도적으로 반대한다.[68] 우선 어떤 사람이든 사회든 누군가가 번 돈의 절반 이상을 빼앗아서는 안 된다. 그 누군가가 얼마나 부유하든, 세금 부담이 전체 수입의 절반 이상이 된다는 건 이른바 "슈퍼 리치"가 조세 회피를 위해 부단히 노력하는 것만큼이나 부도덕한 일이기 때문이다. 모든 사람은 적어도 자신이 번 돈의 절반 이상을 소유할 권리가 있다. 이는 평생 소득세와 상속세에 동일하게 적용되어야 한다.

다시 말해 누구도 1유로를 벌었는데 50센트를 세금으로 내도록 강요받아서는 안 된다. 또한 국가와 사회의 도움으로 재산을 축적할 수 있었다고 하더라도 국가나 사회에 재산의 절반 이상을 내줄 필요는 없다. 부를 추구하는 사람이나 실제로 부유해진 사람은 그것을 남들과 함께 나누는 것이 인지상정이지만 그렇다고 부당하다고 느낄 정도로 재산을 포기해야 하는 것은 아니다. 그리고 오로지 **국가**만이 분배된 재산을 움켜쥐고 있어서는 안 된다. 사회의 모든 구성원이 분배된 재산에서 자신의 몫을 가질 수 있어야 한다. 이를 위한 실용적인 해결책이 바로 펀드다.

이러한 예시를 보면 적절한 소득 및 재산 분배 문제에 관해서는 오로지 정치적인 답만이 존재한다는 걸 알 수 있다. 목표는 모든 사람이 능력과 야망에 따라 재산을 소유하도록 하는 것이다. 이때 사회적, 정치적인 과정이 무엇보다도 개방성과 공정함을 유지하도록 노력해야 한다. 이는 또한 그 효력을 회복하기 위해서는 시장에 개입해야 한다는 뜻이다.

최고의 성과를 내기 위해 조직적으로 경쟁하는 체제로서 자본주의는 역사적으로 그 효과가 입증되었다. 그런데 경쟁은 공정해야 한다. 공정함은 본질적으로 자본주의에 깔린 창의적인 생산성으로 가는 역동적인 힘을 만드는 전제 조건이다. 시장경제의 경제적 **질서**는 그 저 구상에 불과한 것이 아니라 부를 증가시키는 데 필요한 철저히 검 증된 도구다. 무엇보다 중요한 것은 시장에서 발생한 부를 나누는 내 부적인 균형이고, 그 효과는 정치적 수단을 통해 계속해서 발생하고 퍼져야 한다.[69]

이는 도입부에서 언급한 애비게일 디즈니의 인터뷰 내용으로 이 어진다. 자본주의가 문제가 아니라 자본주의를 내부에서부터 무너뜨 릴 위험이 있는 모든 결과를 무시하는 것이 문제다. 우선 우리가 거의 독점에 가까운 기업이 시장에서 힘을 점점 더 키워가는 상황을 자유 로운 시장경제로 오해한 채 시장을 다시 제 기능으로 돌려놓지 않는 다면 문제가 발생한다. 다른 한편으로는 소득과 재산 축적의 기회가 파렴치할 정도로 양극화되고 그 격차가 점점 벌어지면서 경쟁의 근본 사상인 능력주의 때문에 수입과 삶의 관점이 불공평해진다는 문제가 발생한다. 이는 신자유주의 세계관에서는 낯선 일이 아니다.

우리 인간은 생존권이 존중받기를, 그리고 공동체 내에서 안전 하게 살아갈 수 있기를 도덕적으로 기대한다. 우리 모두가 그 질서 덕분에 득을 볼 것이기 때문이다. 민주주의국가에서는 이것이 정치 적 참여의 당연한 수순이자 계몽주의의 지속적인 효과이며 보편적인 인권으로 인한 깨달음이다. 우리는 그런 세상을 살며, 만들고, 지켜 야 한다. 자유의 역사를 깨닫고 동시에 개혁할 능력을 보여서 부를 추구하는 모든 사람들이 공정한 방식으로 이익을 얻을 수 있도록 해 야 한다. 국가, 행정 및 공무원을 동원해 사람들을 수동적인 수령인이나 대상으로 만드는 사회복지 프로그램이나 자선 활동만으로는 이룰 수 있는 일이 아니다. 모든 분야에서 사람들이 스스로 책임져야 한다는 생각을 갖도록 하는 기업가다운 참여가 필요하다.

감사의 말

역사학자들은 대개 다른 사람도 역사에 관심이 있으리라는 낙관적인 생각에 사로잡히는 경향이 있다. 나는 영국 대학교의 한 학과에서 교수로 일한 적이 있는데, 당시 다양한 과목의 수업을 듣는 학생들과 10년 동안 유럽 및 세계의 역사·정치·경제 원칙에 관해 끊임없이 논의할 기회를 가졌다. 또한 독일에서는 은행 고위 간부부터 바이에른의 경찰청장, 지방행정 공무원에 이르기까지 다양한 청중 앞에서 역사의 원칙에 관해 강의하기도 했다. 2019년 여름 학기에는 뮌헨대학교 강의에서 학생들과 역사를 참조하는 것의 시사성에 관해 심도 깊은 이야기를 나눌 수 있었다. 이 책은 이렇게 역사에 대한 우리의 태도에 관심이 있는 수많은 사람들 앞에서 강의하고, 그들과 논의한 내용을 바탕으로 쓴 것이다.

따라서 이것은 역사의 큰 흐름을 이해하고 합리적인 인간성과 공정하고 인간다운 사회를 추구하고자 노력하는 모든 사람들의 자기 확신을 위한 책이다. 검증이 가능한 사실만을 믿거나, 어리석은 사람을 속이기 위한 거짓말을 혐오하고 자신의 이해력을 믿고 다른 사람도 그러기를 바라는 사람들을 위한 책이다. 다행히 우리는 사실과 합리성, 예의, 도덕적인 잣대가 정치와 공적인 삶에 필요한 대부분의 규칙을 인도하는 나라에 살고 있다. 이러한 상태가 계속 유지되도록 하는 데 모든 관심을 쏟아야 한다. 그러므로 이 책은 역사가 결국 민주주의라는 학문이며 우리 모두가 그것을 배워야 한다는 점을 보여준다.

우선 지들러 출판사에 감사하고, 특히 이 주제가 매우 중요하고 시급하다는 것을 알아준 토마스 라트노브Thomas Rathnow, 옌스 데닝Jens Dehning에게 감사한다. 그들이 있었기에 책이 만들어질 수 있었다. 토마스 카를라우프Thomas Karlauf는 이 책을 체계적으로 구성하는 데 결정적인 도움을 주었으며 늘 중요한 대화 상대가 되어주었다. 인내심과 꼼꼼함을 겸비한 베른트 클뢰크너Bernd Klöckener는 한꺼번에 너무 많은 것을 하려는 저자의 성향을 잘 파악해 정확히 일정을 지킬 수 있도록 지속적으로 지도해주었다. 데닝은 책을 구성할 때 개념을 명확히 하는 데 큰 도움을 주었다.

혼자서 익숙한 책상에 앉아 문장을 작성하고 있을 때 현대사 연구소 동료들의 다방면에 걸친 지원과 도움이 매우 소중하게 느껴졌다. 그들 덕분에 토론도 할 수 있었고, 풍부한 자료를 모으고 다양한 주제를 조사할 수 있었으며, 논문의 사실 여부를 확인하고 서로 지식을 교환하며 항상 영감을 얻을 수 있었다. 지금까지 토론을 좋아하는 나의 도전적인 성향에 맞추어 다양한 지식을 펼치고 나의 견해를 넓혀준 모든 사람에게 감사한다.

특히 페트라 밤베르크Petra Bamberg와 앙겔라 뮐러Angela Müller는 항상 놀라울 정도로 완벽하게 나의 원고를 손보고 이 책에 어떤 주제를 넣을 수 있을지 함께 고민해주었다. 밤베르크는 참고 문헌 목록을 작성하는 데도 세심한 도움을 주었다. 뮐러는 특히 마감이 가까워진 시점에 이 책에 인용한 문장의 출처를 반복해서 확인하고 검증하는 작업을 할 때 차분하고 믿음직스러운 모습을 보여주었다. 19세기부터 현재까지 여성들의 법적 지위를 살펴보는 데 도움을 준 안네 크리스틴 휘브너Anne-Kristin Hübner에게도 감사한다. 또한 10세기 전쟁과 갈등을 조사하는 데 중요한 도움을 준 사무엘 바우르Samuel Baur에게 감사한다.

가족들은 이 프로젝트 또한 언젠가 끝날 것을 알기 때문에 내가 글을 써야 할 때 너그럽게 기다려주는 데 익숙하다. 나에게 영감을 준 수많은 논쟁에도 감사한다. 우리는 앞으로도 이 책에 담긴 거의 모든 주제에 관해 논쟁을 이어갈 것이고, 나 역시 계속해서 생각하고 고민해야 할 것이다. 이 책에 담긴 거의 모든 주제에 대해 우리가 아직도 계속 이어갈, 나의 생각에 늘 의문을 던지고 앞으로 나에게 영감을 줄 논쟁에 감사한다. 논쟁이 납득할 만하다면 더할 나위 없을 테다.

2020년 7월
마그누스 브레히트켄

옮긴이의 말

SNS 등에서 우연히 90년대의 뉴스나 예능 프로그램을 본 적이 있다. 지금이었다면 논란이 일어나고 프로그램이 최소 징계를 받거나 최대 폐지되었을 만한, 노골적이고 서슴없으며 비인간적이기까지 한 발언이나 자막이 그때는 버젓이 방송되었던 것을 보고 깜짝 놀랐다. 90년대면 그렇게 먼 옛날도 아닌데 말이다. 또 과거 법원의 판결문을 보면 지금으로서는 상상할 수 없는 판결 내용도 존재한다. 법을 만들고 해석하는 사람들의 가치관도 점차 달라지기 때문이리라. 그리고 그 결과를 바라보는 사람들의 시선도 달라졌다. 그때는 몰랐던 것들이 이제는 조금 더 정확히 보인다. 아마 지금은 미처 깨닫지 못하는 것들이 시간이 지나면 더 잘 보이게 될 테다.

우리가 과거에는 전혀 알지 못했던 잘못을 잘못이라 인식할 수 있게 된 이유 중 하나는 사회 전체의 의식이 성장했기 때문이다. 물론 폭력과 부조리, 부당함, 불평등은 여전히 존재한다. 뉴스를 보면 극악무도한 사건이 끊이지 않는 것 같고, 국제 정세에는 폭풍전야 같은 긴장감이 감도는 것 같다. 그러나 여러 가지 지표를 살펴보더라도 사회가 긍정적인 방향으로 발전해온 것은 부정할 수 없는 사실이다. 어쩌면 기술이 발달했기 때문에 예전이었으면 몰랐을 소식도 속속들이 알게 되어 부정적인 사건이 훨씬 많다고 느끼는 건지도 모른다.

심리학자 스티븐 핑커Steven Pinker는 《우리 본성의 선한 천사》에서 다양한 통계 자료를 근거로 인간 사회가 점차 비폭력적인 방향으로 변화했다고 주장했다. 살인도, 전쟁도, 전쟁으로 인해 죽는 사람의 수도 과거에 비해 확연히 줄어들었다. 인권은 물론이고 공중도덕을 비롯해 사회의 많은 질서가 소위 이상적인 방향으로 변했다. 우리의 의식이 성장하고 사회가 더 나은 방향으로 발전한 이유는 우리가 역사에서 시행착오를 겪었기 때문이며, 역사를 잊지 않고 역사에서 배웠기 때문이다.

이 책은 우리가 역사에서 무엇을 배우고 그 내용을 어떻게 긍정적인 방향으로 활용할 수 있을지 알려준다. 저자의 말대로 역사적 사실을 자세히 알려주는 역사서가 아니라 역사적 지식이 우리의 삶과 일상에 어떤 의미를 지니는지 짚어주는 책이다. 이 책이 말하는 역사는 과거의 정치, 경제, 사회, 문화 등 모든 것을 아우른다. 또한 역사란 기록으로 남은 역사뿐만 아니라 기록되지 않은 역사로서도 중요하다.

거창하게 들릴지도 모르지만, 역사에서 배워서 미래를 바꿔나가는 것은 일반인들도 매일 하고 있는 일이다. 사소하게는 어제 잘못한 일을 오늘 되풀이하지 않는 것, 조금 더 나아가서는 과거의 실수를 기반으로 발전을 이룬 적이 있느냐는 이력서 질문 항목에 채워 넣을 수 있는 일을 경험하는 것. 이렇게 기록되지 않은 역사로서 개인의 성장과 발전이 모이고, 기록된 역사에서 배움으로써 사회가 변할 수 있었다. 역사는 그저 지나간 시간이 아니라 우리의 과거를 이루는 축적물이자 우리의 미래에도 영향을 미치는 토대다. 우리가 역사에서 과연 무엇을 배울 수 있을지 궁금해 하는 독자들이 이 책에서 도움을 받을 수 있기를 바란다.

주

1 1933년 10월 3일 로열 앨버트 홀에서 진행한 강연에서. Albert Einstein, 《Über den Frieden》, 254~255.

1장 인간이란 무엇인가: 인간상

1 원문은 다음과 같다. "People like the idea of freedom of speech until they hear something they don't like."

2 Platon, 《Apologie des Sokrates》. (한국어판: 《소크라테스의 변론/크리톤/파이돈》, 도서출판 숲.)

3 Barbara Stollberg-Rilinger, 《Europa》, 200.

4 Kristian Kühl, 〈Naturrecht〉, 585단.

5 이것이 계약이라는 생각은 "자신의 이익을 위해 자발적으로 자제하여 권력과 지배를 정당화한다는 […] 엄격하며 제도적으로 보증되는 상호주의"라는 생각을 따른다. Wolfgang Kersting, 《Die politische Philosophie des Gesellschaftsvertrags》의 서문, 21.

6 같은 책, 21.

7 페인은 영국 셋퍼드에서 태어나 그곳에서 계속 살며 글을 썼는데, 1774년부터는 미국에 살았다(영국^{United Kingdom}이라는 말을 만든 사람이 페인이다).

8 Immanuel Kant, 《Was ist Aufklärung?》, 35~36. (한국어판: 《계몽이란 무엇인가》, 도서출판 길.)

9 Immanuel Kant, 《Grundlegung zur Metaphysik der Sitten》, 51. (한국어판: 《윤리형이상학 정초》, 아카넷.)

10 같은 책.

11 원문은 다음과 같다. "We hold these truths to be self-evident, that all men are created equal, that they are endowed by their Creator with certain unalienable Rights, that among these are Life, Liberty and the pursuit of Happiness."

12 인간과 시민의 권리 선언 원문은 프랑스 헌법위원회 홈페이지에서 찾을 수 있다.

13 이 책에서는 의도적으로 개혁 운동이라는 의미의 사회민주주의를 마르크스의 이론에서 공산주의로 가는 역사적인 발전 과정인 '사회주의'와 구분해 사용했다. 수많은 사회민주주의자들이 그저 사회주의자 혹은 사회주의 지지자로 불리지만, 사회민주주의와 사회주의의 결정적인 차

이는 역사를 결정된 것으로 받아들이느냐 아니면 결말이 열린 과정으로 받아들이느냐다. 그러니 논의를 분명히 하려면 역사의 발달 과정은 열려 있다고 믿는 사람들을 사회민주주의자라고 불러야 한다.

14 이 책에서 마르크스-레닌주의라는 개념은 스탈린주의, 트로츠키주의, 마오쩌둥주의 및 수많은 다른 비슷한 유형의 독단적인 사상을 대표한다. 이런 사상의 인간상은 핵심(역사가 결정되어 있다는 생각)이 동일하다.

15 1948년 12월 10일 UN 총회 결의 217A: 세계 인권 선언.

16 같은 선언.

17 같은 선언.

2장 신들의 이야기: 종교

1 Georg Christoph Lichtenberg, 《Sudelbücher》, 261.

2 다음을 참고하라. Bernhard Lübbers, 《Die Heuschreckenplage》, 97.

3 〈요한계시록〉 9장 3~4절.

4 Bernhard Lübbers, 《Heuschreckenplage》, 105.

5 이 수치는 2018년 10월 8일 발표한 2017년 통계 자료의 전입신고 기록에 따른 것이다. 정확한 정보는 아니지만 독일에서는 전입신고 시 종교를 기입해 종교세를 내므로 각 종교인의 비중을 짐작할 수 있다.

6 Hermann Parzinger, 《Die Kinder des Prometheus》, 15. (한국어판: 《인류는 어떻게 역사가 되었나》, 글항아리.)

7 하비 화이트하우스Harvey Whitehouse 등이 작성한 논문 〈복잡한 사회Complex societies〉를 참조하라.

8 같은 논문.

9 "그러므로 너희는 가서 모든 민족을 제자로 삼아 아버지와 아들과 성령의 이름으로 세례를 베풀어라." 〈마태복음〉 28장 19절.

10 Gordon Craig, 《Germany and the West》.

11 Bernhard Lübbers, 《Heuschreckenplage》, 101~104.

12 철학적으로 설명하자면 조금 복잡하지만, 칸트가 쓴 《실천이성비판》도 결국 같은 내용이다. "오로지 인간과 그와 함께 모든 이성적인 피조물만이 그 자체로 목적이다. 즉 인간은 자유의 자율성 덕분에 신성한 도덕적 법칙의 주체다." 모든 인간은 인간의 불완전함을 받아들임과 동시에 다음과 같은 사실을 깨달을 수 있다. "주의를 일깨우는 이러한 인간 개념은 인간 본성의 (그 목적에 따라) 고귀함을 보여주며 동시에 이와 관련해 우리의 행동이 적절하지 않았음을 깨닫게 하고 이를 통해 자만을 억누른다. 이러한 인간 개념은 그 자체로 자연스럽고 상식적으로도 쉽게 알아차릴 수 있다."

13 1849년 3월 28일 독일국 헌법(제5조 147항, 제6조 152항). 다음 자료를 참고하라. Ernst Rudolf Huber, 《Dokumente》 1권, 391.

14 1871년 4월 16일 독일국 헌법. Ernst Rudolf Huber, 《Dokumente》 2권, 384.

15 외교관 필립 오일렌부르크[Philipp Eulenburg](《Mit dem Kaiser》, 58~59)는 그 장면을 요트 호엔촐레른 호에 그렸다.

16 1919년 8월 11일 독일공화국 헌법(바이마르헌법). Ernst Rudolf Huber, 《Dokumente》 4권, 151~179.

17 독일연방공화국 기본법의 제140조는 다음과 같다. "1919년 8월 11일 독일 공화국 헌법의 제 136조, 137조, 138조, 139조, 그리고 141조가 이 기본법을 구성한다."

18 Horst Dreier, 《Staat ohne Gott》, 11. 원문에 강조된 대로 작성.

19 Ernst-Wolfgang Böckenförde, 《Entstehung des Staates》, 90~92. 뵈켄뵈르데는 사적인 학술 세미나인 에브라허 페리엔제미나에서 연설한 적이 있다. 당시 세미나 개최자는 그의 스승인 에른스트 포르스트호프[Ernst Forsthoff]로, 하이델베르크대학교 학생들과 유명한 학자들을 초대했다. 포르스트호프의 스승인 카를 슈미트[Carl Schmitt]도 주적으로 세미나에 참석했다. 뵈켄뵈르데의 연설문은 1967년에 포르스트호프의 65번째 생일을 축하하는 기념 논문집 중 《세속화와 유토피아[Säkularisation und Utopie]》에 실렸다.

20 Ernst-Wolfgang Böckenförde, 《Entstehung des Staates》, 93~94. 더불어 다음 자료도 참조하라. Böckenförde, 《Kirche und christlicher Glaube》.

21 뵈켄뵈르데는 40년 이상 지난 다음에야 이런 해석이 오해에서 비롯되었다고 설명했다. "그 말을 부분적으로 오로지 종교만이 정치력의 근본이 되는 윤리라거나 이와 관련된 동질성을 보장할 수 있다고 이해하는 사람들이 많은데, 원래 뜻은 그렇지 않다. 그건 우리가 살아온 생활문화에 관한 것이다. 우리 생활문화에는 종교적인 것이 깃들어 있고, 때로로 종교에 뿌리를 둔 것도 있지만, 그것들은 점점 사라지거나 다른 것으로 덮일 수 있다." Böckenförde, Dieter Gosewinkel, 《Wissenschaft, Politik, Verfassungsgericht: Aufsätze von Ernst-Wolfgang Böckenförde. Biographisches Interview von Dieter Gosewinkel》, 432.

22 Horst Dreier, 《Staat ohne Gott》, 10.

23 1979년 이란 헌법이 가결된 이후, 세상은 그때까지 없던 열두 번째 이맘(이슬람교의 지도자)이 나타나기를 기다리고 있다. 열두 번째 이맘이 없는 동안에는 그 대리인인 종교 지도자가 세상을 지배한다.

24 Tjerk Brühwiller, 〈Bolsonaros Pakt mit den Freikirchen〉.

25 2019년 12월 20일 언론사 〈폭스 비즈니스〉가 공개한 제프리스와 루 돕스[Lou Dobbs]의 인터뷰 내용. 제프리스는 2,500만 명의 복음주의 교회 신도들을 동원해 트럼프를 지지하겠다고 약속했다.

26 2020년 3월 27일 방송, 〈Coronavirus: An Interview with Dr. Charles Stanley〉

27 이 내용은 온라인에 게재된 동영상에서 확인할 수 있다. "As people of God, we have dominion and authority over COVID-19, because Jesus has redeemed us from every curse, which includes sickness, disease and every plague." 이 '퇴마' 동영상(웃기려고 말하는 것이 아니다)은 2020년 6월 말까지 조회 수가 150만 건 이상이었다. 해당 영상

에서 코플랜드는 "코로나19에게 판결을 내리노니, […] 이 땅을 떠날 것을 명령한다"고 말했다. 또한 팬데믹은 끝났으며 미국은 치유되었다고도 언급했다. 3월 29일 기준으로 미국의 감염자는 대략 10만 명가량이었고, 3개월 후에는 그 수가 스무 배 늘었으며 사망자의 수는 2,000명 이하였다가 60배 이상(12만 명 이상) 늘었다.

28 Elizabeth Williamson, 〈Liberty University Brings Back Its Students〉.
29 Klaus Max Smolka, Michael Ashlem, 〈Atheisten dürfen keinen Arbeitskreis gründen〉.
30 가브리엘이 2012년 1월 14일 자신의 페이스북에 올린 동영상을 참고하라.
31 Wolfgang Thierse, 〈Anachronistische Forderungen〉.
32 위 30번에 언급한 가브리엘의 페이스북 동영상을 참고하라.

3장 여성상: 성 역할

1 페테르스가 1849년 4월 21일자 〈여성 신문〉 견본 호에 쓴 글.
2 2017년 9월 24일 발표된 AfD의 총선거 공약집.
3 '자연스럽다'는 개념을 우리가 어떻게 이해하고 있는지, 그 결과 우리가 성별을 어떤 범주로 나누어 이해하는지, 그 배경을 탐구하려면 우선 과학적 측면만이 아니라 역사적 측면까지 살펴볼 필요가 있다. 우리는 소위 생물학적인 성sex과 성 역할gender을 구분한다. 생물학적인 성을 정의할 때는 신체적 특징을 활용한다. 개인의 성 역할은 제각기 다를 수 있다. 인간의 천성이란 다양하다. 남성과 여성은 종이 다를 수는 있다. 그러나 그들의 가치가 다르지는 않다. 이 책은 역사적으로 존재했던 성별의 대립성을 탐구하며, 동시에 그것을 본질적으로 '자연스럽다'고 정의하지 않는다.
4 세계은행에서 발표한 해당 통계 참조.
5 오하이오주립대학교의 교수 바르바라 베커 칸타리노Barbara Becker-Cantarino가 한 말이다. 다음에 인용되었다. Helga Brandes, 〈Frau〉, 126.
6 여자는 교회에서 잠잠하라(〈고린도전서〉 14장 34절). 이 문장을 보면 여성이 교회의 가르침을 받거나 신부가 되는 데서 제외되었다는 사실을 알 수 있다.
7 Helga Brandes, 《Frau》, 128.
8 Ute Gerhard, 《Frauenbewegung und Feminismus》, 12.
9 다음을 참조하라. Michaela Karl, 《Die Geschichte der Frauenbewegung》, 83~84.
10 Ute Gerhard, 《Frauenbewegung und Feminismus》, 12~13.
11 같은 책, 13.
12 Helga Brandes, 《Frau》, 126~128.
13 같은 책, 126.
14 Ute Gerhard, 《Frauenbewegung und Feminismus》, 10.
15 같은 책, 14.

16 같은 책, 10.

17 "Discours sur l'injustice des Loix en faveur des Hommes, au Dépend de Femmes."
    연설을 한 다음 주에 댈더는 연설문에 글을 덧붙여 책자로 인쇄했다. 다음 자료를 참고하라.
    Judith Vega, 〈Feminist Republicanism〉; Ute Gerhard, 《Frauenbewegung und
    Feminismus》, 15.

18 Yves Bessières, Patricia Niedzwiecki, 《Die Frauen in der französischen Revolution》,
    14~15.

19 Ute Gerhard, 《Frauenbewegung und Feminismus》, 18.

20 "L'honneur des femmes consiste à cultiver en silence toutes les vertus de leur sexe,
    sous le voile de la modestie & dans l'ombre de la retraite. Ce n'est pas non plus aux
    femmes à montrer le chemin aux hommes." 다음 자료들을 참고하라. 《Révolutions de
    Paris》 No. 150, 1792년 5월 19~26일, 358; Ute Gerhard, 《Frauenbewegung und
    Feminismus》, 20; Olivier Blanc, 《Olympe de Gouges》, 128.

21 다음에 인용되었다. Ute Gerhard, 《Frauenbewegung und Feminismus》, 27.

22 "Le mari doit avoir un pouvoir absolu et le droit de dire à sa femme: Madame, vous
    ne sortirez pas, vous n'irez pas à la comédie, vous ne verrez pas telle ou telle
    personne; car les enfans [sic] que vous ferez seront à moi." Pierre-Antoine Fenet,
    《Recueil complet des travaux preparatoires du code civil》, 10권, 6. 같은 책에 인용된
    내용의 출처는 1801년 11월 5일 회의 내용을 기록한 《Mémoires de M. Thibaudeau sur le
    Consulat》이다. 상세한 내용은 다음 자료를 참고하라. Leila Saada, 〈Les interventions de
    Napoléon Bonaparte〉.

23 Friedrich Hegel, 《Grundlinien der Philosophie des Rechts》, 319. (한국어판: 《법철학 강
    요》, 홍신문화사.)

24 Barbara Stollberg-Rilinger, 《Europa im Jahrhundert der Aufklärung》, 278. 이 책에 요
    약된 바에 따르면 "계몽주의 시대에 탁월한 진보를 더 확고한 평등과 자유로 증명하는 것은
    […] 잘못된 일이었을 테다. […] 100년이 지나야서야 새로운 여성 운동이 조직되었고 법적 평등
    을 바라는 그들의 요구가 성공할 가능성이 더 높아졌다."

25 Ute Gerhard, 《Gleichheit ohne Angleichung》, 143.

26 Louise Otto-Peters, 《Theilnahme》. 페테르스는 처음에 이 책을 결혼 전 이름인 루이스 오
    토로 펴냈다. 이 책에서는 역사적 사실을 분명히 하고 신원 확인을 용이하게 하기 위해 두 성을
    모두 표기했다.

27 Gudrun Kling, 〈Die rechtliche Konstruktion〉, 608.

28 《Gesetzes- und Verordnungsblatt für das Großherzogtum Baden》(1879).

29 Denise Löwe, Sabine Reh, 〈Das zölibatäre Leben des Fräulein Maria Lischnewska〉,
    33.

30 Gudrun Kling, 〈Die rechtliche Konstruktion〉, 609.

31 다음에 인용되었다. Denise Löwe, Sabine Reh, 〈Das zölibatäre Leben des Fräulein Maria Lischnewska〉, 33. 다음 자료도 참고하라. Sabine Reh, 〈Die Lehrerin〉.

32 Sabine Reh, 〈Die Lehrerin〉, 38. 1957년 5월이 되어서야 연방 노동 법원은 독신조항이 무효라고 선언했다. 연방 노동 법원 상원 판결 v. 10. Mai 1957, 1_AZR 249/563.

33 Michaela Karl, 《Die Geschichte der Frauenbewegung》, 85.

34 '여성 문제'에 관한 항목. 《Meyers Großes Konversations-Lexikon》 7권(1907), 40.

35 역사적으로 큰 의미가 있는 여성들을 대표하기 위해 몇 사람의 이름을 이 책에 거론했을 뿐이다. 이들의 업적은 역사 연구 분야에서 20세기 중반을 지날 때까지도 마땅한 가치 평가를 받지 못했다. 올바른 역사의식을 확립하는 데 매우 중요한 역할을 하는 단체로 독일 여성 운동 기록 보관실Archiv der Deutschen Frauenbewegung, AddF이 있다.

36 Michaela Karl, 《Die Geschichte der Frauenbewegung》, 69.

37 전쟁이 발생하기 전부터 군비 경쟁으로 인해 상속세와 재산세가 상승했고(1909년 로이드 조지의 국민 예산안) 이에 따라 전통적으로 재산이 많고 권력을 쥐고 있던 계급이 국가 운영 비용에 연대책임을 지도록 하려는 두 번째 파도가 밀려왔다. 수많은 자산의 주인이 바뀌었고 재산을 포기하는 사람도 있었으며, 특히 런던에서는 재산을 팔아서 생계를 유지하는 사람도 생겼다.

38 Ute Frevert, 《Frauen-Geschichte》, 150~155.

39 다음을 참고하라. Ernst Rudolf Huber, 《Dokumente》, 3권, 6.

40 바이마르공화국 헌법, 제2부 독일인의 기본 권리와 의무, 제109조 1항.

41 바이마르공화국 헌법 제128조 2항은 다음과 같다. "여성 공무원에 대한 모든 예외 규정을 삭제한다."

42 독일 민법 제1부 78쪽을 참고하라.

43 1932년 개정 독일 민법 제1부 245쪽을 참고하라.

44 Jürgen W. Falter, 《Hitlers Wähler》, 143.

45 Günter Wollstein, 《Quellen》, 123~127.

46 슈페어의 연설은 독일제국 청년지도자들의 공식 기관에 기록으로 남아 있다. 〈Das Junge Deutschland〉, Nr. 11(1943), 259~260.

47 나치당 기관지 〈푈키셔 베오바흐터〉 1943년 10월 18일자 신문; 시사 다큐멘터리 〈보헨샤우 (688)〉 1943년 11월 10일부터 방송, 4분 40~50초.

48 Magnus Brechtken, 《Albert Speer》, 679~680.

49 의회 대표자 회의 회의록 1948~1949년, 제5/I권, 748쪽.

50 1950년에 독일연방공화국 인구는 약 5,080만 명이었는데, 그중 2,710만 명이 여성이었고 2,370만 명이 남성이었다. 1961년 6월 기준으로 전체 인구는 약 5,600만 명이었는데, 그중 2,970만 명이 여성이었고 2,640만 명이 남성이었다.

51 Heinz Bergner, 〈Frauen-Enquete〉.

52 〈Bericht der Bundesregierung über die Situation der Frauen〉, 9. 다음 서적을 참고하라.

Simon de Beauvoir, 《Le Deuxième Sexe》.

53 〈Bericht der Bundesregierung über die Situation der Frauen〉, 17.

54 당시 서명운동을 한 여성 모두가 낙태를 한 것은 아니었다. 서명운동을 조직한 알리체 슈바르처Alice Schwarzer 외 여러 명은 "마음속으로 상상해보았다"고 말했다. 다음을 참조하라. Alice Schwarzer, 〈Die Stern-Aktion und ihre Folgen〉.

55 1973년 11월 8일 조사 결정 〈Plenarprotokoll Nr. 07/64〉; 1976년 11월 11일 위원회 중간 보고서 〈Bundestagsdrucksache Nr. 07/5866〉; 1977년 5월 5일 조사 결정 〈Plenarprotokoll Nr. 08/25〉; 1980년 8월 29일 위원회 중간 보고서 〈Bundestagsdrucksache Nr. 08/4461〉.

56 〈Frau und Gesellschaft. Zwischenbericht der Enquete-Kommission〉. 1977년 슈투트가르트에서 발표된 독일연방 의회의 보고서; 〈Bundestagsdrucksache Nr. 7/5866〉. 이 보고서는 1976년 11월 날짜로 발표되었다; 1980년 8월 29일 〈Bericht der Enquete-Kommission Frau und Gesellschaft〉(〈Bundestagsdrucksache Nr. 8/4461〉), 3~4.

57 1980년 8월 29일 〈Bericht der Enquete-Kommission Frau und Gesellschaft〉(〈Bundestagsdrucksache Nr. 8/4461〉). 1977년 발표된 중간 보고서는 95쪽 분량이었는데, 1980년 보고서는 38쪽 분량이었다. 의회는 이에 관해 1981년 3월 19일에 논의했지만 구체적인 결론을 내지 못했다. 마지막 논의는 1986년에 청년 가족 건강 위원회에서 진행되었다. 1986년 6월 5일 〈Beschlußempfehlung und Bericht des Ausschusses für Jugend, Familie und Gesundheit (13. Ausschuß) zu dem Bericht der Enquete-Kommission Frau und Gesellschaft〉(〈Bundestagsdrucksache Nr. 10/5623〉).

58 이 내용이 명확하게 요약된 책은 다음과 같다. Torsten Körner, 《In der Männer-Republik》.

59 모든 정당에서 여성들은 경쟁을 거쳐 실질적이고 권력을 발휘할 수 있는 의사 결정권자의 자리에 올랐다. 안네그레트 크람프 카렌바우어Annegret Kramp-Karrenbauer, 안드레아 날레스Andrea Nahles, 사스키아 에스켄Saskia Esken, 페트라 키핑Petra Kipping, 사라 바겐크네히트Sarah Wagenknecht, 아날레나 베르보크Annalena Baerbock 등의 이름을 거론할 수 있다. AfD의 알리체 바이델Alice Weidel은 경쟁 상대인 남성들이 우세한 와중에도 확고한 지위를 확보했다.

60 이에 따라 유럽연합은 2006년 3월에 '남성과 여성의 평등을 위한 계획'을 발표하고 유럽 양성평등 연구소를 설립했다.

61 수십 년 전까지만 해도 여성은 아버지나 남편이 사망한 경우에만 그들이 하던 사업을 물려받아 총책임자 자리에 오르는 경우가 드물지 않았다.

62 맥킨지의 2020년 5월 연구 결과를 참고하라. 〈Diversity Wins - How Inclusion Matters〉.

4장 목소리를 찾다: 정치와 참여

1 "What I do say is, that no man is good enough to govern another man, without that other's consent." 1854년 10월 16일 일리노이 주 피오리아에서 링컨이 한 연설 중에서.

2 영국 전 수상인 데이비드 캐머런이 다우닝가 10번지에서 연설한 내용이 텔레비전으로 방송되

었다. 이 책에 실린 내용은 〈뉴욕 타임스〉와 DPA가 문서로 보도한 내용을 독자적으로 번역한 것이다.

3 Ignaz Wrobel, 〈Parteiwirtschaft〉(1931년 10월 6일 〈Die Weltbühne〉). 쿠르트 투홀스키의 가명으로 실렸으며 다음에 게재되었다. Kurt Tucholsky, 《Gesammelte Werke》, 9권, 305~306.

4 Johann Heinrich Gottlob Justi, 《Der Grundriß einer guten Regierung》, 159.

5 제퍼슨이 이 독립선언문을 작성할 때 "모든 사람"을 누구로 상정했는지는 위 유스티의 책 24쪽을 참조하라.

6 미국 헌법의 최신 독일어 번역본과 해당 법의 역사적 발전 과정에 관한 해석은 재미독일대사관 홈페이지를 참조하라.

7 독재정권 시절에는 물론이고 오늘날까지도 생각에 줏대가 없고 사고의 범위가 제한적이라는 편견은 남아 있다. 구스타프 폰 로호브Gustav von Rochow가 1838년 1월 15일에 프로이센의 내무장관으로 임명된 일을 계기로 이런 편견이 탄생했다. 로호브는 1838년 4월 3일자 〈함부르거 뵈르젠할레〉 4면에 실린 글에 이렇게 썼다. "신하들은 왕과 군주에게 복종해야 마땅하며 또한 주어진 명령을 따를 때는 신으로부터 명을 받은 권위자가 부여한 책임을 져야 한다. 그러나 자신들의 협소한 시야를 척도로 국가 원수의 행동을 판단하거나 주제넘은 오만함으로 그 정당성에 공적인 판단을 내려서는 안 된다." 로호브는 이처럼 거만한 말로, 줏대가 없고 사고의 범위가 제한적인 국민에 관해 떠들었다. 이 내용은 역설적이게도 격언으로 분류되어 당시 백과사전 등에 실렸다. 다음을 참조하라. 《Meyers Großes Konversations-Lexikon》, 2권, Leipzig 1905, 750.

8 이 개념은 프란츠 폰 바더Franz von Baader가 고안한 것이다. Jürgen Müller, 《Deutscher Bund und innere Nationsbildung im Vormärz》, 28.

9 독일 자유주의 계간지 〈도이체 피어텔야스 슈리프트〉는 1844년 3분기에 발행한 잡지의 주제를 '대중 빈곤'으로 정했다.

10 "What the people - meaning by that word all classes, high as well as low - wish to have is, in the first place, constitutional freedom in the several states, and in the next a real united representation of the whole German race.", 1848년 3월 6일 〈타임스〉에 실린 기사 "독일"에서.

11 다음에 실린 도표를 참조하라. Frank Lorenz Müller, 《Die Revolution von 1848/49》, 87; 또한 다음의 데이터를 참조하라. Max Schwarz, 《Biographisches Handbuch des Reichstags》.

12 Frank Lorenz Müller, 《Die Revolution von 1848/49》, 52~55 요약.

13 당시 참정권이 있던 사람들의 정확한 숫자는 알 수 없다. 이 책에서도 여러 참고 자료에서 얻은 대략적인 수를 표기했다. 가장 낮은 수는 다음의 논문을 참조하라. John A. Phillips, Charles Wetherell, 〈The Great Reform Act〉, 413~414; 가장 높은 수는 영국 하원이 2013년에 발표한 연구 보고서를 참조하라. 이것은 다음의 자료를 기반으로 한다. Chris Cook, John

Stevenson, 《British Historical Facts》, 115~116.

14 Robert Blackburn, 《The Electoral System in Britain》, 75.

15 같은 책.

16 영국 하원의 13/14 연구 보고서, 2013년 3월 1일자, 4쪽.

17 1849년 5월 30일 하원의원 선거 실시에 관한 규정은 1918년 12월 21일 프로이센 의회 선거
    에 관한 법령이 제정되기 전까지 효력을 발휘했다.

18 1874년에 군인은 제국 군법에 따라 유효한 투표권을 빼앗겼다.

19 Gerhard Ritter, 《Wahlgeschichtliches Arbeitsbuch》, 132~139.

20 비스마르크 헌법 제20조와 함께 다음 자료도 참조하라. Ernst Rudolf Huber, 《Dokumente
    zur Deutschen Verfassungsgeschichte》, 2권, 390.

21 1869년 10월 15일 북독일연방 제헌의회를 위한 선거법과 함께 다음 자료도 참조하라. Ernst
    Rudolf Huber, 《Dokumente zur Deutschen Verfassungsgeschichte》, 2권, 270.

22 Heinrich von Treitschke, 《Die soziale Frage》, 109.

23 최신 인구조사를 기반으로 전체 인구 중 참정권자의 수를 나타낸 것이다. 이에 관해서는 다음
    자료를 참조하라. Thomas Rahlf, 《Dokumentation zum Zeitreihendatensatz für
    Deutschland》, 525. 이것은 다음 자료의 숫자를 수정한 것이다. Gerhard Ritter,
    《Wahlgeschichtliches Arbeitsbuch》, 38~43.

24 Statistisches Reichsamt, 〈Die Wahlen〉, 1.

25 Georg Klaus, Manfred Buhr, 《Philosophisches Wörterbuch》, 1권, 426.

26 Andreas Wirsching, 〈Weimar in Westminster〉.

27 결과에 대한 개인적인 해석이 어떠하든, 브렉시트 지지자[Brexiteer]와 브렉시트 반대자[Remainer] 진
    영의 규모는 거의 비슷했다(그리고 지금도 그렇다). 이러한 국민투표는 개별적인 결정을 내리
    는 기반이 되었으나 해결책은 아니었고, 다만 쌍방이 서로를 반대하는 힘을 강화했다.

28 〈Staatsmonopolistischer Kapitalismus〉. 출처는 다음과 같다. Georg Klaus, Manfred
    Buhr, 《Philosophisches Wörterbuch》, 1권, 607.

5장 우리와 타인들: 민족주의

1 Theodor Heuss, 《Geist der Politik》, 22.

2 Birgit Verwiebe, 〈Theodor Körner, Friedrich Friesen und Heinrich Hartmann auf
   Vorposten〉; Carl Jäger, 〈Körner, Theodor〉; Marianne Leber, 〈Friesen, Friedrich〉.

3 쾨르너가 사망한 이후인 1814년에 그의 민족주의 시집 《7현금과 검[Leyer und Schwert]》이 출간되었
   다. 작가 한스 볼프 예거[Hans-Wolf Jäger]는 1979년에 출간한 《새 독일 전기[Neue Deutsche Biographie]》에
   서 쾨르너의 영웅적인 죽음에 관해 다루었다. 단, 원문에는 인용 부호가 없다.

4 1983년에 출간된 주요한 책 다수에서 민족주의의 구조를 바라보는 학술적인 인식이 완전히
   새롭게 바뀌었다. Benedict Anderson, 《Imagined Communities》(한국어판: 《상상된 공

동체: 민족주의의 기원과 보급에 대한 고찰》, 도서출판 길); Ernest Gellner, 《Nations and Nationalism》; Eric Hobsbawm, Terence Ranger, 《The Invention of Tradition》. (한국어판: 《만들어진 전통》, 휴머니스트.) 앤더슨은 민족을 "상상된 정치적 공동체"라고 말했다. "민족은 상상되었다. 민족 내의 가장 작은 일원들도 같은 민족을 이루는 다수를 알거나 만나거나, 심지어는 그들의 이야기를 듣지 못한다. 하지만 모두가 머리로는 그들의 공동체가 존재한다고 상상한다." 《Imagined Communities》, 15.

5 이에 관해서는 다음 자료들을 참조하라. Hans-Ulrich Wehler, 《Nationalismus》(한국어판: 《허구의 민족주의》, 푸른역사); Patrick Geary, 《The Myth of Nations》(한국어판: 《민족의 신화, 그 위험한 유산》, 지식의풍경); Christian Jansen, Henning Borggräfe, 《Nation - Nationalität - Nationalismus》.

6 Eugen Lemberg, 《Geschichte des Nationalismus in Europa》, 9.

7 Hans-Ulrich Wehler, 《Nationalismus》, 7. 본문에 요약한 내용은 벨러를 비롯해 얀센과 보르그그레페의 글을 참조한 것이다.

8 Hans-Ulrich Wehler, 《Nationalismus》, 7~8.

9 Chrisian Jansen, Henning Borggräfe, 《Nation - Nationalität - Nationalismus》, 18.

10 같은 책, 19~20.

11 같은 책, 20.

12 Horatius, 〈Carmina〉, 3, 2, 13.

13 베네딕트 앤더슨은 1963년에 젊은 학생으로서 당시 인도네시아의 대통령이던 수카르노Sukarno의 연설을 한 대사에게 동시통역한 경험을 글로 남겼다(《Imagined Communities》, 9~10). 수카르노의 연설은 민족주의적인 교조와 히틀러에 대한 예찬으로 가득했다. 수카르노의 말이 곧 인도네시아라는 나라의 토대가 되었다. "20세기 초까지만 해도 '인도네시아'라는 개념이 알려지지 않았었다." 당시의 경험과 유럽인들의 지속적인 반응을 바탕으로 앤더슨은 '상상된 공동체'를 연구하기로 마음먹었다. 1990년대에 유고슬라비아가 해체되면서 여러 국가가 건설된 핵심 또한 민족주의 이념의 결과다.

14 Chrisian Jansen, Henning Borggräfe, 《Nation - Nationalität - Nationalismus》, 19~20.

15 같은 책, 38.

16 Johann Gottfried Herder, 《Briefe zu Beförderung der Humanität》, 17권, 287.

17 Chrisian Jansen, Henning Borggräfe, 《Nation - Nationalität - Nationalismus》, 37~40 요약. 문학에서 자주 사용되는 개념인 '하층(민)'은 계급사회적인 가치를 나타내는데, 중립성을 지키기 위해 이 책에서는 그 단어의 사용을 자제했다. 계급 분류와 계층화는 현실이었다. 하지만 상층이니 하층이니 하는 속성에는 사회 윤리적으로 함축적인 의미가 있으니, 그것을 더 명확하고 구체적으로 표현할 필요가 있다. 하층에 속하는 사람들은 더 가난하고, 더 의존적이고, 덜 자유로운 특성을 보였지만 인간으로서 더 많은 재산과 잠재력을 지닌 다른 사람들보다 '아래'에 있는 것은 아니었다.

18 "자연은 언어, 관습, 풍습, 산, 바다, 강, 사막 등으로 민족을 나누었다. 오랜 시간 같이 지내거나,

한곳에 뿌리박혀 생활한 사람들은 말 그대로 모든 것을 함께 했다. 니므롯의 세계 통일 초안과
는 반대로, (오랜 말씀대로) 여러 언어가 혼란스럽게 얽혔다. 그래서 민족이 나뉘었다. 언어, 관
습, 경향, 삶의 방식 등의 차이는 민족의 연결을 방해하는 빗장이자 낯선 것들을 범람하게 만든
댐이었다. 세계의 관리자는 각 민족 및 인종이 그들의 인장, 그들의 특징을 유지하여 안전할 수
있도록 돌본다. 민족은 자기들끼리만 가까이 살아야 하며, 서로 섞이거나 한데 합쳐져서는 안
된다." Johann Gottfried Herder, 《Briefe zu Beförderung der Humanität》, 18권,
235~236.

19 Chrisian Jansen, Henning Borggräfe, 《Nation - Nationalität - Nationalismus》, 24~27
요약.

20 Hans-Ulrich Wehler, 《Nationalismus》, 7.

21 Dieter Langewiesche, 《Reich, Nation, Föderation》, 10.

22 Hans-Ulrich Wehler, 《Nationalismus》, 8.

23 Christina Lee, Nicola McLelland, 《Germania Remembered 1500-2009》, 28; Roberta
Frank, 〈Siegfried and Arminius〉, 2~3, 주석 2.

24 Tacitus, 《Annales》, 1, 59-65/2, 88. (한국어판: 《타키투스의 연대기》, 종합출판 범우.) 이외
에도 기원후 30년 마르쿠스 벨레이우스 파테르쿨루스Marcus Velleius Paterculus가 자신의 저서 《로
마의 역사Historia Romana》에서 토이토부르크 숲 전투를 언급했다.

25 Magnus Brechtken, 《Leaving the forest》.

26 Hans-Ulrich Wehler, 《Nationalismus》, 28.

27 Theodor Körner, 〈Aufruf〉, 37.

28 Frank Lorenz Müller, 《Die Revolution von 1848/49》, 2. 뮐러는 베를린의 출판업자인 프
리드리히 니콜라이Friedrich Nicolai를 참조하라고 언급했다. 니콜라이는 "1770년에는 고작 2만 명
정도밖에 안 되는 사람들이 이러한 국가적인 논의에 참여했을 것"이라고 짐작했다(같은 책).

29 Chrisian Jansen, Henning Borggräfe, 《Nation - Nationalität - Nationalismus》, 45.

30 프랑스에서 사용되는 동전에는 영토의 모양을 상징하는 6각형과 그 6각형이 감싼 나무가 새
겨져 있다. 테두리에는 프랑스 혁명의 표어인 "자유, 평등, 박애"가 쓰여 있다.

31 Friedrich Schiller, 《Sämtliche Werke》, 1권, 267.

32 Frank Lorenz Müller, 《Die Revolution von 1848/49》, 4.

33 Dieter Langewiesche, 《Kulturelle Nationsbildung》, 6.

34 Frank Lorenz Müller, 《Die Revolution von 1848/49》, 5~7.

35 Max Weber, 《Der Nationalstaat》, 571. 베버는 나중에 특히 빌헬름 2세가 불러일으킨 효
과와 그에게 책임이 있는 국제 정치의 영향을 받아 이 연설과 거리를 두는 입장을 취했다.
1913년에 그는 번번이 미성숙한 형태로 자신의 주장에 근거를 들었다; 이에 관해서는 다음을
참조하라. Heino Heinrich Nau, 《Der Werturteilsstreit》, 540~541, 각주 26.

36 이런 성장을 측정하는 매개변수와 국제적으로 비교했을 때 그 결과가 어떤 의미인지는 브레히
트켄의 다음 책을 참조하라. 《Scharnierzeit 1895-1907》, 38~59.

37 Bernhard von Bülow, 《Reden》, 6~8.

38 Friedrich Meinecke, 《Ausgewählter Briefwechsel》, 135. 마이네케가 1933년 1월 1일 루트비히 아쇼프Ludwig Aschoff에게 보낸 편지 중에서.

39 Barbara Beßlich, 《Wege in den 'Kulturkrieg'》.

40 Adolf Lasson, 〈Deutsche Art und deutsche Bildung〉, 115~116. 1915년에 세 권으로 발행된 연설 모음집인 《어려운 시기의 독일어 연설Deutsche Reden in schwerer Zeit》을 보면, 수많은 연설문이 라손의 논조를 따른다는 것을 알 수 있다. 이 연설 모음집은 전쟁 중인 국민들에게 확고한 민족주의 정신을 전달하기 위한 것이었다. 세 번째 책의 마지막 글은 펠릭스 폰 루샤우Felix von Luschau가 1915년 11월 2일에 "인종과 민족Rassen und Völker"이라는 제목으로 연설한 것이다. 다음 자료를 참조하라. Wolfgang Mommsen, 《Kultur und Krieg》. 《어려운 시기의 독일어 연설》은 '제1차 세계대전 중 지식인, 예술가, 작가의 역할'에 관한 연구 결과를 포함한다. 이에 관해서는 다음 자료를 참조하라. Jürgen von Ungern-Sternberg, 〈Wie gibt man dem Sinnlosen einen Sinn?〉.

41 Otto von Gierke, 〈Krieg und Kultur〉, 99~100.

42 이에 관한 더 자세한 내용은 브레히트켄의 다음 책을 참조하라. 《Scharnierzeit 1895-1907》, 355~376.

43 Friedrich Meinecke, 〈Um welche Güter kämpfen wir?〉, 2.

44 Klaus Hildebrand, 《Das Vergangene Reich》, 396~411 요약; Heinrich August Winkler, 《Der lange Weg nach Westen》, 1권, 378~380; Jörn Leonhard, 《Die Büchse der Pandora》, 952~954.

45 당시의 경향을 가장 잘 보여주는 예시가 바로 저널리스트이자 정치인 루돌프 아우크슈타인Rudolf Augstein이 1953년에 가명으로 펴낸 다음의 책이다. Jens Daniel, 《Deutschland - Ein Rheinbund?》.

46 소비에트의 헤게모니가 발전하고 몰락하는 과정이 중부 유럽 및 동유럽에서는 서유럽과 완전히 반대되는 결과를 낳았다. 중부 및 동유럽에서는 군부의 지배력에 기반을 둔 유대가 끈끈했고 사람들이 소비에트의 자원으로 먹고 살았다. 물론 경쟁이 심화하며 자원은 점점 줄어들었다.

47 키란 클라우스 파텔Kiran Klaus Patel은 노르웨이 출신 전문가가 1949년에 남긴 말을 인용하며 "국제기구의 수가 […] 급격하게 증가했다"고 말했다(《Projekt Europa》, 24). 또한 "국제기구의 수는 계속해서 늘었다. 오늘날(1949년) 세계인은 국제기구가 기하급수적으로 늘어나는 상황에서 국제적인 노력이 조화와 풍요, 관료주의의 결핍으로 고통받고 있다고 느낀다"고 덧붙였다. 파텔은 1951년에 국제기구의 수가 832개였다고 언급했다. 1960년에는 그 수가 1,255개로 늘었다(같은 책, 23~25).

48 랑게비세는 이를 조심스럽게 다음과 같이 요약했다. "유럽연합은 역사적으로 어떤 본보기도 없는 국가 지위의 형태가 검증되는 실험실 역할을 하고 있다. 지금까지는 국가적인 범주에서의 사고방식이 그런 실험을 통해 무효화되지 않았다. 하지만 자신들의 정체성을 형성하려는

신생 유럽의 의지에 도전받고 있다." 《Reich, Nation, Föderation》, 10.

6장 힘의 질서: 전쟁과 평화

1   Dieter Langewiesche, 《Reich, Nation, Föderation》, 9.

2   리처드 닉슨[Richard Nixon]의 대통령 임기는 기만적인 시도로 인해 숨이 막힌 듯이 지나갔고, 토니 블레어[Tony Blair]의 명성은 거짓말로 이라크 전쟁을 정당화한 일로 인해 무너진 다음 회복되지 않았으며, 이는 조지 W. 부시나 도널드 럼스펠드[Donald Rumsfeld]도 마찬가지였다.

3   Heracleitos, 《Fragmente》, 19, 27(단편 53, 80).

4   Olaf Scholz, 《Hainau's Schicksale》, 80~84.

5   같은 책.

6   Johannes Kunisch, 《Friedrich der Große》, 166.

7   다음에 인용되었다. Johannes Kunisch, 《Friedrich der Große》, 167.

8   같은 책, 175.

9   다음에 인용되었다. Walther Rohdich, 《Hohenfriedeberg 4. Juni 1745》, 79.

10 Dieter Langewiesche, 《Der gewaltsame Lehrer》, 53.

11 Ulrich Bräker, 《Lebensgeschichte Und Natürliche Abenteuer Des Armen Mannes Im Tockenburg》, 462.

12 Sascha Möbius, 《Von Jast und Hitze wie vertaumelt》, 5. 다음을 참고하라. Sven Petersen, 〈Auf der frantzosen Jagd〉, 162~163.

13 탑은 지금도 "승리를 쟁취한 고도"에 서 있다.

14 Wilhelm Wolff, 《Das Elend und der Aufruhr in Schlesien》, 192.

15 Max Ring, 《Erinnerungen》, 1권, 187. 제목은 "1847년 가을에 관하여"이다.

16 〈동부 유럽 독일인들의 문화와 역사에 관한 온라인 사전〉의 하이나우/호이노프 항목을 참조하라. 건물의 60퍼센트가 파괴되었다는 것은 어마어마한 수치이지만, 제국 서부의 수많은 도시에 비하면 훨씬 낮은 수준이었다. 제국의 서부 도시는 전쟁 막바지에 연합국과 맞서다가 더 많은 건물이 파괴되는 결과를 얻었다. Magnus Brechtken, 《Albert Speer》, 275~282.

17 Paul Peikert, 《Festung Breslau in den Berichten eines Pfarrers》, 24~25. 1945년 1월 22일에 쓴 묘사. 1945년 1월 19일 나치 시대 대관구 지도관이던 카를 한케[Karl Hanke]는 시민들에게 퇴거 명령을 내렸다. 하지만 사람들을 태울 이동수단이 부족하여, 여성과 아이 들은 다음 날 걸어서 도시를 떠나야 했다. 영하 20도 혹은 그 이하의 날씨 때문에 사람들은 옹기종기 모여 앉은 채 얼어 죽었다. 한 보고서에는 "리그니츠로 가는 길 옆 시궁창에 […] 공포에 사로잡힌 난민들이 버린 신생아의 시신이 산더미처럼 쌓여 얼어붙어 있었다"고 쓰여 있다. 또한 "노이마르크트에서만 40구가 넘는 어린아이 시신이 광장에 깔린 볏짚 위에 가지런히 뉘여 있었다"고 한다. Friedrich Grieger, 《Wie Breslau fiel》, 7.

18 Paul Peikert, 《Festung Breslau in den Berichten eines Pfarrers》, 126~127. 1945년 3

월 11일 기록.

19 Immanuel Kant, 《Zum Ewigen Frieden》, 199. (한국어판: 《영구 평화론》, 서광사.)

20 Carl von Clausewitz, 《Vom Kriege》, 210; 주석 375, 1234~1235. (한국어판: 《전쟁론》, 책
    세상.)

21 Carl von Rotteck, 〈Krieg〉, 508~509. 이 글이 실린 《정치학 백과사전》은 "독일 초기 자유주
    의의 근간이 되는 책"이었다(Dieter Langewiesche, 《Lehrer》, 16).

22 Jürgen Osterhammel, 《Die Verwandlung der Welt》, 20. (한국어판: 《대변혁 1~3: 19세
    기의 역사풍경》, 한길사.)

23 1871년 2월 9일 Benjamin Disraeli, 〈Parliamentary Debates〉, 3rd Series, Vol. 204, col.
    81~82; 다음을 참고하라. Klaus Hildebrand, 《Das vergangene Reich》, 13.

24 이에 관해서는 비스마르크 전기 세 권이 모두 동일하게 서술하고 있다. Lothar Gall,
    《Bismarck: der weisse Revolutionär》(1980); Ernst Engelberg, 《Bismarck: Urpreusse
    und Reichsgründer》(1985/1990); Otto Pflanze, 《Bismarck: Der Reichsgründer》
    (1997/1998).

25 Ludwig Dehio, 〈Deutschland und die Epoche der Weltkriege〉, 15.

26 Magnus Brechtken, 《Scharnierzeit》, 38~87.

27 Rudolf Kjellén, 《Die Großmächte der Gegenwart》, 136; 《Die Ideen von 1914》. 1914
    년의 관념들은 엄밀히 말하자면 '1789년의 관념들에 대한 독일의 봉기'로 특징지어진다.
    Klaus Hildebrand, 《Das vergangene Reich》, 337. '1914년의 관념들'을 지지하는 사람들
    은 조화로운 민족공동체를 상상했고 논쟁, 타협, 다수의 의견을 찾는 투표 등에 대응해 '민족의
    유기적인 의지'를 선전했다. 그에 비해 권위적인 지도자들은 전체의 의지를 표출하는 존재가
    되어야 했고, 필요할 때는 국민투표에 따라 스스로에게 권한을 부여했다. 어쨌든 이는 의회주
    의적인 경쟁에 대응하는 의사 결정 방식이었다. '독일의 자유라는 관념'에 따르면 각 개인은 늘
    더 고차원적인 전체에 포함되고 종속된다. 다음을 참조하라. Hermann Lübbe, 〈Die
    philosophischen Ideen von 1914〉; Jörn Retterath, 《Was ist das Volk?》, 67~131 요약.
    다음도 참조하라. Magnus Brechtken, 《Scharnierzeit》, 137~149.

28 James H. McRandle, James Quirk, 〈The Blood Test Revisited〉, 677.

29 4월 9일에 게오르게테 작전이 뒤이어 수행되었다. 이 작전은 4월 29일에 중단되어야 했다.
    1918년 3월 21일부터 4월 29일까지 사망자는 다음과 같다. 독일군 32만 6,000명, 영국군
    26만 명, 프랑스군 10만 7,000명. 다음 자료를 참조하라. Christoph Mick, 〈1918:
    Endgame〉, 149~150. 다음 자료에도 거의 같은 수가 기재되어 있다. Jörn Leonhard, 《Die
    Büchse der Pandora》, 837.

30 Jörn Leonhard, 《Die Büchse der Pandora》, 852.

31 총 숫자는 책에 따라 다르다. 이 책에는 다음 문헌을 참고해 요약한 내용을 적었다. Antoine
    Prost, 〈The Dead〉, 587~591; 도표 22.1, 587~588; Rüdiger Overmans, 〈Kriegsverluste〉,
    663~666.

32 Jörn Leonhard, 《Die Büchse der Pandora》, 884.

33 Herfried Münkler, 《Der Große Krieg: Die Welt 1914 bis 1918》, 653~661 요약.

34 Christian Hartmann, Thomas Vordermayer, Othmar Plöckinger, Roman Töppel, 《Hitler, Mein Kampf》, 2권, 981.

35 같은 책, 983.

36 다음 자료들을 참조하라. Hans-Peter Schwarz, 《Geschichte der Bundesrepublik Deutschland》, 2권; Rudolf Morsey, 《Die Bundesrepublik Deutschland》; Peter Graf Kielmansegg, 《Nach der Katastrophe》.

37 Udo Wengst, 《Thomas Dehler》.

38 1956년 수에즈 위기 때도 미국은 스스로 자초한 일로 곤경에 빠진 불쌍한 영국인들을 도와 소련의 이익에 영향을 미치는 대신 소련의 이해관계를 고려했다.

39 여러 무기 체제를 간략하게 범주화하자면, 장거리 미사일에는 최소 도달 거리가 5,500킬로미터인 대륙간탄도미사일이 포함된다. 한편 단거리 미사일로는 최대 도달 거리가 500킬로미터인 전술 핵무기가 있다. 도달 거리가 그 사이의 구간에 해당하는 모든 무기가 중거리 미사일이다. 중거리 미사일 또한 도달 거리에 따라 여러 범주로 나뉜다. 그리고 바로 그 중거리 미사일의 도달 거리 내에 있는 영역에서, 1970년대 후반부터 결정적이고 무엇보다도 정신적으로 의미 있는 충돌이 발생했다. 소련은 1987년까지 400개가 넘는 신형 SS-20 미사일을 배치했다. 동기가 무엇이었는지는 오늘날까지도 의견이 분분하다. 헬무트 슈미트는 1981년 12월 당시 독일의 사회주의통일당 제1서기이자 국가평의회 의장이었던 에리히 호네커[Erich Honecker]에게 "소련의 새 미사일이 두렵다"고 말한 바 있다. 이 발언은 다음에 인용되었다. Gregor Schöllgen, 《Deutsche Außenpolitik》, 193. 전문은 1981년 〈AAPD〉 363번에서 찾을 수 있다.

40 초대받은 독일 전문가들은 티모시 가튼 애시[Timothy Garton Ash], 고든 크레이그[Gordon Craig], 데이커 경(휴 트레버 로퍼[Hugh Trevor-Roper]), 프리츠 스턴[Fritz Stern], 노먼 스톤[Norman Stone], 그리고 조지 어번[George Urban]이었다. 그 자리에는 대처 외에도 당시 외무장관이던 더글러스 허드[Douglas Hurd]와 대처의 비서 파월이 함께했다. 다음 자료를 참조하라. Patrick Salmon, Keith Hamilton, Stephen Twigge, 《Documents on Bristish Policy Overseas》, 162~167; 502~509.

41 "The overall message was unmistakable: we should be nice to the Germans. But even the optimists had some unease, not for the present and the immediate future, but for what might lie further down the road than we can yet see(같은 책, 508)." 파월이 요약한 내용이 공개되자, 당시 세미나 참석자 대부분이 다소 부정적이라며 항의했다(1990년 7월 17일, 〈Parliamentary Debates〉 857단). 스톤은 나중에 이렇게 말했다. "In fact, the German ambassador could just have replaced us all, for we were extremely respectful towards present-day Germany." Norman Stone, 〈Germany?〉. 다음을 참조하라. Timothy Garton Ash, 〈Wie es eigentlich war〉; Norman Stone, 〈Recht geredet〉; Fritz Stern, 〈Die zweite Chance〉; 그리고 자세한 내용은 다음 자료를 참조하라. George Urban, 《Diplomacy and Disillusion》, 118~128; 151~159.

42 소위 '2+4 조약'은 1990년 5월 5일 외무장관 여섯 명이 본에서 만나면서 시작되었고 같은 해 9월 12일 모스크바에서 '독일 관련 최종 해결에 관한 조약'에 서명하며 끝났다. 마거릿 대처라면 더 큰 독일이 탄생하지 못하게 막으려 했을 것이다. 대처는 1993년 자서전에서 이렇게 회상했다. "If there is one instance in which a foreign policy I pursued met with unambiguous failure, it was my policy on German reunification." 《The Downing Street Years》, 813.

43 Stephan Bierling, 〈Die Außenpolitik der Bundesrepublik Deutschland〉, 279. 비용에 관한 자세한 내용은 다음 자료를 참조하라. Helmut Hubel, 《Der zweite Golfkrieg in der internationalen Politik》 59, 주석 135.

44 Karl-Heinz Kamp, 〈Mythen der Zwei-Prozent-Debatte〉.

7장 공정한 시장을 둘러싼 원: 경제와 사회

1 다음에서 인용했다. Ben Stein, 〈Everybody's Business〉.

2 Abigail Disney, 〈A Better Way of Doing Business〉.

3 Roland Lindner, 〈Der Disney-Retter〉.

4 스웨덴의 의사 한스 로슬링Hans Rosling은 의사이자 보건 정책 전문가로서 수십 년 동안 여러 저서와 TED 강연 등을 통해 대부분의 유럽인과 북미인들이 이 세상의 나머지 지역, 특히 소위 개발도상국이라고 불리는 곳들의 사회·의료·경제·집단을 얼마나 잘못 인식하고 있었는지를 낱낱이 밝혔다. 로슬링의 저서 《팩트풀니스》에 나오는 간단한 테스트를 통해 우리 자신이 얼마나 착각에 빠져 있었는지를 알아보고 얼굴을 붉힐 수 있을 것이다. 안나 로슬링 뢴룬트Anna Rosling Rönnlund와 올라 로슬링Ola Rosling은 '달러 스트리트'라는 프로젝트를 실시해 다른 문화권에 사는 사람들이 얼마나 실제보다 낯설고 멀게 느껴지는지를 설명했다. 이들은 50개국 264가구의 생활상을 가계 수입 수준에 따라 분류하고 약 3만 장의 사진을 찍어 기록했다. 그 내용에 따르면 모든 대륙의 가계 수입 수준이 비슷한 사람들은 지역적인 차이와 상관없이 대개 비슷한 것들을 갖추고, 비슷하게 살았다.

5 Adam Smith, 《An Inquiry into the Nature and Causes of the Wealth of Nations》. (한국어판: 《국부론》, 동서문화사.) 스미스는 데이비드 흄David Hume, 벤저민 프랭클린Benjamin Franklin, 에드먼드 버크Edmund Burke와 관련이 있다.

6 Adam Smith, 《An Inquiry into the Nature and Causes of the Wealth of Nations》, Vol. 1, Ch. 2, 16~19.

7 Paul J. Crutzen, 〈The 'Anthropocene'〉, 13.

8 이러한 차이는 건강보험 부문에서 가장 현저하게 드러난다. 노벨경제학상 수상자인 앵거스 디턴Angus Deaton은 코로나19의 여파도 반영해, 이에 관해 짧게 요약했다. "자유로운 시장은 그 어떤 보건도 보장하지 않는다. 이미 오래전부터 알려진 사실이지만, 미국은 이 사실을 외면하는 유일한 선진국이다." 2020년 4월 7일 〈디 차이트〉와의 인터뷰.

9 이는 물론 1933년 이후 민족사회주의적인 팽창 정책을 고려한 것이다. 다만 팽창 정책은 근본적으로 제국의 권위주의적인 성향과는 조금 다른, 광범위한 이데올로기적인 동기로 인해 시행된 것이므로 여기서는 같은 맥락에서 언급하지 않았다.

10 미국의 북부 연맹과 남부 연합, 그 세율 및 환율을 비교 요약한 내용은 다음 자료에서 찾을 수 있다. Emmanuel Saez, Gabriel Zucman, 《The Triumph of Injustice: How the Rich Dodge Taxes and How to Make Them Pay》, 54~56. (한국어판: 《그들은 왜 나보다 덜 내는가》, 부키.) 소득세는 모든 미국인이 누가 얼마나 많은 세금을 내는지 알 수 있도록 공개되어야 한다. 〈뉴욕 타임스〉가 이에 관해 보도한 바 있다. Romain D. Huret, 《American Tax Resisters》, 25.

11 당시 영국의 정치·경제·사회적 측면에서 귀족 사회가 변화한 역사는 대단히 모범적이며 오늘날에도 인상 깊다. David Cannadine, 《The Decline and Fall of the British Aristocracy》.

12 David Cannadine, 《The Decline and Fall of the British Aristocracy》.

13 Emmanuel Saez, Gabriel Zucman, 《The Triumph of Injustice: How the Rich Dodge Taxes and How to Make Them Pay》, 57~58. 1893년과 1896년에 공개된 관련 문헌 참조; Robert E. Gallman, 〈Trends in the Size Distribution of Wealth in the Nineteenth Century〉.

14 Charlotte Bartels, 〈Einkommensverteilung in Deutschland von 1871 bis 2013〉, 51, 주석 2.

15 Charlotte Bartels, 〈Einkommensverteilung in Deutschland von 1871 bis 2013〉, 53.

16 이를 보여주는 전형적인 예시가 하인리히 만$^{Heinrich\ Mann}$과 토마스 만$^{Thomas\ Mann}$ 형제다. 이들은 전쟁 이후까지 아버지의 유산으로 살았다. 하인리히 만은 이에 관해 회고록에 의미심장한 글을 남겼다. "우리 아버지들은 대개 우리에게 꼭 필요한 수준의 돈만 남겼다. 나는 독일의 인플레이션 직전까지 상속 소득을 받았다. 더 이상은 필요하지 않았다." Heinrich Mann, 《Ein Zeitalter wird besichtigt》, 196.

17 Charlotte Bartels, 〈Einkommensverteilung in Deutschland von 1871 bis 2013〉, 54.

18 1939년부터 전쟁 기간 동안 데이터가 남아 있지 않다. Charlotte Bartels, 〈Einkommensverteilung in Deutschland von 1871 bis 2013〉, 54.

19 Charlotte Bartels, 〈Einkommensverteilung in Deutschland von 1871 bis 2013〉, 54. 이에 관해서는 다음 자료를 참조하라. Thomas Ferguson, Hans-Joachim Voth, 〈Betting on Hitler - The Value of Political Connections in Nazi Germany〉, 101~137.

20 Jürgen Kilian, 《Krieg auf Kosten anderer》, 443.

21 Charlotte Bartels, 〈Einkommensverteilung in Deutschland von 1871 bis 2013〉, 57.

22 "당시 미국, 영국, 프랑스의" 동일 집단보다 높은 비율이었다. Charlotte Bartels, 〈Einkommensverteilung in Deutschland von 1871 bis 2013〉, 55. 이에 관해서는 다음 자료를 참조하라. Barry Eichengreen, Albrecht Ritschl, 〈Understanding West German economic growth in the 1950s〉, 191~219.

23 다음 숫자의 단위는 10억 유로다. 49.69(1950년), 101.58(1956년), 154.77(1960년), 305.22(1969년). 1959년까지는 이전 독일 영토에서 자를란트와 서베를린을 제외한 수치다. 1960년부터 1969년까지는 이전 독일 영토에서 얻은 수치다.

24 '황금시대'라는 개념은 에릭 홉스봄[Eric Hobsbawm]이 사용한 것이다. 이에 관한 내용이 다음 자료에 간략하게 적혀 있다. Julia Angster, 《Die Bundesrepublik Deutschland 1963-1982》, 13~18.

25 Julia Angster, 《Die Bundesrepublik Deutschland 1963-1982》, 14.

26 독일연방 노동 사회부는 매년 사회적 지출에 관한 개요를 발표한다. 이른바 사회 예산인데, 거기서부터 자료를 참조했다. 이 책이 출간된 시점 기준으로 최신 자료는 2019년에 대한 예산으로, 2019년 6월에 발표되었다.

27 GDP는 1,548억 유로였다.

28 적자 지출, 거시경제적 규제 및 통제 혹은 통화주의의 원리 등과 같은 문제를 둘러싼 내부 경제 논의의 복잡성은 여기서 생략되어야 하며, 재정 경제를 통제하는 역할로서 그리고 특히 국가 부채 증가에 대한 희생양으로서 케인스가 비난받는 것이 옳은지 그른지에 관한 문제도 마찬가지다.

29 영국 내부에서 발생한 갈등의 역사와 전통에는 수많은 이유가 있다. 예를 들어 계급사회, 공격적인 노조, 식민지 시대 야심의 유산 때문에 발생한 외교 과부하, 절대다수의 양자택일 결정에 의존하는 의회 및 정부의 행동양식 등, 여기서는 몇 가지만 언급할 수 있을 뿐이다.

30 "In this present crisis, government is not the solution to our problem; government is the problem. From time to time we've been tempted to believe that society has become too complex to be managed by self rule, that government by an elite group is superior to government for, by, and of the people. Well, if no one among us is capable of governing himself, then who among us has the capacity to govern someone else? All of us together, in and out of government, must bear the burden. The solutions we seek must be equitable, with no one group singled out to pay a higher price."

31 대처의 인터뷰 기록, 30; 편집된 내용이 1987년 10월 31일 출간되었다. 1988년 7월 10일, 대처는 〈선데이 타임스〉를 통해 이를 부가적으로 설명하는 내용을 공개했다.

32 이를 설명하려면 영국 정치의 전통적인 대립 상황을 언급해야 한다. 권력을 쥔 정당, 즉 여당이 원칙적으로는 절대다수를 차지한다(대처 때는 100석 이상이었다). 이들은 1970년대의 국유화와 그 비참한 결과에 반대하며 선전 활동을 이어갔다.

33 대처는 인터뷰에서 여러 명확한 예시를 들며 개인의 책임을 실천하는 것이 어떤 일인지 언급했고 그러한 체제가 더 발전할 권리를 정당화하고자 했다. 다만 대처는 적어도 국민 건강보험을 의문시하는 짓은 저지르지 않았다. 국민 건강보험은 질병이란 순전히 개인만의 위기가 아니며, 따라서 각자가 스스로를 돌보아야 하는 건 아니라고 보는 사회를 전제로 한다(미국과는 다르다. 미국인들은 오늘날까지도 대다수가 질병은 개인의 책임이라고 생각하거나, 혹은 치료

비를 개인이 알아서 충당해야 한다고 생각하는 정치인을 뽑는다). 참고로 독일에 대한 대처의 생각은 그녀가 1989년, 1990년 독일 통일에 보인 반응을 보면 알 수 있듯이 전쟁이 끝날 때까지 자신이 경험한 사실에 기반을 두었다. 이에 관해서는 이 책의 6장을 참조하라.

34 "[W]e want the spread of personal property ever wider, not only because we want the material benefits to spread further wider, but because we believe when you have that personal property you get a much greater feeling of responsibility because you have to exercise responsibility towards it."; 대처의 인터뷰 기록, 40. 1987년 9월 23일.

35 Colin Jones, Alan Murie, 〈The Right to Buy: Analysis & Evaluation of a Housing Policy〉. 1945년 이후, 그리고 1950년대부터 1970년대까지 이어진 사회 주택 건설의 축복 이후 영국 노동자 계층이 겪은 궁핍한 생활환경은 다음 자료들에 잘 드러나 있다. Alan Johnson, 《This Boy》(2013); 《Please, Mr Postman》(2014).

36 1967년부터 시작된 영국 주거 현황 조사English Housing Survey, EHS는 2016/17 보고 연도에 부동산을 직접 소유한 가구가 63퍼센트라고 발표했다. Ministry of Housing, Community and Local Government, 〈English Housing Survey 2016-17〉, 6.

37 그 이유에 관한 의문을 해소하려면 우선 능력 부족에 오로지 한 가지 원인만 있는 경우는 거의 없고, 원칙적으로는 내부적인 요소와 외부적인 요소가 혼합되어 존재한다는 점에 주목해야 한다. 인간은 재능이 부족할 수도 있고 동기를 얻지 못할 수도 있고 재능을 꽃피울 교육을 제대로 받지 못할 수도 있고 어쩌면 애초에 재능 자체를 찾지 못할 수도 있다. 개인적으로 야망이 없을 수도 있고 노력하여 재능을 펼치거나 발전시킬 기회가 없을 수도 있다. 따라서 일반화는 피해야 한다.

38 그동안 부동산 분야에서 계급의 사다리를 한 칸 오른 사람도 있지만, 이 예시는 현실적이다. 그만큼 많은 사람이 계급의 사다리에서 미끄러져 내려오기도 했기 때문이다. 2007년 부동산 소유자의 수는 10년 전과 동일한 수준이었다.

39 이런 식으로 순위를 매기는 것은 결국 마케팅이다. 즉 전 세계의 고객들에게 그들의 자녀를 가장 인정받도록 만들어주는 졸업장(등록금과 교환한 것)을 어디서 받을 수 있을지 광고하는 셈이다. 그 졸업장을 딴 자녀들은 세계 시장에 진출해 고용주에게도 졸업장의 효과를 톡톡히 전달한다. 옥스퍼드, 케임브리지, 하버드 같은 상표를 이력서에 적을 수 있게 된 사람은 전 세계 어디에서나 자동으로 검증을 거친 자격이 있다는 평가를 받으며 이는 그 사람이 어떤 과목을 전공했는지, 배운 내용을 어떻게 해당 업무에 적용할 수 있는지와는 전혀 상관없다.

40 1960년대까지 대학은 계급을 명확하게 나누는 배타적인 장소였다. 나중에 노동당 정치인이 되는 1950년 출생인 앨런 존슨은 자신의 "노동자 계급"의 배경을 계급 구조의 "정상성"과 일상생활로 요약했다. Alan Johnson, 《This Boy: A Memoir of a Childhood》. 존슨은 런던에 있는 철거 건물에서 자랐고 15세에 학교를 중퇴했다. 18세에 결혼했고 20세에는 세 아이의 아버지가 되었다. 그의 어머니는 뼈 빠지게 일하다가 40세 초반이라는 나이에 사망했고 그는 15세 때부터 세 살 위인 누나와 단둘이 살았다. 존슨은 2019년 8월 3일 가디언과의 인터뷰에

서 이를 다음과 같이 요약했다. "매년 대학에 가는 사람들은 겨우 한 줌이었다. 내가 태어났을 때는 2퍼센트, 학교를 중퇴했을 때는 6퍼센트 수준이었다. 노동자 계급의 어린이 수백만 명에게 대학에 간다는 건 명왕성에서 3년을 사는 것만큼이나 현실과 동떨어진 일이었다."

41 극단적으로 이야기하자면 이러한 관점에서 후쿠야마의 "역사의 종말"이라는 표현에 빗대어 "세계적인 계획경제 모델의 종말"이라고 말할 수 있을 것이다.

42 1961년 4월 폭스바겐이 사유화된 것은 반대 효과를 낳았다. 폭스바겐의 직원들은 발행 가격이 350마르크인 주식을 한 주씩 받았고 추가로 아홉 주를 할인된 가격에 살 수 있었다. 며칠 지나지 않아 주가는 두 배로 뛰었다. 할인된 가격에 주식을 사서 두 배가 되었을 때 팔았던 모든 사람들이 얻은 이익은 대략 3,800마르크로, 당시 폭스바겐 비틀을 한 대 살 수 있는 수준이었다.

43 1990년부터 2020년 사이의 정확한 숫자는 다음을 참조하라. Deutsches Aktieninstitut, 〈Aktionärszahlen〉.

44 과시적 소비로 사용된 어마어마한 돈이 축구 구단, 요트, 스키 리조트 등으로 흘러들어갔다. 가장 잘 알려진 예시는 로만 아브라모비치Roman Abramowitsch다. 그는 2003년에 FC첼시를 1억 6,500만 유로에 샀고 그 이후로도 최소 20억 유로를 구단에 투자했다. 그 돈은 이전 소련의 천연가스, 니켈, 강철 기업에서 나왔다.

45 1984년에 석유 생산으로 번 돈은 165억 파운드로, 이는 영국 GDP 중 5퍼센트 이상이었다. Alexander G. Kemp, 〈An assessment of UK North Sea oil and gas policies Twenty-five years on〉, 599.

46 1982년에는 북해에 투자된 자금이 영국 산업 전체에 투자된 자금의 4분의 1에 달했다. Alexander G. Kemp, 〈An assessment of UK North Sea oil and gas policies Twenty-five years on〉, 600. 2012년까지 석유로 번 돈은 GDP의 27퍼센트에 해당했다. Guy Chazan, 〈Record investment planned for North Sea〉.

47 다른 유럽 국가가 자연의 선물을 어떻게 사용했는지는 다음 내용을 참조하라. 영국과 달리 노르웨이는 석유를 팔아 번 돈을 곧장 소비하기를 꺼렸다. 대신 투자기금을 설립하고 번 돈을 모으고 저축하여 미래 세대를 위한 자금을 확보했다.

48 여기서 독일제국이 1871년 이후, 특히 1890년 이후 세계 무대에 등장해 그 자아상을 선보였던 일과 역사적인 유사성을 발견하는 것도 무리는 아니다. 당시 시대상에 수많은 차이점이 존재함에도 양측의 담론뿐만 아니라 그 양상, 요구사항, 인식 등의 유사점이 시사하는 바가 크다.

49 특히 의료 및 기대 수명이 엄청나게 개선되었을 뿐만 아니라 삶의 모든 영역의 매개변수가 일반적으로 바람직하게 개선된 내용에 관해 알고 싶다면 로슬링의 《팩트풀니스》를 참조하라.

50 모든 사람이 자유롭게 거의 모든 데이터에 접근할 수 있으며 관련 간행물도 종종 출간된다. 경제(및 기타) 분야의 매개변수를 측정하고 검증한 출처는 세계은행 웹 사이트의 세부 정보(이 자료와 데이터는 전반적인 개요를 훑어보고 각국을 비교하는 데 탁월하다), 국제통화기금의 웹 사이트(여기서는 매우 풍부하고 정밀한 데이터를 찾을 수 있다), 유럽 위원회의 웹 사이트, OECD의 웹 사이트, 미국 경제 분석국의 웹 사이트, 독일연방 통계청의 웹 사이트에서 찾아볼

수 있다. 정리된 데이터는 연방 공민 교육국의 웹 사이트에서 찾아볼 수 있다.

51 1960년대까지 거슬러 올라가 지속적으로 경신되는 숫자를 파악하려면 세계은행의 웹 사이트를 참조하라.

52 이러한 두 가지 현상이 발생하자마자 이를 쉽게 설명한 분석 결과가 여럿 발표되었다. 중국의 정책에 관한 내용을 알고 싶다면 다음 기사를 참조하라. Lea Deuber, 〈Coronavirus in Wuhan: Chronik der Vertuschung〉; Friederike Böge, Michaela Wiegel, Matthias Wyssuwa, 〈Corona-Krise: Wie China Europas Demokratien verhöhnt〉. 2013년 발표된 중국의 '9호 문건'의 내용에 관해서는 주 53번을 참조하라. 이와 동시에 러시아에서도 이미 오래전부터 서구의 민주주의와 자유로운 사회를 깎아내리는 인터넷 프로파간다가 활발하게 진행 중이었다. 유럽 대외 협력청EAD은 이러한 시도를 면밀히 분석했다. 코로나19 위기 시대의 분석 내용에 관해서는 다음을 참조하라. Thomas Gutschker, 〈Händewaschen nutzt nichts〉. 또 다른 과학적 분석 내용은 다음 자료들을 참조하라. Philip Kreißel, Julia Ebner, Alexander Urban, Jakob Guhl, 〈Hass Auf Knopfdruck〉; Philip N. Howard, Bharath Ganesh, Dimitra Liotsiou, John Kelly, Camille François, 〈The IRA, Social Media and Political Polarization in the United States〉; Institute for Strategic Dialogue, 〈The Battle for Bavaria: Online information campaigns in the 2018 Bavarian State Election〉.

53 해당 문서는 2013년 9월 미국에서 발행되는 중화권 매체 〈밍징신원〉에 먼저 보도되었다. 곧 영어 번역문이 공개되었다. 〈Communiqué on the Current State of the Ideological Sphere: A Notice from the Central Committee of the Communist Party of China's General Office〉. 최근 중국 '지식인'의 관점은 다음에서 확인할 수 있다. Zhao Tingyang, 《Alles unter dem Himmel》. 권위주의적인 전략을 추가 사례와 함께 전체적으로 살펴보려면 다음 자료를 참조하라. Clive Hamilton, Mareike Ohlberg, 《Hidden Hand》. (한국어판: 《보이지 않는 붉은 손: 세계의 자유와 평화를 위협하는 중국 공산당의 야욕》, 세종서적.)

54 제로아워 계약이란 노동자가 고용자가 원할 때만 일하고 정확히 일한 시간만큼만 시급을 받는 노동 형태다. 결국 노동자는 언제든 일할 수 있도록 준비 및 대기하고 있어야 하지만 고용자가 원하지 않으면 노동 시간은 0시간이며 돈을 벌지 못한다. 고용자 입장에서는 대단히 유리한 방법이지만 노동자 입장에서는 매우 위험하고 고용자가 불러주지 않으면 돈을 벌지 못하는 노동 형태다. 특히 신자유주의적인 질서가 새로 자리 잡은 앵글로색슨계 국가에서 이런 노동 형태를 자주 볼 수 있다. 이러한 사회 모델의 구조와 효과, 결과 등을 가장 잘 알려주는 예시가 영국의 기업가 마이크 애슐리Mike Ashley가 이끄는 스포츠용품 쇼핑몰 '스포츠 다이렉트'다.

55 1980년대에 시장경제가 역동적으로 움직이면서 서구적인 사회 질서 모델과 경제 조직이 더 우세하다는 점이 강조되었다. 한편 1990년대 이후 전 세계에서 자본주의의 고삐가 풀리면서 보편적인 부가 증가했지만, 내적인 성찰이 불충분했던 결과 지금은 많은 사람이 고통받고 있다.

56 포퓰리즘 정치의 효율성과 결과에 대한 의문은 여전히 논의 대상이다. 핵심은 국내의 단순노동 일자리를 보호하기 위해 보호주의로 회귀하는 것인데, 이는 암묵적으로 국내의 소비자들이

가격 상승과 소비력 축소로 인해 더 많은 비용을 지불해야 한다는 사실이 무시당하는 결과를
가져온다.

57 이에 관해서는 다음 자료를 참조하라. Anne Case, Angus Deaton, 《Deaths of Despair
and the Future of Capitalism》. (한국어판: 《절망의 죽음과 자본주의의 미래》, 한국경제신
문.) 이에 관한 최신 문건은 다음 자료다. Raj Chetty, John N. Friedman, Emmanuel Saez,
Nicholas Turner, Danny Yagan, 〈Income Segregation and Intergenerational Mobility
Across Colleges in the United States〉. 배경을 알고 싶다면 다음 자료를 참조하라. Angus
Deaton, 《The Great Escape: Health, Wealth, and the Origins of Inequality》.

58 Charlotte Bartels, 〈Einkommensverteilung in Deutschland von 1871 bis 2013〉, 56 그
림; 58.

59 이에 관해 토마 피케티[Thomas Piketty], 이매뉴얼 사에즈[Emmanuel Saez], 게이브리얼 저크먼[Gabriel Zucman]
의 데이터를 바탕으로 아주 훌륭한 동영상이 제작되었고 그 영상은 〈뉴욕 타임스〉 홈페이지에
서 확인할 수 있다. David Leonhardt, 〈Our Broken Economy, in One Simple Chart〉.

60 2009년 경제 위기 당시에는 30.6퍼센트였다.

61 코로나19 위기 동안 막대한 비용이 쓰였던 특수한 상황은 제외해야 한다. 그 비용 때문에 국가
예산의 총액이 증가했지만 점점 확대되는 복지국가의 근본적인 분배 효과에 관한 의문이 바뀌
지는 않았기 때문이다. 이러한 의문은 코로나19가 경제에 미친 영향과 함께 점점 더 깊어졌다.
코로나19로 인한 위기 속에서도 상위 10퍼센트는 하위 50퍼센트에 비해 훨씬 더 안정적으로
살 수 있었다는 점을 인정해야 한다. 하위 50퍼센트 중 많은 사람이 서비스업에 종사하거나 자
영업자다.

62 직원 연봉의 중간 값 대비 CEO의 보수 총액을 비교한 CEO 급여 비율과 선거권을 어떻게 관
련지을 수 있는지는 앞으로 언급할 것이다.

63 사에즈와 저크먼은 최근 미국을 예시로 들며 20세기에 어떻게 불평등이 최고조에 달했으며
더욱 심화되고 있는지를 실증적으로 입증했다. Emmanuel Saez, Gabriel Zucman, 《The
Triumph of Injustice: How the Rich Dodge Taxes and How to Make Them Pay》.

64 배당금은 한곳으로 모이고 모든 가정에 분배된다. 그래서 이에 관계된 양자 모두 펀드가 과도
한 부담이 되지 않도록 관심을 기울인다. 버크셔 해서웨이 또한 이 원리를 설명하는 적절하지
만, 이 회사는 기업으로서 사적인 이익을 추구하도록 구성되었기 때문에 완벽하게 들어맞는
예시는 아니다. 다만 안정적인 수입과 독립적으로 경영되는 기업을 지원하기 위한 수십 년간
의 투자라는 원리는 동일하다.

65 사에즈와 저크먼은 이러한 고찰과는 무관하게 납세 의무자가 회사의 일부를 세금으로 지불할
것을 제안했다. 두 사람은 상원 의원이자 한때 미국 대통령 후보이기도 했던 엘리자베스 워런
[Elizabeth Warren]의 의견을 바탕으로 재산이 5,000만 유로 이상이라면 그중 2퍼센트를, 10억 유로
이상이라면 그중 3퍼센트를 세금으로 낼 것을 제안했다. Emmanuel Saez, Gabriel
Zucman, 《The Triumph of Injustice: How the Rich Dodge Taxes and How to Make
Them Pay》, 194~198.

66 정확히는 6억 5,886만 2,000주다. 그중 보통주가 약 6억 200만 주, 우선주가 약 5,600만 주다.

67 2015년부터 2019년까지 가장 낮았던 배당금을 보충 기록했다. 2020년부터 2030년까지는 매년 2.5유로다.

68 Emmanuel Saez, Gabriel Zucman, 《The Triumph of Injustice: How the Rich Dodge Taxes and How to Make Them Pay》, 201. 소득분배의 불평등을 줄인다고 주장하더라도, 재산을 몰수한다는 생각에는 이데올로기적인 원리가 동반된다. 소득분배의 불평등을 줄이는 것이 정치의 중심 목표가 되어야 한다는 점은 옳다. 하지만 동시에 부를 증가시키는 과정의 실질적인 역동성을 유지하는 규칙에 주의해야 한다.

69 여기서 말하는 것은 실질적인 회사 참여(예를 들어 주식)로 노동자가 생산자본에 관여하는 것을 뜻하며, 이로 인해 부가 증대되고 경제적인 교육 효과도 발생할 것이다.

참고 문헌

Abigail Disney, "A better way of doing business", 〈Washington Post〉, 2019년 4월 24일.

Adam Smith, Horst Claus Recktenwald(번역, 전집에 대한 포괄적인 평가), 《Der Wohlstand der Nationen. Eine Untersuchung seiner Natur und seiner Ursachen》, London, 1789; 개정판, München, 1978.

Adolf Lasson, "Deutsche Art und deutsche Bildung. Rede am 25. September 1914". [출처: Zentralstelle für Volkswohlfahrt und Verein für volkstümliche Kurse von Berliner Hochschullehrern(편집), 《Deutsche Reden in schwerer Zeit》, Bd. 1, Berlin, 1915, 103~146.]

Alan Johnson, "Interview. Ex-Labour minister Alan Johnson: 'I sent a tape to Elvis Costello in'82. I'm still awaiting a reply'". (출처: 〈The Guardian〉, 2019년 8월 3일. https://www.theguardian.com/politics/2019/aug/03/alanjohnsoninterview-jeremy-corbyn-boris-johnson-elvis-costello.)

— 《Please, Mr Postman》, London, 2014.

— 《This Boy. A Memoir of a childhood》, London, 2013.

Alastair Bonnett, 《The Idea of the West. Culture, Politics and History》, Basingstoke, 2004.

Albert Einstein, 로열 앨버트 홀 연설, 1933년 10월 3일. [아인슈타인 아카이브에 있는 독일어 원고 출처: Albert Einstein, Otto Nathan(발행), Heinz Norden, Bertrand Russell(머리말), 《Über den Frieden. Weltordnung oder Weltunter-gang?》, Bern, 1975, 254~255.]

Alexander G. Kemp, "An assessment of UK North Sea oil and gas policies. Twenty-five years on". (출처: 〈Energy Policy〉, 1990년 9월, 599~623.)

Alf Lüdtke, Inge Marßolek, Adelheid von Saldern(편집), 《Amerikanisierung. Traum und Alptraum im Deutschland des 20. Jahrhunderts》, Stuttgart, 1996.

Alice Schwarzer, "Die Stern-Aktion & ihre Folgen"(《Emma》, 2011년 봄). https://www.emma.de/artikel/wir-haben-abgetrieben-265457.

Andrea Purpus, 《Frauenarbeit in den Unterschichten. Lebens-und Arbeitswelt Hamburger Dienstmädchen und Arbeiterinnen um 1900 unter besonderer Berücksichtigung der häuslichen und gewerblichen Ausbildung》, Münster, 2000.

Andreas Hillgruber, 《Otto von Bismarck. Gründer der europäischen Großmacht Deutsches Reich》, Göttingen/Zürich, Frankfurt a. M., 1978.

Andreas Reckwitz, 《Das Ende der Illusionen: Politik, Ökonomie und Kultur in der Spätmoderne》, Berlin, 2019.

Andreas Wirsching, 《Demokratie und Globalisierung. Europa seit 1989》, München, 2015.

— 《Der Preis der Freiheit. Geschichte Europas in unserer Zeit》, München, 2017.

— 《Deutsche Geschichte im 20. Jahrhundert》, München, 2018.

— "Weimar in Westminster", 〈Frankfurter Allgemeine Zeitung〉, 2019년 9월 30일.

Angus Deaton, 《Der große Ausbruch. Von Armut und Wohlstand der Nationen》, Stuttgart, 2017. (원서: 《The Great Escape. Health, Wealth, and the Origins of Inequality》, Princeton, 2015.)

— "Ein freier Markt garantiert keine Gesundheitsversorgung". (인터뷰: Johanna Roth, 〈Die Zeit〉, 2020년 4월 7일.)

— Anna Case, 《Deaths of Despair and the Future of Capitalism》, Princeton, 2020.

Anthony B. Atkinson, 《Ungleichheit. Was wir dagegen tun können》, Stuttgart 2016. (원서: 《Inequality. What can be done?》, Cambridge, 2015.)

Anthony D. Smith, 《Nationalism. Theory, Ideology, History》, Cambridge, 2001.

— 《Nations and Nationalism in a Global Era》, Cambridge/Oxford, 1995.

Anthony Grafton, "Humanism and Political Theory". 〔출처: James H. Burns(편집), 《The Cambridge History of Political Thought 1450－1700》, Cambridge, 1991, 9~29.〕

Antoine Prost, "The Dead". 〔출처: Jay Winter(발행), 《The Cambridge History of the First World War》, Cambridge, 2014, Bd. 3, 561~591.〕

Aristoteles, 《Politik》, 오이겐 롤페스Eugen Rolfes의 설명과 주석 및 귄터 비엔Günther Bien의 서론이 담긴 4쇄본, Hamburg, 1981.

Barbara Beßlich, 《Wege in den "Kulturkrieg". Zivilisationskritik in Deutschland 1890－1914》, Darmstadt, 2000.

Barbara Stollberg-Rilinger, "Einleitung". 〔출처: Barbara Stollberg-Rilinger(편집), 《Was heißt Kulturge-schichte des Politischen?》, Berlin, 2005, 9~24.〕

— 《Europa im Jahrhundert der Aufklärung》, Stuttgart, 2000.

Barry Eichengreen, Albrecht Ritschl, "Understanding West-German economic growth in the 1950s". 〔출처: 《Cliometrica 3》(2009), 191~219.〕

Benedict Anderson, 《Imagined Communities: Reflections on the Origin and

Spread of Nationalism》, London/New York 2006; (독일어판: 《Die Erfindung der Nation. Zur Karriere eines folgenreichen Konzepts》, Frankfurt a. M., 2005).

Ben Stein, "Everybody's Business. In Class Warfare, Guess Which Class Is Winning", 〈New York Times〉, 2006년 11월 26일.

Bernhard Lübbers, "Die Heuschreckenplage 1749 in Bayern und Franken. Wahrnehmungen und Bewältigungsstrategien einer frühneuzeitlichen Naturkatastrophe". (출처: 《Bayerisches Jahrbuch für Volkskunde 2018》, 97~110.)

Bernhard von Bülow, 제국 수상의 허가를 받아 요한네스 펜즐러Johannes Penzler가 편집 발행, 《Fürst Bülows Reden nebst urkundlichen Beiträgen zu seiner Politik》, Bd. 1, 1897~1903, Berlin, 1907.

Bijan Fateh-Moghadam, "Sakralisierung des Strafrechts? Zur Renaissance der Rechts- und Sozialphilosophie Émile Dürkheims". [출처: Hermann-Josef Große Kracht(편집), 《Der moderne Glaube an die Menschenwürde. Philosophie, Soziologie und Theologie im Gespräch mit Hans Joas》, Bielefeld, 2014, 129~150.]

Birgit Verwiebe, "Theodor Körner, Friedrich Friesen und Heinrich Hartmann auf Vorposten". https://smb.museum-digital.de/index.phpt=objekt& oges=143407.

Bouda Etemad, 《Possessing the World》, New York, 2007.

Branko Milanovic, 《The Haves and the Have-Nots. A Brief and Idiosyncratic History of Global Inequality》, New York, 2011.

Carl Schmitt, 《Der Begriff des Politischen》, 1932년 본문에 머리말과 세 가지 결론을 더한 판본, Berlin, 1963.

Carl von Clausewitz, 《Vom Kriege. Hinterlassenes Werk des Generals Carl von Clausewitz》, Bonn, 1980.

Carl von Rotteck, "Krieg". (출처: 《Staats-Lexikon oder Encyklopädie der Staatswissenschaften》, Bd. 9, Altona, 1840, 491~509.

Charles-Louis de Montesquieu, Kurt Weigand(번역, 편집, 머리말), 《Vom Geist der Gesetze》, 개정 및 문헌 목록이 보충된 판본, Stuttgart, 1994.

Charles Tilly, 《Coercion, Capital, and European States, AD 990 - 1990》, Oxford, 1990.

Charlotte Bartels, "Einkommensverteilung in Deutschland von 1871 bis 2013: Erneut steigende Polarisierung seit der Wiedervereinigung". [출처: 〈DIW Wochenbericht 3/2018〉, 2018년 1월 16일, 51~58.]

Chris Cook, John Stevenson, 《British Historical Facts: 1760 - 1839》, London,

1980.

Christiane Kuller, 《Familienpolitik im föderativen Sozialstaat. Die Formierung eines Politikfeldes in der Bundesrepublik 1949 – 1975》, München, 2005.

Christian Geulen, 《Geschichte des Rassismus》, München, 2017.

Christian Hartmann, Thomas Vordermayer, Othmar Plöckinger, Roman Töppel(편집), 《Hitler, Mein Kampf – Eine kritische Edition》, München, 2016.

Christian Jansen, Henning Borggräfe, 《Nationen – Nationalität – Nationalismus》, Frankfurt a. M., 2007.

Christian Wolff, Hasso Hofmann(가필, 머리말, 발행), 《Vernünftige Gedanken von dem gesellschaftlichen Leben der Menschen und insonderheit dem gemeinen Wesen – 'Deutsche Politik'》, München, 2004.

Christina Lee, Nicola McLelland(편집), 《Germania Remembered 1500 – 2009: Commemorating and Inventing a Germanic Past》, Tempe, 2012.

Christopher Alan Bayly, 《Remaking the Modern World 1900 – 2015, Global connections and comparisons》, London, 2019.

Christoph Mick, Jay Winter(발행), "Endgame". (출처: 《The Cambridge History of the First World War》, Cambridge, 2014, Bd. 1, 133~171.)

Clive Hamilton, Mareike Ohlberg, 《Die lautlose Eroberung: Wie China westliche Demokratien unterwandert und die Welt neu ordnet》, München, 2020. (원서: 《Hidden Hand. Exposing how the Chinese Communist Party is Reshaping the World》, Melbourne, 2020.)

Colin Jones, Alan Murie, 《The Right to Buy. Analysis and Evaluation of a Housing Policy》, Oxford, 2006.

David Cannadine, 《The Decline and Fall of British Aristocracy》, 개정 문고판, London, 1996.

David Leonhardt, "Our Broken Economy, in One Simple Chart", 〈New York Times〉, 2017년 8월 7일.

Denise Löwe, Sabine Reh, "Das zölibatäre Leben des Fräulein Maria Lischnewska (1854 – 1938): 'Mensch sein, heißt ein Kämpfer sein'". [출처: Sonja Häder, Ulrich Wiegmann(편집), 《An der Seite gelehrter Männer. Frauen zwischen Emanzipation und Tradition》, Bad Heilbrunn, 2017, 33~57.]

Derek Beales, "The Electorate before and after 1832: the Right to Vote, and the Opportunity". (출처: 〈Parliamentary History 11〉, 1992, Pt. 1, 139~150.)

Deutscher Bundestag(편집), 《Frau und Gesellschaft. Zwischenbericht der

Enquete-Kommission》, Stuttgart, 1977.

Deutsches Aktieninstitut(편집), 《Aktionärszahlen des Deutschen Aktieninstituts 2019》, Frankfurt a. M., 2020.

Dieter Langewiesche, 《Der gewaltsame Lehrer. Europas Kriege in der Moderne》, München, 2019.

— "Kulturelle Nationsbildung im Deutschland des 19. Jahrhunderts". 〔출처: Manfred Hettling(발행), Paul Nolte, 《Nation und Gesellschaft in Deutschland. Historische Essays》, München, 1996, 46~64.〕

— "Nationalismus – ein generalisierender Vergleich". 〔출처: Gunilla Budde(편집), Oliver Janz, Sebastian Conrad, 《Transnationale Geschichte. Themen, Tendenzen und Theorien》, Göttingen, 2006, 175~189.〕

— 《Reich, Nation, Föderation. Deutschland und Europa》, München, 2008.

Dieter Oberndörfer, Beate Rosenzweig(편집), 《Klassische Staatsphilosophie. Texte und Einführungen. Von Platon bis Rousseau》, München, 2000.

Diethelm Klippel, "Naturrecht als politische Theorie. Zur politischen Bedeutung des deutschen Naturrechts im 18. und 19. Jahrhundert". 〔출처: Hans E. Bödeker, Ulrich Herrmann(편집), 《Aufklärung als Politisierung – Politisierung der Aufklärung》, Hamburg, 1987, 267~293.〕

Eberhard Pikert, Wolfram Werner, 《Der Parlamentarische Rat 1948 – 1949. Akten und Protokolle》, Bd. 5/I(《Ausschuß für Grundsatzfragen》), Boppard am Rhein, 1993.

Egbert Klautke, 《Unbegrenzte Möglichkeiten. 'Amerikanisierung' in Deutschland und Frankreich(1900 – 1933)》, Stuttgart, 2003.

Elie Kedouri, 《Nationalismus》, München, 1971. (원서: 《Nationalism》, Oxford, 1960.)

Elisabeth Zellmer, 《Töchter der Revolte? Frauenbewegung und Feminismus der 1970er Jahre in München》, München, 2011.

Elizabeth Williamson, "Liberty University Brings Back Its Students, and Coronavirus Fears, Too", 〈New York Times〉, 2020년 3월 29일. https://www.nytimes.com/2020/03/29/us/politics/coronavirus-liberty-university-falwell.html.

Emmanuel Joseph Sieyes, Eberhard Schmitt(번역, 발행), Rolf Reichardt, 《Politische Schriften 1788 – 1790》, 용어 해설 및 시에예스Sieyes 참고 문헌을 더한 두 번째 개정 및 확장판, München/Wien, 1981, 239; 카탈로그 253.

Emmanuel Saez, Gabriel Zucman, Frank Lachmann(번역), 《Der Triumph der

Ungerechtigkeit. Steuern und Ungleichheit im 21. Jahrhundert》, Berlin, 2020. (원서: 《The Triumph of Injustice. How the Rich Dodge Taxes and How to Make Them Pay》, New York, 2019. 관련 웹 사이트: justicetaxnow.org.)

Erasmus von Rotterdam, "Die Erziehung des christlichen Fürsten". [출처: Werner Welzig(발행), 《Ausgewählte Schriften. Ausgabe in acht Bänden》, Bd. 5, Darmstadt, 1968, 113~357.]

Eric Hobsbawm, Terence O. Ranger, 《The Invention of Tradition》, Cambridge, 1983.

Ernest Gellner, 《Nationalism》, London, 1998.

— 《Nations and Nationalism》, New York, 1983.

Ernst Engelberg, 《Bismarck》, Bd. 1(Urpreuße und Reichsgründer), Berlin, 1985; Bd. 2(Das Reich in der Mitte Europas), Berlin, 1990.

Ernst Rudolf Huber, 《Dokumente zur deutschen Verfassungsgeschichte seit 1789》, Bd. 4, Stuttgart, 1961~1992.

Ernst Troeltsch, "Der Geist der deutschen Kultur". [출처: Otto Hintze, Friedrich Meinecke, Hermann Schumacher(편집), 《Deutschland und der Erste Weltkrieg》, Berlin, 1915, 52~90.]

Ernst-Wolfgang Böckenförde, "Die Entstehung des Staates als Vorgang der Säkularisation". (출처: 《Säkularisation und Utopie. Ebracher Studien, Ernst Forsthoff zum 65. Geburtstag》, Stuttgart/Berlin/Köln/Mainz, 1967, 75~94.)

— 《Kirche und christlicher Glaube in den Herausforderungen der Zeit. Beiträge zur politisch-theologischen Verfassungsgeschichte 1957 – 2002》, Berlin, 2007.

— Dieter Gosewinkel, 《Wissenschaft, Politik, Verfassungsgericht. Aufsätze von Ernst-Wolfgang Böckenförde. Biographisches Interview von Dieter Gosewinkel》, Frankfurt a. M., 2011.

Eugen Lemberg, 《Geschichte des Nationalismus in Europa》, Stuttgart, 1950.

Francis Fukuyama, "The End of History?". (출처: 《The National Interest 16》, 1989년 여름, 1~18.)

Frank Becker, Elke Reinhardt-Becker(편집), 《Mythos USA. 'Amerikanisierung' in Deutschland seit 1900》, Frankfurt a. M., 2006.

Frank Lorenz Müller, 《Die Revolution von 1848/49》, Darmstadt, 2002.

Frank O'Gorman, 《Voters, Patrons and Parties. The Unreformed Electoral System of Hanoverian England 1734 – 1832》, Oxford, 1989.

Friederike Böge, Michaela Wiegel, Matthias Wyssuwa: "Wie China die europäischen Demokratien verhöhnt". 〈Frankfurter Allgemeine Zeitung〉, 2020년 4월 1일.

Friedrich Grieger, 《Wie Breslau fiel》, Metzingen, 1948.

Friedrich Meinecke, Ludwig Dehio Peter Classen(발행, 머리말), 《Ausgewählter Briefwechsel》, Stuttgart, 1962.

— "Um welche Güter kämpfen wir?", 1914. (출처: 《Deutscher Krieg und deutscher Geist. Siebzehn Aufsätze zeitgenössischer Schriftsteller》, Bielefeld/Leipzig, 1916, 1~6. 고등교육을 받은 상류층을 위해 야코프 뷔히그람 Jakob Wychgram이 내용을 선정하고 머리말을 썼다.)

Friedrich Schiller, Gerhard Fricke(발행), Herbert G. Göpfert, 《Sämtliche Werke》, München, 1987.

F[riedich] W[ilhelm] Wolff, "Das Elend und der Aufruhr in Schlesien". [출처: H. Wittmann(발행), 《Deutsches Bürgerbuch für 1845》, Darmstadt, 1845, 174~199.]

Georg Christoph Lichtenberg, Wolfgang Promies(발행), 《Sudelbücher I》, München, 2005.

George R. Urban, 《Diplomacy and Disillusion at the Court of Margaret Thatcher》, London, 1996.

Georg Wilhelm Friedrich Hegel, 《Grundlinien der Philosophie des Rechts》, 1821. [출처: Eva Moldenhauer(편집), Karl Markus Michel, 《Werke. Auf der Grundlage der Werke von 1832 – 1845 neu edierte Ausgabe》, Frankfurt a. M., 1979.]

Gerhard A. Ritter, Merith Niehuss(협업), 《Wahlgeschichtliches Arbeitsbuch. Materialien zur Statistik des Kaiserreichs 1871 – 1918》, München, 1980.

Gerhard Oestreich, "Calvinismus, Neustoizismus und Preußentum". (출처: 《Jahrbuch für die Geschichte Mittel- und Ostdeutschlands 5》, 1956, 157~181.)

Gordon Craig, 《Germany and the West. The Ambivalent Relationship. German Historical Institute London: The 1982 Annual Lecture》, London, 1982.

Gregor Schöllgen, 《Deutsche Außenpolitik. Von 1945 bis zur Gegenwart》, München, 2013.

Gudrun Kling, "Die rechtliche Konstruktion des 'weiblichen Beamten'. Frauen im öffentlichen Dienst des Großherzogtums Baden im 19. Jahrhundert und frühen 20. Jahrhundert". [출처: Ute Gerhard(편집), 《Frauen in der Geschichte des Rechts. Von der Frühen Neuzeit bis zur Gegenwart》, München, 1997, 600~616.]

Gustav von Rochow, "Brief vom 15. Januar 1838". (출처: 〈Hamburgische Abend-Zeitung〉, 1838년 4월 3일, 4.)

Guy Chazan, "Record investment planned for North Sea", 〈Financial Times〉, 2013년 4월 12일. http://www.ft.com/cms/s/0/be4f240a-a2bf11e2-bd45-00144feabdc0.html#axzz2QLY4YcjB.

Günter Wollstein(편집), 《Quellen zur deutschen Innenpolitik 1933-1939》, Darmstadt, 2001.

Hans Günter Hockerts, 《Quellenkunde zur Deutschen Geschichte der Neuzeit von 1500 bis zur Gegenwart. Weimarer Republik, Nationalsozialismus, Zweiter Weltkrieg(1919-1945). Erster Teil: Akten und Urkunden》, Darmstadt, 1996.

— "Zugänge zur Zeitgeschichte: Primärerfahrung, Erinnerungskultur, Geschichtswissenschaft". [출처: Konrad H. Jarausch, Martin Sabrow(편집), 《Verletztes Gedächtnis. Erinnerungskultur und Zeitgeschichte im Konflikt》, Frankfurt a. M., New York, 2002, 39~73.]

Hans Maier, Heinz Rausch, Horst Denzer(편집), 《Klassiker des politischen Denkens》, Bd. 1(Von Plato bis Hobbes), München, 1986; Bd. 2(Von Locke bis Max Weber), München, 1987.

Hans-Peter Schwarz, 《Geschichte der Bundesrepublik Deutschland》, Bd. 2(Gründerjahre der Republik 1949-1957), Stuttgart, 1981.

Hans Rosling, Anna Rosling Rönnlund, Ola Rosling, 《Factfulness. Wie wir lernen die Welt so zu sehen, wie sie wirklich ist》, Berlin, 2018.

Hans-Ulrich Wehler, 《Deutsche Gesellschaftsgeschichte》, Bd. 1(Vom Feudalismus des Alten Reiches bis zur Defensiven Modernisierung der Reformära 1700-1815), München, 1989; Bd. 2(Von der Reformära bis zur industriellen und politischen "Deutschen Doppelrevolution" 1815-1845/49), München, 1996; Bd. 3(1849-1914. Von der "Deutschen Doppelrevolution" bis zum Beginn des Ersten Weltkrieges), München, 1995; Bd. 4(Vom Beginn des Ersten Weltkriegs bis zur Gründung der beiden deutschen Staaten, 1914-1949), München, 2003.

— 《Nationalismus. Geschichte, Formen, Folgen》, München, 2001.

Hans-Wolf Jäger, "Körner, Theodor". (출처: 《Neue Deutsche Biographie 12》, 1979, 378~379; 온라인 버전: https://www.deutsche-biographie.de/pnd118713507.html#ndbcontent.)

Harm G. Schröter, 《Winners and Losers. Eine kurze Geschichte der Amerikanisierung》, München, 2008.

참고 문헌

Harvey Whitehouse, Pieter François, Patrick E. Savage, Thomas E. Currie, Kevin C. Feeney, Enrico Cioni, Rosalind Purcell, Robert M. Ross, Jennifer Larson, John Baines, Barend ter Haar, Alan Covey, Peter Turchin, "Complex societies precede moralizing gods throughout world history". (출처: ⟨Nature⟩ 568, 2019년 3월, 226~229. https://www.nature.com/articles/s41586-019-1043-4.)

Hasso Hofmann, "Naturzustand". 〔출처: Joachim Ritter, Karlfried Gründer(편집), ⟪Historisches Wörterbuch der Philosophie⟫; Rudolf Eisler(편집), ⟪Wörterbuchs der philosophischen Begriffe⟫, Bd. 6, 653~658.〕

Hedwig Dohm, ⟪Der Frauen Natur und Recht. Zur Frauenfrage. Zwei Abhandlungen über Eigenschaften und Stimmrecht der Frauen⟫, Berlin, 1876.

Heino Heinrich Nau(편집), ⟪Der Werturteilsstreit. Die Äußerungen zur Werturteilsdiskussion im Ausschuß des Vereins für Sozialpolitik (1913)⟫, Marburg, 1996.

Heinrich August Winkler, ⟪Der lange Weg nach Westen: Deutsche Geschichte⟫, München, 2000.

― ⟪Geschichte des Westens⟫, München, 2016.

Heinrich Mann, Klaus Schröter(맺음말), ⟪Ein Zeitalter wird besichtigt. Erinnerungen⟫, Frankfurt a. M., 1988.

Heinrich von Treitschke, "Der Socialismus und seine Gönner". (출처: ⟪Preußische Jahrbücher 34⟫, 1874, 67~110; 248~301.

Heinz Bergner, "Frauen-Enquete", ⟨Die Zeit⟩, 1964년 12월 18일.

Helga Brandes, "Frau". (출처: ⟪Lexikon der Aufklärung. Deutschland und Europa⟫, Werner Schneiders, München, 2001, 126~129.)

Helmut Hubel, ⟪Der zweite Golfkrieg in der internationalen Politik: mit ausgewählten Dokumenten⟫, Bonn, 1991.

Heraklit, Bruno Snell(발행), ⟪Fragmente. Griechisch und Deutsch⟫, Zürich/München, 2007.

Herfried Münkler, ⟪Der Große Krieg. Die Welt 1914–1918⟫, Berlin, 2013.

― "Die politischen Ideen des Humanismus". 〔출처: Iring Fetscher, Herfried Münkler(편집), ⟪Pipers Handbuch der politischen Ideen⟫, Bd. 2(Von den Anfängen des Islams bis zur Reformation), München/Zürich, 1993, 553~613.〕

― "Interview: 'Es wird keine Welt ohne Krieg geben'"(⟨Tages-spiegel⟩, 2019년 9월 1일). https://www.tagesspiegel.de/politik/herfried-mue nkler-im-interview-es-wird-keine-welt-ohne-krieg-geben/24960882.html.

― "Politisches Denken in der Zeit der Reformation". 〔출처: Iring Fetscher,

Herfried Münkler(편집), 《Pipers Handbuch der politischen Ideen》, Bd. 2(Von den Anfängen des Islams bis zur Reformation), München/Zürich, 1993, 615~683.]

— "Staatsraison und politische Klugheitslehre". 〔출처: Iring Fetscher, Herfried Münkler(편집), 《Pipers Handbuch der politischen Ideen》, Bd. 3(Von den Konfessionskriegen bis zur Aufklärung), München/Zürich, 1985, 23~72.]

Hermann Lübbe, "Die philosophischen Ideen von 1914". (출처: 《Politische Philosophie in Deutschland》, Basel/Stuttgart, 1963, 173~238.)

Hermann Parzinger, 《Die Kinder des Prometheus. Eine Geschichte der Menschheit vor der Erfindung der Schrift》, München, 2016.

Hermann Vahle, "Boucher und Rossaeus. Zur politischen Theorie und Praxis der französischen Liga (1576 – 1595)". (출처: 《Archiv für Kulturgeschichte 56》, 1974, 313~349.)

Heuss, Theodor: 《Geist der Politik. Ausgewählte Reden》, Frankfurt a. M. 1964.

Horst Denzer, 《Moralphilosophie und Naturrecht bei Samuel Pufendorf. Eine geistes- und wissenschaftsgeschichtliche Untersuchung zur Geburt des Naturrechts aus der Praktischen Philosophie》, München, 1972.

— "Spätaristotelismus, Naturrecht und Reichsreform: Politische Ideen in Deutschland 1600 – 1750". 〔출처: Iring Fetscher, Herfried Münkler(편집), 《Pipers Handbuch der politischen Ideen》, Bd. 1(Von den Konfessionskriegen bis zur Aufklärung), München/Zürich, 1985, 233~273.]

Horst Dreier, 《Staat ohne Gott: Religion in der säkularen Moderne》, München, 2018.

Horst Rabe, 《Deutsche Geschichte 1500 – 1600. Das Jahrhundert der Glaubensspaltung》, München, 1991.

House of Commons Library(편집), 《The History of the Parliamentary Franchise. Research Paper 13/14》, 2013년 3월 1일. https://researchbriefings.files. parliament. uk/documents/RP13-14/RP13-14.pdf.

Immanuel Kant, "Beantwortung der Frage: Was ist Aufklärung?", 1784. 〔출처: 《Kants Werke. Akademie-Textausgabe》, Bd. 8(1781년 이후 논문), Berlin, 1968, 33~42.]

— 《Grundlegung zur Metaphysik der Sitten》, 1785. (출처: 《Kants Werke. Akademie-Textausgabe》, Bd. 4, Berlin, 1968.)

— 《Kritik der praktischen Vernunft》, 1788. (출처: 《Kants Werke. Akademie-Textausgabe》, Bd. 5, Berlin, 1968.)

참고 문헌

— "Ueber den Gemeinspruch: Das mag in der Theorie richtig sein, taugt aber nicht für die Praxis", 《Berlinische Monatsschrift 22》, Berlin, 1793. 〔출처: 《Kants Werke. Akademie-Textausgabe》, Bd. 8(1781년 이후 논문), Berlin, 1968, 273~313.〕

— "Zum Ewigen Frieden. Ein philosophischer Entwurf", 1795. (출처: 《Kants Werke. Akademie Textausgabe》, Bd. 8, Berlin, 1968, 341~386.)

Institute for Strategic Dialogue, 《The Battle for Bavaria. Online information campaigns in the 2018 Bavarian State Election》, London/Washington DC/Beirut/Toronto, 2019.

Iring Fetscher, "Einleitung". 〔출처: Iring Fetscher(발행), Walter Euchner(번역) 《Thomas Hobbes: Leviathan oder Stoff, Form und Gewalt eines kirchlichen und bürgerlichen Staates》, Frankfurt a. M., 1999.〕

— Herfried Münkler(편집), 《Pipers Handbuch der politischen Ideen》, Bd. 3(Von den Konfessionskriegen bis zur Aufklärung), München/Zürich, 1985.

Jakob Tanner, Angelika Linke(편집), 《Attraktion und Abwehr. Die Amerikanisierung der Alltagskultur in Europa》, Köln, 2006.

James Harrington, J. G. A. Pocock(발행), 《The Commonwealth of Oceana and A System of Politics》, Cambridge, 1992.

James Lawrence Powell, "Climate Science Virtually Unanimous: Anthropogenic Global Warming is True". (출처: 《Bulletin of Science, Technology & Society 35/5 - 6》, 2015, 121~124.)

— "The Consensus on Anthropogenic Global Warming matters". (출처: 《Bulletin of Science, Technology & Society 36/3》, 2016, 157~163.)

James McRandle, James Quirk: "The Blood Test Revisited: A New Look at German Casualty Counts in World War I". (출처: 《The Journal of Military History 70/3》, 2006년 7월, 667~701.)

Jean-Antoine-Nicolas de Caritat Condorcet, 《Sur l'admission des femmes au droit de cité》, Paris, 1790.

Jean-Jacques Rousseau, Erich W. Skwara(번역), 《Vom Gesellschaftsvertrag oder Grundlagen des politischen Rechts》, Frankfurt a. M./Leipzig, 2000.

Johannes Kunisch, 《Friedrich der Große. Der König und seine Zeit》, München, 2004.

Johann Gottfried Herder, 《Briefe zu Beförderung der Humanität》. 〔출처: Bernhard Suphan(발행), 《Herders Sämmtliche Werke》, Bd. 17; 18, Berlin, 1881; 1883.〕

Johann Heinrich Gottlob von Justi, 《Der Grundriß einer Guten Regierung in Fünf Büchern verfasset》, Frankfurt a. M./Leipzig, 1759.

Johann P. Sommerville, "Absolutism and royalism". [출처: James H. Burns(편집), 《The Cambridge History of Political Thought 1450-1700》, Cambridge etc., 1991, 347~373.]

John A. Phillips, Charles Wetherell, "The Great Reform Act of 1832 and the Political Modernization of England". (출처: 《The American Historical Review 100/2》, 1995, 411~436.)

John Locke, Hans J. Hoffmann(번역), Walter Euchner(발행, 머리말), 《Zwei Abhandlungen über die Regierung》, Frankfurt a. M., 1977.

John Maynard Keynes, 《The General Theory of Employment, Interest, and Money》, London, 1936.

John Steinbeck, "A Primer on the 30's", 〈Esquire〉, 1960년 6월.

Jonathan Haidt, 《The Happiness Hypothesis: Finding Modern Truth in Ancient Wisdom》, New York, 2005.

— 《The Righteous Mind: Why Good People Are Divided by Politics and Religion》, New York, 2012.

Jörn Leonhard, 《Die Büchse der Pandora. Geschichte des Ersten Weltkrieges》, München, 2014.

Jörn Retterath, 《"Was ist das Volk?" Volks- und Gemeinschaftskonzepte der politischen Mitte in Deutschland 1917-1924》, Berlin, 2016.

Judith Vega, "Feminist Republicanism. Etta Palm-Aelders on Justice, Virtue and Men". (출처: 《History of European Ideas 10/3》, 1989, 333~351.)

Julia Angster, 《Die Bundesrepublik Deutschland. 1963-1982》, Darmstadt, 2012; 〈Times〉, "Germany", 1848년 3월 6일.

Julian Nida-Rümelin, "Bellum omnium contra omnes. Konflikttheorie und Naturzustandskonzeption im 13. Kapitel des Leviathan". [출처: Wolfgang Kersting(편집), 《Thomas Hobbes, Leviathan oder Stoff, Form und Gewalt eines bürgerlichen und kirchlichen Staates》, Berlin, 1996, 109~130.]

Justus Lipsius, Florian Neumann(번역, 해설, 맺음말), 《De Constantia. Von der Standhaftigkeit》, Mainz, 1998.

— Jan Waszink(번역, 편집, 머리말), 《Politica. Six Books of Politics or Political Instruction》, Assen, 2004.

Jürgen Kilian, 《Krieg auf Kosten anderer. Das Reichsministerium der Finanzen und die wirtschaftliche Mobilisierung für Hitlers Krieg》, Berlin, 2017.

Jürgen Müller, 《Deutscher Bund und innere Nationsbildung im Vormärz (1815-

1848)》, Göttingen, 2018.

Jürgen Osterhammel, 《Die Verwandlung der Welt. Eine Geschichte des 19. Jahrhunderts》, München, 2016.

Jürgen von Ungern-Sternberg, "Wie gibt man dem Sinnlosen einen Sinn? Zum Gebrauch der Begriffe 'deutsche Kultur' und 'Militarismus' im Herbst 1914". [출처: Wolfgang J. Mommsen(편집), 《Kultur und Krieg. Die Rolle der Intellektuellen, Künstler und Schriftsteller im Ersten Weltkrieg》, Elisabeth Müller-Luckner(협업), 《Schriften des Historischen Kollegs 34》), München, 1995, 77~96.]

Jürgen W. Falter, 《Hitlers Wähler》, München, 1991.

Karl-Heinz Ilting, "Naturrecht". [출처: Otto Brunner, Werner Conze, Reinhart Koselleck(편집), 《Geschichtliche Grundbegriffe. Historisches Lexikon zur politisch-sozialen Sprache in Deutschland》, Stuttgart, 1978, 245~313.]

Karl-Heinz Kamp, "Mythen der Zwei-Prozent-Debatte: Zur Diskussion um die" (Bundesakademie für Sicherheitspolitik, 《Arbeitspapier Sicherheitspolitik》, Nr. 9/2019).

Karl Rohe, 《Politik. Begriffe und Wirklichkeiten. Eine Einführung in das politische Denken》, 두 번째 전면 개정 및 확장판, Stuttgart/Berlin/Köln, 1994.

Katharine Murphy, "When Donald met Scott: a reporter's view of Trump and his White House wonderland", 〈The Guardians〉, 2019년 9월 27일. https://www.theguardian.com/us-news/2019/sep/28/when-donald-met-scott-morison-reporters-inside-account-trump-white-house-wonderland.

Kiran Klaus Patel, 《Projekt Europa. Eine kritische Geschichte》, München, 2018.

Klaus Hildebrand, 《Das Vergangene Reich》, Stuttgart, 1996.

Klaus Max Smolka, Michael Ashlem, "Atheisten dürfen keinen Arbeitskreis gründen", 〈Frankfurter Allgemeine Zeitung〉, 2019년 3월 19일. https://www.faz.net/aktuell/wirtschaft/atheisten-duerfen-keinen-arbeitskreisin-der-spd-gruenden-16096047.html.

Kristian Kühl, "Naturrecht". [출처: Joachim Ritter, Karlfried Gründer(편집), 《Historisches Wörterbuch der Philosophie》, Basel, Bd. 6, 560~623.]

Kurt Sontheimer, "Der 'deutsche Geist' als Ideologie. Ein Beitrag zur Theorie vom deutschen Sonderbewusstsein". [출처: Manfred Funke, Hans Adolf Jacobsen, Hans-Helmut Knütter, Hans-Peter Schwarz(편집), 《Demokratie und Diktatur. Geist und Gestalt politischer Herrschaft in Deutschland und Europa》, Düsseldorf, 1987, 35~45.]

Kurt Tucholsky, 《Gesammelte Werke in zehn Bänden》, Reinbek, 1975.

Lea Deuber, "Chronik einer Vertuschung", 〈Süddeutsche Zeitung〉, 2020년 4월 3일.

Leila Saada, "Les interventions de Napoléon Bonaparte". (출처: 《Napoleonica 14》, 2012/2, 25~49.)

Lothar Gall, 《Bismarck. Der weiße Revolutionär》, Frankfurt a. M., 1980.

Ludwig Dehio, "Deutschland und die Epoche der Weltkriege". (출처: 《Deutschland und die Weltpolitik im 20. Jahrhundert》, München, 1955, 11~35.)

Luise Schorn-Schütte, "Obrigkeitskritik und Widerstandsrecht. Die 'politica christiana' als Legitimitätsgrundlage". [출처: Luise Schorn-Schütte(편집), 《Aspekte der politischen Kommunikation im Europa des 16. und 17. Jahrhunderts》, München, 2004(《Historische Zeitschrift》, 별책부록 39), 195~232.]

Magnus Brechtken, 《Albert Speer. Eine deutsche Karriere》, München, 2017.

— "Leaving the forest: 'Hermann the German' as cultural representation from nationalism to post-modern consumerism". [출처: Christina Lee, Nicola McLelland(편집), 《Germania Remembered 1500 - 2009: Commemorating and Inventing a Germanic Past》, Tempe, 2012, 305~335.]

— 《Scharnierzeit 1895 - 1907. Persönlichkeitsnetze und internationale Politik in den deutsch-britisch-amerikanischen Beziehungen vor dem Ersten Weltkrieg》, Mainz, 2006.

Manfred Buhr, Georg Klaus(편집), 《Philosophisches Wörterbuch》, Berlin, 1985.

Margaret Thatcher, 《The Downing Street Years》, New York, 1993.

— 1987년 9월 23일 〈우먼스 오운〉을 위해 더글러스 케이[Douglas Keay]와 인터뷰한 내용을 글로 옮긴 것. https://www.margaretthatcher.org/document/106689.

Maria Lischnewska, "Die verheiratete Lehrerin". (출처: 《Verhandlungen der ersten Internationalen Lehrerinnen-Versammlung in Deutschland, berufen im Anschluß an den Internationalen Frauenkongreß im Juni 1904》, Berlin, 1905, 10~30.)

Marianne Leber, "Friesen, Friedrich". (출처: 《Neue Deutsche Biographie 5》, 1961, 613; 온라인 버전: https://www.deutsche-biographie.de/pnd119061228.html#ndb content.)

Marielouise Janssen-Jurreit, 《Sexismus. Über die Abtreibung der Frauenfrage》, Frankfurt a. M., 1979.

Mary Louise Roberts, "Acting Up: The Feminist Theatrics of Marguerite Durand". [출처: 《French Historical Studies 19/4》, 특별판(Biography: Autumn 1996), 1103~1138.]

Max Ring, Erinnerungen, Bd. 1, Berlin, 1898.

Max Schwarz, 《MdR. Biografisches Handbuch des Reichstags》, Hanover, 1965.

Max Weber, "Der Nationalstaat und die Volkswirtschaftspolitik. Akademische Antrittsrede", 1895. [출처: Rita Aldenhoff(협업), Wolfgang J. Mommsen(발행), 《Max Weber Gesamtausgabe》, Bd. I/4.2, Tübingen, 1993, 535~574.]

— Wolfgang J. Mommsen(편집), Michael Meyer(협업), 《Wirtschaft und Gesellschaft. Die Wirtschaft und die gesellschaftlichen Ordnungen der Mächte. Nachlaß》, Bd. 22-1(Gemeinschaften), Tübingen, 2001; Hans G. Kippenberg(편집), Petra Schilm(협업), Jutta Niemeier(참여), Bd. 22-2(Religiöse Gemeinschaften), Tübingen, 2001; Wilfried Nippel(편집), Bd. 22-5(Die Stadt), Tübingen, 1999.

— Johannes Winckelmann(발행), 《Wirtschaft und Gesellschaft. Grundriss der verstehenden Soziologie》, 학생용 판본, Köln/Berlin, 1964.

McKinsey & Company, "Diversity Wins – How Inclusion Matters", 2020년 5월. https://www.mckinsey.de/~/media/McKinsey/Locations/Europe%20 ad%20Middle%20East/Deutschland/News/Presse/2020/2020-05 19%20 Diversity%20Wins/Report%20Diversity-wins-How-inclusion matters%20 2020.pdf.

Merio Scattola, 《Das Naturrecht vor dem Naturrecht. Zur Geschichte des 'ius naturae' im 16. Jahrhundert》, Tübingen, 1999.

Michaela Karl, 《Die Geschichte der Frauenbewegung》, Stuttgart, 2011.

Michael Mann, "The emergence of modern European nationalism". [출처: John A. Hall, Ian Charles Jarvie(편집), 《Transition to Modernity. Essays on Power, Wealth and Belief》, Cambridge, 1992, 137~166.]

Michael Stolleis, "Reichspublizistik – Politik – Naturrecht im 17. und 18. Jahrhundert. [출처: Michael Stolleis(편집), 《Staatsdenker im 17. und 18. Jahrhundert. Reichspublizistik. Politik. Naturrecht》, 두 번째 확장판, Frankfurt a. M., 1987, 9~28.]

Ministry of Housing, Community and Local Government, 《English Housing Survey 2016-17》, London, 2017.

《Meyers Großes Konversations-Lexikon》, Leipzig, 1902~1908.

Niccolò Machiavelli, Horst Günther(맺음말), 《Der Fürst》, Frankfurt a. M., 1997.

Niklas Luhmann, André Kieserling(발행), 《Die Politik der Gesellschaft》, Frankfurt a. M., 2002.

Norman Stone, "Germany? Maggie was absolutely right", 〈Sunday Times〉, 1996

년 9월 29일.
— "Recht geredet. Was Frau Thatcher fragen mußte", 〈Frankfurter Allgemeine Zeitung〉, 1990년 7월 19일.

Olivier Blanc, 《Olympe de Gouges》, Wien, 1989.
Otfried Höffe, "Einführung in Aristoteles' Politik". (출처: 《Aristoteles, Politik》, Otfried Höffe, Berlin, 2001, 5~19.)
Otto-Peters, Louise, 《Das Recht der Frauen auf Erwerb. Blicke auf das Frauenleben der Gegenwart》, Hamburg, 1866.
— 《Dem Reich der Freiheit werb' ich Bürgerinnen. Die Frauenzeitung von Louise Otto》, Frankfurt a. M., 1980.
— "Die Theilnahme der weiblichen Welt am Staatsleben". (출처: 《Sächsische Vaterlands-Blätter, 3/134》, 1843년 8월 22일.)
Otto Pflanze, 《Bismarck》, Bd. 1(Der Reichsgründer), München, 1997; Bd. 2(Der Reichskanzler), München, 1998.
Otto von Gierke, "Krieg und Kultur. Rede am 18. September 1914". [출처: Zentralstelle für Volkswohlfahrt und Verein für volkstümliche Kurse von Berliner Hochschullehrern(편집), 《Deutsche Reden in schwerer Zeit》, Bd. 1, Berlin, 1915, 75~101.]

P. A. Fenet, 《Recueil complet des travaux préparatoires du Code civil》, Paris, 1836.
Patrick Geary, 《The Myth of Nations: The Medieval Origins of Europe》, Princeton, 2002.
Patrick Salmon, Keith Hamilton, Stephen Robert Twigge(편집), 《Documents on Bristish Policy Overseas》, Sr. III, Bd. 7(Britain and German Unification 1989 - 90), London, 2009.
Paul J. Crutzen, "The 'Anthropocene'". [출처: Eckart Ehlers, Thomas Krafft(편집), 《Earth System Science in the Anthropocene》, Berlin/Heidelberg 2006, 13~18.]
Paul Peikert, Karol Jonca(발행), Alfred Konieczny, 《"Festung Breslau" in den Berichten eines Pfarrers 22. Januar bis 6. Mai 1945》, Wrocław, 1993.
Peter Beule, 《Auf dem Weg zur neoliberalen Wende? Die Marktdiskurse der deutschen Christdemokratie und der britischen Konservativen in den 1970er-Jahren》, Düsseldorf, 2019.
Peter Graf Kielmannsegg, 《Nach der Katastrophe. Eine Geschichte des geteilten

Deutschland〉, Berlin, 2000.

Philip Kreißel, Julia Ebner, Alexander Urban, Jakob Guhl, 〈Hass auf Knopfdruck. Rechtsextreme Trollfabriken und das Ökosystem koordinierter Hasskampagnen im Netz〉, London etc., 2018.

Philip N. Howard, Bahrath Ganesh, Dimitra Liotsiou, John Kelly, Camille François: 〈The IRA, Social Media and Political Polarization in the United States, 2012 – 2018〉. https://comprop.oii.ox.ac.uk/wp-content/uploads/sites/93/2018/12/ The-IRA-Social-Media-and-Political-Polarization.pdf.

Philip Pettit, "Keeping Republican Freedom Simple. On a Difference with Quentin Skinner". (출처: 〈Political Theory 30〉, 2002, 339~356.)

Philipp Eulenburg, 〈Mit dem Kaiser als Staatsmann und Freund auf Nordlandreisen〉, Dresden, 1931.

Platon, Rafael Ferber(번역, 해설), 〈Apologie des Sokrates〉, München, 2019.

Quentin Skinner, 〈Liberty before Liberalism〉, Cambridge, 1998.

Raj Chetty, John N. Friedman, Emmanuel Saez, Nicholas Turner, Danny Yagan, 〈Income Segregation and Intergenerational Mobility Across Colleges in the United States〉, 2020년 2월.

Richard Disney, Guannan Luo, 〈The Right to Buy Public Housing in Britain: A Welfare Analysis〉(The Institute for Fiscal Studies Working Paper W15/05), London, 2014.

Roberta Frank, "Siegfried and Arminius. Scenes from a Marriage". [출처: Christina Lee(편집), Nicola McLelland, 〈Germania Remembered 1500 – 2009: Commemorating and Inventing a Germanic Past〉, Tempe, 2012, 1~26.]

Robert Blackburn, 〈The Electoral System in Britain〉, London, 1995.

Robert E. Gallman, "Trends in the Size Distribution of Wealth in the Nineteenth Century: Some Speculations". [출처: Lee Soltow(편집), 〈Six Papers on the Size Distribution of Wealth and Income〉, New York, 1969, 1~30. https://www.nber.org/chapters/c4339.pdf, 2020년 7월 6일.]

Robert William Fogel, 〈The Escape from Hunger and Premature Death, 1700 – 2100. Europe, America, and the Third World〉, Cambridge, 2004.

Roland Lindner, "Der Disney-Retter und die 'nackte Unanständigkeit'", 〈Frankfurter Allgemeine Zeitung〉, 2019년 8월 6일.

Romain D. Huret, 〈American Tax Resisters〉, Cambridge, 2014.

Roman Schnur, 〈Die französischen Juristen im konfessionellen Bürgerkrieg des

16. Jahrhunderts. Ein Beitrag zur Entstehungsgeschichte des modernen Staates》, Berlin, 1962.

Rudolf Augstein(가명), Jens Daniel: 《Deutschland – Ein Rheinbund?》, Darmstadt, 1953.

Rudolf Kjellén, 《Die Großmächte der Gegenwart》, Leipzig, 1914.

— 《Die Ideen von 1914. Eine weltgeschichtliche Perspektive》, Leipzig, 1915.

Rudolf Morsey, 《Die Bundesrepublik Deutschland. Entstehung und Entwicklung bis 1969》, 전면 개정 4판, 2000.

Rüdiger Overmans, "Kriegsverluste". [출처: Gerhard Hirschfeld, Gerd Krumeich, Irina Renz(편집), 《Enzyklopädie Erster Weltkrieg》, 현대화 및 확장된 학생용 판본, Paderborn, 2009, 663~666.]

Samuel P. Huntington, 《Der Kampf der Kulturen. The Clash of Civilizations. Die Neugestaltung der Weltpolitik im 21. Jahrhundert》, München/Wien, 1996.

Sabine Reh, "Die Lehrerin. Weibliche Beamte und das Zölibat". (출처: 《Zeitschrift für Ideengeschichte, 11/1》, 2017, 31~40.)

Samuel von Pufendorf, Klaus Luig(번역, 발행) 《Über die Pflicht des Menschen und des Bürgers nach dem Gesetz der Natur》, Frankfurt a. M./Leipzig, 1994.

Sascha Möbius, "'Von Jast und Hitze wie vertaumelt'. Überlegungen zur Wahrnehmung von Gewalt durch preußische Soldaten im Siebenjährigen Krieg". (출처: 《Forschungen zur Brandenburgischen und Preußischen Geschichte 속편 12》, 2002, 1~34.)

(Scholz,) "Hainau's Schicksale während des 30jährigen Krieges. Vom Lehrer Scholz in Hainau". (출처: 《Zeitschrift des Vereins für Geschichte und Alterthum Schlesiens》, Wrocław, 1859, 72~90.)

Simone de Beauvoir, 《Das andere Geschlecht. Sitte und Sexus der Frau》, Hamburg, 1956.

Simon Reid-Henry, 《Empire of Democracy. The remaking of the West since the Cold War, 1971–2017》, London, 2019.

Statistisches Reichsamt, "Die Wahlen zur verfassunggebenden Deutschen Nationalversammlung am 19. Januar 1919 mit einer Karte der Wahlkreise". (출처: 《Vierteljahrshefte zur Statistik des Deutschen Reichs 28》, 1919, 첫 번째 부록.)

Stefan Bach, Martin Beznoska, Viktor Steiner, "Wer trägt die Steuerlast in Deutschland? Verteilungswirkungen des deutschen Steuer- und Transfersystems". (출처: 〈DIW Berlin – Politikberatung kompakt 114〉, 2016,

66~67.)

Stefan Haas, "Aufklärung Einstieg: Die Doppeldeutigkeit des Aufklärungsbe-griffs". http://www.geschichtstheorie.de/4_2_1.html.

Steffen Bruendel, 《Volksgemeinschaft oder Volksstaat: Die Ideen von 1914 und die Neuordnung Deutschlands im Ersten Weltkrieg》, Berlin, 2003.

Stephan Bierling, 《Die Außenpolitik der Bundesrepublik Deutschland. Normen, Akteure, Entscheidungen》, München, 1999.

Stern Fritz, "Die zweite Chance. Die Wege der Deutschen", 〈Frankfurter Allgemeine Zeitung〉, 1990년 7월 26일.

Steven Pinker, 《Enlightenment Now: the Case for Reason, Science, Humanism and Progress》, New York, 2018.

Steven Shapin, Michael Bischoff(번역), 《Die wissenschaftliche Revolution》, Frankfurt a. M., 1998.

Susan Rößner, 《Die Geschichte Europas schreiben. Europäische Historiker und ihr Europabild im 20. Jahrhundert》, Frankfurt a. M., 2009.

Sven Petersen, "Auf der frantzosen Jagd – Kriegserfahrungen und Lebenswelten zweier braunschweigischer Soldaten im Siebenjährigen Krieg (1756-1763)". (출처: 《Militär und Gesellschaft in der frühen Neuzeit 16/2》, 2012, 145~168.)

Theodor Körner, "Aufruf", 1813. (출처: 《Leyer und Schwerdt》, Berlin, 1814, 37~39.)

Thomas Ferguson, Hans-Joachim Voth, "Betting on Hitler – The Value of Political Connections in Nazi Germany". (출처: 〈The Quarterly Journal of Economics 123/1〉, 2008, 101~137.)

Thomas Gutschker, "'Händewaschen nutzt nichts'. Desinformation aus Russland", 〈Frankfurter Allgemeine Zeitung〉, 2020년 4월 3일. https://www.faz.net/-gq5-9y5wd.

Thomas Hobbes, Walter Euchner(번역), Iring Fetscher(발행 및 머리말), 《Leviathan oder Stoff, Form und Gewalt eines kirchlichen und bürgerlichen Staates》, Frankfurt a. M., 1999.

— 《Vom Bürger》. [출처: Max Frischeisen-Köhler(번역), Günter Gawlick(라틴어 원전에 따라 수정, 발행, 머리말), 《Elemente der Philosophie》, Bd. 2/3, 2판, Hamburg, 1966.]

— Max Frischeisen-Köhler(개정 번역), 《Elemente der Philosophie, Teil 1: Vom Körper》, 참고 문헌을 더한 2판, Hamburg, 1967.

Thomas More, Edward Surtz(편집, 머리말, 주석), 《Utopia》, New Haven/London, 1964.

Thomas Nipperdey, "Thomas Morus". [출처: Hans Maier, Heinz Rausch, Horst
Denzer(편집), 《Klassiker des politischen Denkens》, Bd. 1(Von Plato bis
Hobbes), München, 1986, 181~198.]

Thomas Paine, D. M. Forkel(수정), Theo Stemmler(개정, 머리말), 《Die Rechte des
Menschen》, Frankfurt a. M., 1973.

— Bruce Kuklick(편집), 《Political Writings》, Cambridge, 2000.

Thomas Rahlf, 《Dokumentation zum Zeitreihendatensatz für Deutschland,
1834 - 2012》. https://nbn-resolving.org/urn:nbn:de:0168-ssoar-437224.

Tilo Schabert, "Die Atlantische Zivilisation. Über die Entstehung der einen Welt
des Westens". [출처: Peter Haungs(편집), 《Europäisierung Europas?》, Baden-
Baden, 1989, 41~54.]

Timothy Garton Ash, "Wie es eigentlich war. Ein Teilnehmer der Thatcher-
Runde äußert sich", 〈Frankfurter Allgemeine Zeitung〉, 1990년 7월 18일.

Tjerk Brühwiller, "Bolsonaros Pakt mit den Freikirchen", 〈Frankfurter
Allgemeine Zeitung〉, 2019년 12월 27일.

Torsten Körner, 《In der Männer-Republik. Wie Frauen die Politik eroberten》,
Köln, 2020.

Udo Wengst, 《Thomas Dehler 1897 - 1967. Eine politische Biographie》,
München, 1997.

Ulrich Bräker, 《Lebensgeschichte und natürliche Abenteuer des armen Mannes
im Tockenburg》, Bd. 4, Claudia Holliger-Wiesmann/Andreas Bürgi,
München, 2000.

Ute Frevert, 《Frauen-Geschichte. Zwischen Bürgerlicher Verbesserung und
Neuer Weiblichkeit》, Frankfurt a. M., 1986.

Ute Gerhard(편집), 《Frauen in der Geschichte des Rechts. Von der Frühen
Neuzeit bis zur Gegenwart》, München, 1997.

— 《Frauenbewegung und Feminismus. Eine Geschichte seit 1789》, München,
2018.

— 《Gleichheit ohne Angleichung. Frauen im Recht》, München, 1990.

Victoria de Grazia, 《Irresistible Empire. America's Advance through Twentieth-
Century Europe》, Cambridge, 2005.

Walter Euchner, 《Die Staatsphilosophie des Thomas Hobbes》, Hagen, 1987.

Walter Rohdich, 《Hohenfriedeberg 4. Juni 1745》, Eggolsheim, 1997.

참고 문헌

William T. Stead, 《The Americanisation of the World or the Trend of the Twentieth Century》, London, 1902.

Wolfgang J. Mommsen, "Die 'deutsche Idee der Freiheit'". (출처: 《Bürgerliche Kultur und politische Ordnung. Künstler, Schriftsteller und Intellektuelle in der deutschen Geschichte 1830-1933》, Frankfurt a. M., 2000, 133~157.)

— (편집), 《Kultur und Krieg. Die Rolle der Intellektuellen, Künstler und Schriftsteller im Ersten Weltkrieg》, 엘리자베트 뮐러 루크너^{Elisabeth Müller-Luckner}와 협업(《Schriften des Historischen Kollegs》, 34), München, 1995.

Wolfgang Kersting, 《Die politische Philosophie des Gesellschaftsvertrags》, Darmstadt, 1994.

— "Einleitung: Die Begründung der politischen Philosophie der Neuzeit im Leviathan". (출처: 《Thomas Hobbes, Leviathan oder Stoff, Form und Gewalt eines bürgerlichen und kirchlichen Staates》, Berlin, 1996, 9~28.)

— "Vertrag, Gesellschaftsvertrag, Herrschaftsvertrag". 〔출처: Otto Brunner, Werner Conze, Reinhart Koselleck(편집), 《Geschichtliche Grundbegriffe. Historisches Lexikon zur politisch-sozialen Sprache in Deutschland》, Stuttgart, Bd. 6, 901~945.〕

Wolfgang Reinhard, 《Geschichte der Staatsgewalt. Eine vergleichende Verfassungsgeschichte Europas von den Anfängen bis zur Gegenwart》, München, 2002.

— Hans Fenske(편집), Dieter Mertens, Wolfgang Reinhard, Klaus Rosen, "Vom italienischen Humanismus bis zum Vorabend der Französischen Revolution", 《Geschichte der politischen Ideen. Von der Antike bis zur Gegenwart》, Frankfurt a. M., 1996, 241~376.

— "Was ist europäische politische Kultur? Versuch zur Begründung einer politischen Historischen Anthropologie". (출처: 《Geschichte und Gesellschaft 27》, 2001, 593~616.)

Wolfgang Thierse, "Anachronistische Forderungen: Was steckt hinter dem Arbeitskreis von Laizisten in der SPD?". (출처: 《Herder Korrespondenz (2011/1)》, 11~15.)

Wolf Lepenies, "Montesquieu: Franzose, Aufklärer, Weltbürger", 〈Die Welt〉, 2010년 7월 20일. https://www.welt.de/kultur/article8549173/Franzose-Aufklaerer-Weltbuerger.html.

Yves Bessières, Patricia Niedzwieck, 《Die Frauen in der Französischen Revolution. Bibliographie》, Brüssel, 1991. 유럽 공동체 위원회, 시청각 미디어.

정보, 의사소통, 문화, 여성 정보 이사회 33호.

Zhao Tingyang, Michael Kahn-Ackermann(번역), 《Alles unter dem Himmel. Vergangenheit und Zukunft der Weltordnung》, Berlin, 2020.

제2원 의원 선거 실시에 관한 1849년 5월 30일 법령.
프로이센주 의회의 선거에 관한 1918년 12월 21일 조례.

참고 웹 사이트*

1 https://www.hollywoodreporter.com/features/ricky-gervais-5-time-golden-globes-host-has-a-few-more-things-say-hollywood-1265405

2 http://www.ushistory.org/declaration/document/; https://usa.usembassy.de/etexts/gov/gov-constitutiond.pdf; https://usa.usembassy.de/etexts/gov/unabhaengigkeit.pdf

3 https://www.conseil-constitutionnel.fr/le-bloc-de-constitutionnalite/declaration-des-droits-de-l-homme-et-du-citoyen-de-1789; https://www.conseil-constitutionnel.fr/de/erklaerung-der-menschen-und-buergerrechte-vom-26-august-1789

4 https://www.un.org/depts/german/menschenrechte/aemr.pdf

5 https://fowid.de/meldung/religionszugehoerigkeiten-deutschland-2017

6 https://www.jura.uni-wuerzburg.de/lehrstuehle/dreier/verfassungsdokumente-von-der-magna-carta-bis-ins-20-jahrhundert/

7 Dr. Robert Jeffress: Christianity Today Calls for Trump's Removal (20.12.2019). https://www.youtube.com/watch?v=eWzRjZe1NVk

8 Coronavirus: An Interview with Dr. Charles Stanley(27.03.2020). https://www.youtube.com/watch?v=4YAWRCGXhG8

9 Judgment Is Executed on COVID-19: by Kenneth Copeland(30.03.2020). https://www.youtube.com/watch?v=OSIrQBGfUtw

10 https://www.who.int/emergencies/diseases/novel-coronavirus-2019/situation-reports/

11 Dr. Robert Jeffress: The Coronavirus' Effect on Churches Across The Nation(15.05.2020). https://www.youtube.com/watch?v=QCZRMwReqw4

12 .https://de-de.facebook.com/SPD/posts/parteichef-sigmar-gabriel-spd-hat-sich-auf-vielfachen-wunsch-auf-seiner-facebook/262934523773976/

13 https://www.addf-kassel.de/fileadmin/user_upload/Dossiers/LOP/LOP_

* 몇몇 링크의 경우, 원서 출간 당시에는 유효했으나 2023년 12월 기준으로는 서비스가 종료되었다.

Frauen-Zeitung_1_1849.pdf

14 https://www.tz.de/muenchen/stadt/muenchen-ort29098/muenchen-schlaege-gegen-frau-erlaubt-islamisches-zentrum-sorgt-fuer-wirbel-12888678.html

15 https://www.afd.de/familie-bevoelkerung/

16 https://data.worldbank.org/indicator/SP.POP.TOTL.FE.ZS

17 https://www.bundestag.de/dokumente/textarchiv/2014/49494782_kw07_kalenderblatt_juchacz-215672

18 https://pdok.bundestag.de/

19 https://www.nps.gov/liho/learn/historyculture/peoriaspeech.htm

20 https://www.nytimes.com/2016/06/25/world/europe/david-cameron-speech-transcript.html

21 https://ome-lexikon.uni-oldenburg.de/orte/haynau-chojnow

22 https://api.parliament.uk/historic-hansard/volumes/3/index.html

23 https://api.parliament.uk/historic-hansard/sittings/1990/jul/17

24 https://www.gapminder.org/dollar-street?Ing=de

25 https://de.statista.com/statistik/daten/studie/4878/umfrage/bruttoinlandsprodukt-von-deutschland-seit-dem-jahr-1950/

26 https://www.bmas.de/DE/Service/Medien/Publikationen/a230-18-sozialbudget-2018.html

27 https://www.reaganfoundation.org/media/128614/inaguration.pdf

28 https://data.worldbank.org/indicator/NY.GDP.MKTP.CD

29 https://www.imf.org/en/Data

30 https://ec.europa.eu/eurostat/de/data/database

31 https://data.oecd.org/

32 https://www.bea.gov/

33 https://www.destatis.de/DE/Home/_inhalt.html

34 https://www.bpb.de/nachschlagen/zahlen-und-fakten-globalisierung/52655/welt-bruttoinlandsprodukt

35 https://www.bpb.de/nachschlagen/zahlen-und-fakten/europa/135823/bruttoinlandsprodukt-bip

36 https://www.bloomsberg.com/opinion/articles/2019-04-24/california-economy-soars-above-u-k-france-and-italy

37 https://www.chinafile.com/document-9-chinafile-translation

38 https://www.nytimes.com/interactive/2017/08/07/opinion/leonhardt-income-inequality.html?rref=collection/timestopic/Columnists&action=click&contentCollection=opinion&region=stream&module=stream_unit&version=latest&contentPlacement=23&pgtype=collection

39 https://ourworldindata.org/

40 https://www.measuringworth.com/calculators/ukcompare/relativevalue.php

도판 출처

*Der Wert
der
Geschichte*

역사의 가치

초판 1쇄 인쇄일 2024년 1월 15일
초판 1쇄 발행일 2024년 1월 22일

지은이 마그누스 브레히트켄
옮긴이 강민경

발행인 윤호권, 조윤성
사업총괄 정유한

편집 최안나 **디자인** 김효정 **마케팅** 명인수
발행처 ㈜시공사 **주소** 서울시 성동구 상원1길 22, 7-8층(우편번호 04779)
대표전화 02-3486-6877 **팩스(주문)** 02-585-1755
홈페이지 www.sigongsa.com / www.sigongjunior.com

글 ⓒ 마그누스 브레히트켄, 2024

ISBN 979-11-7125-308-1 03900

*시공사는 시공간을 넘는 무한한 콘텐츠 세상을 만듭니다.
*시공사는 더 나은 내일을 함께 만들 여러분의 소중한 의견을 기다립니다.
*잘못 만들어진 책은 구입하신 곳에서 바꾸어 드립니다.

WEPUB 원스톱 출판 투고 플랫폼 '위펍' _wepub.kr
위펍은 다양한 콘텐츠 발굴과 확장의 기회를 높여주는
시공사의 출판IP 투고·매칭 플랫폼입니다.